卢鹏程 著

正统之争

南北朝史学论说

SPM
南方传媒

广东人民出版社
·广州·

图书在版编目（CIP）数据

正统之争：南北朝史学论说 / 卢鹏程著. —广州：广东人民
出版社，2024.4
ISBN 978-7-218-17379-5

Ⅰ.①正… Ⅱ.①卢… Ⅲ.①中国历史—研究—南北朝时
代 Ⅳ.①K239.07

中国国家版本馆CIP数据核字（2024）第039675号

ZHENGTONG ZHI ZHENG: NANBEICHAO SHIXUE LUNSHUO

正 统 之 争： 南 北 朝 史 学 论 说

卢鹏程 著

出 版 人：肖风华

责任编辑：王庆芳 陈埼泓
责任技编：吴彦斌 马 健
封面设计：张贤良

出版发行：广东人民出版社
地　　址：广州市越秀区大沙头四马路 10 号（邮政编码：510199）
电　　话：（020）85716809（总编室）
传　　真：（020）83289585
网　　址：http://www.gdpph.com
印　　刷：广州市豪威彩色印务有限公司
开　　本：890 mm × 1240 mm　1/32
印　　张：10.375　　字　　数：225 千
版　　次：2024 年 4 月第 1 版
印　　次：2024 年 4 月第 1 次印刷
定　　价：68.00 元

如发现印装质量问题，影响阅读，请与出版社（020-85716849）联系调换。
售书热线：（020）85716863

本书由山东青年政治学院第十二届（2023年度）

学术专著出版基金资助

序言

◎ 牛润珍

历史研究应立足现实，用现代眼光审视历史变化，由历史变化思考现实问题，并把握其未来的发展趋势。公元5～6世纪的中国正处于南北朝时期，其南北对峙的态势肇始于东晋十六国。从东晋十六国到南北朝，历史发展始终蕴含着一股不可逆转的统一的力量与趋势。这种统一的力量与趋势正是基于一种共同的文化观与价值观，即不同的政治势力秉持着相同的文化观与价值观，通过政治较量与军事角逐，争夺华夏皇权帝统，争夺中华文明传承的主导权。正是缘于此，分裂往往是一种新的统一前夜，统一便成为中国历史发展的必然。

这种历史必然的内在力量是什么呢？归根结底是人心。人心所向，心力凝聚所形成的国与民族群体意志正是借助了华夏民族传统文化的认同，而历史与史学又是构成华夏民族传统文化的核心部分。因此，在南北朝时期，无论是南方政权还是北方政权，无不借史书编纂记述历史、总结历史，依据天命、德运重新解释历史，把自己塑造成历史命运的担当者，华夏文明传统的合法继承者。在说明本政权的合法性、正当性与唯一性的同时，摈斥敌对政权为僭伪、闰余、非法，由此形成南北史学正统之争。南北史学一致认同中华一统体系，其相争的核心命题是由谁来统一，谁居中华一统体系的正统，故皆欲通过史书纂修表达政治诉求，构建自己的一统历史秩序。并将此历史秩序看成一种天然的自然规律，即膺天命、握龙图、替天行道，以此提振信心、磨炼思想意志、实现统一抱负。

卢鹏程博士多年研究南北朝史学，撰成博士学位论文《南北朝官方史学比较研究》，获得好评。此后，他又不断修改，突破固有的思路，更新立意，转换视角，调整结构，改写为《正统之争：南北朝史学论说》，在原有的论文基础上呈现出一种新的面貌。他关于南北朝史学的研究，由比较研究迈入了独断研究。当初，他写《南北朝官方史学比较研究》时，我曾感觉他受已有研究模式影响较大，但一时又想不出更好的思路。数年之后，当他把改写好的书稿《正统之争：南北朝史学论说》送给我看时，颇有眼前一亮的感觉。有几点感受，印象深刻：

一、用政治学眼光重新审视南北朝官方史学。所谓"南北官方史学"，实即南、北政权各自设置史官，纂修前代及本朝国史，以本朝国史续命汉魏或魏晋，用历史证明自己为华夏正统。由于南、北政权各具优势，又各有其短，其史书编纂，各自扬长避短，由此形成地域之争与文化之辨。借德运流转、正朔承继、国玺传递、国号命定、断限统绪、华夷分辨等命题，宣扬本朝，排斥对方。从形式上看，置官修史与正统之争皆以历史学的面貌呈现，其实质是南、北政权的政治斗争。或者说是政治思想文化斗争通过历史学的样式得以展开的表现。已有的关于南北朝官方史学的研究基本上都属于历史学的探讨，即使注意到历史学与政治学的关系，也都没有脱离历史学的圈子。由于专业与学科的局限，多少年来，关于南北朝官方史学的研究未见有突破性的成果问世。

卢鹏程博士研究生毕业后，转入政治学研究与教学，用政治学重新思考、认识南北朝官方史学，这为他的学术研究打开了一条新的探索之路。他说："南北政权官方史学……在同一历史时段内呈现出不同面貌，这一时期史学著述中的正统观相关内容有着强烈的政治意义，南北政权借助史学争夺正统的手段不一，但维护正统的政治目的相同，可以说在思想意识的选择上殊途同归。从整个史学发展历程来看，这是否是分裂时期史学发展的特殊选择？换句话说，从南北对峙到隋唐统一，政治意义上的正统之争与史学意义上的正统观念是否发挥了某些作用？对这些问题的追索，促成了本书研究正统思想的思路：从政治与史学关系的角度出发，结合史学著述与撰史活动，考察演变的、活动的正统观念。这一思路的重点不在于阐释正统观的内涵变化，而在于揭示正统观是否能够发挥作用、如何发挥作用。""正统观涉及的是政权合法性的问题。合法性原本是一个政治学中的范畴，是现当代政治学特别是有关国家、民主理论的核心概念之一。在中国传统社会，政权合法性一般呈现为皇室延续与政权鼎革内外两种历史面貌，而分裂时期又有并存政权争夺主导地位的政治冲突。""正统之'统'，可以理解为合法性之'法'；正统之'正'，则有强调诸多政权中的被认可为唯一的含义。"中国古代社会政治和思想中的"正统"概念与当下政治学的合法性在表达上最为相似，着实是古代政权凝聚认同之最重要的思想资源。"中国历史上从分裂走向统一的内在动力如何理解，为何中国古代分裂时期正统观念最为显著，处于分裂局面下的政权如何消除认同危机，以正统为核心的政权合法性与政治认同诉求如何通过实践活动实现……"正是在这些问题的引导下，作者就南北朝官方史学的时代背景、史学实践活动、统治者政治意志于史学的作用与影响等展开了系统的论说，环环相扣，步步深入，最终揭示出南北政权官方史学的政治本质与属性。

二、由事、文、义揭示南北朝史官撰史场景、心态与历史认知。孟子曰："王者之迹熄而《诗》亡，《诗》亡然后《春秋》作。晋之《乘》，楚之《梼杌》，鲁之《春秋》，一也。其事则齐桓晋文，其文则史。孔子曰：'其义则丘窃取之矣。'"夏商周三王之迹，诗记之。诗以载道，诗以存史。西周亡，王者之迹熄，三代古诗文化亦随其时代谢幕。继之是一个战乱纷争的时代——春秋，于是出现了记录此乱世的文献《春秋》，所记都是齐桓晋文争霸称霸一类的事件，且以编年纪事的文体呈现历史事件的过程，孔子用王道礼义重新整理这些文献，虽仍名曰《春秋》，但却赋予了新义。一代有一代之文化，文化随时代而变，而且越到后来，其思想理论的意义就越重要。直到孔子，文献呈现的形式对事、文、义三者统一了。作者总结了《春秋》《史记》事、文、义的表现，系统梳理了司马迁、班固、荀悦、常璩、刘知幾、章学诚等历代史家有关事、文、义的论述。在此基础上，作者把对事、文、义的区分当成了分析史学发展的一种模式，并根据自己的认识，对事、文、义的含义作了界定：事即史实，文即编撰，义即旨趣。"事与文是历史发展进程中史学发挥记载过去事件功能的具体活动，而义是史家史官在撰史活动中秉持的价值取向与评判准则。"作者由此出发，分析南北朝史家所认识与理解的史事、史文与史义，事、文、义三分，对应史官的修史过程，揭示史官撰史场景、心态与历史认知。由于无法回到历史现场，只能借助现有的各种史料，主要是文本史料，回望历史。理解史家，重新再造历史现场，由此现场观察史官如何处理史料、记录当代史亦即史官的修史过程，及官方意志的贯彻与张扬等。全书内容围绕南北朝官方史学活动本身的事、文、义三个层面展开。首先是"事"，第一章呈现以正统之争为核心事件的南北朝政权的历史面貌，揭示当时史官面临何种修史任务；其次是"文"，第二章围绕正统观指导下的南北朝官方史学实践活动，论说北魏与南朝宋、齐、梁、陈国史编纂及史官的言行；最后是"义"，第三章论述南北政权官方史学的政治功用，第四章叙说正统诉求驱动下的史官制度，从政治要求与制度约束两个方面探讨官方史学活动所需要实现的史义。

三、跳出史学史，打通历史学与政治学，思考中国传统政治的变迁。官修史书实际上是史官遵从帝王意志在朝廷进行的政治文化活动，是皇权政治在文化与意识形态领域的延伸，若仅限于史学史的观察与思考，是难以触及其本质的。须跳出史学史，打通历史学与政治学，由其史学的形式把握其政治文化属性。政治意志借助史学得以表现，史学与政治质同而貌异，二者相辅相成的关系，催促了中国传统政治的演进。南北朝的基本政治态势是南北分裂，南北朝官方史学虽然各自有相对独立的修史活动，但双方基本上采取了共同的意识取向，即通过修史拥有话语权，建树自己的正统地位，实现自己一统天下的政治诉求。双方的目的相同，欲借用修史通达目的的手段也相同。仅是取证、举证不同。尽管南朝称北魏为"索虏"，北魏称南朝为"岛夷"，但在南北正统之争时，北魏实际占据了上风。北魏积极推行汉化、政权封建化，与北方士族联姻，获得北方士族集团的支持，实行均田制，后又出现了府兵制，并先后八次编纂国史，直到北齐天保年间魏收等撰成《魏书》。《魏书》开篇设《序纪》，记拓跋氏先世，将族源追溯至黄帝的小儿子昌意，把自己打扮成黄帝子孙。同是黄帝子孙，又据有中原，得华夏核心地域，这些都成了北朝兼并统一南朝的底气。若就南北史学争夺"正统"的作用看，《魏书》的效果也较《宋书》《南齐书》为佳。学人论南北史学异同，往往引《世说新语·文学篇》中的一段话为说。所云"北人学问，渊综广博""南人学问，清通简要""北人看书，如显处视月；南人学问，如牖中窥日""然则学广则难周，难周则识暗，故如显处视月。学寡则易核，易核，则智明，故如牖中窥日也"，此皆论南北学人之学问，而且又皆出南人之口，实为南人一面之词。而且南北朝时，南北学人成见很深，尤其是南人看不起北人，这些言论对不对本来就是问题，引用这些话语论南北史官史学差异并不合适。但它能说明南北之争渗透各个方面，无论如何争，都是华夏文明内部之争，即同一文明内部不同地域政治集团之争，与一种文明同另一种文明的冲突截然不同。因此，南北朝时期"南北分裂局势在争夺正统的历史进程中不断孕育着大一统的意识。内在的思想文化与现实的政治对立互相影响，由分裂而对立，对立分歧中的同一又演化为进一步统一的动力"。作者通过对南北朝官方史学的研究，"从史学角度展示了南北朝隋唐时期中国从分裂走向统一的可能性"。

　　以上是我读这部书稿的感受，也应是这部书的特点。书稿使用的一个关键词是"南北朝官方史学"，历史学是一个综合学科，涵盖面很宽广，与诸多学科有交叉重叠，交叉重叠之处又多形成历史学之分支学科。皇朝修史，单从历史学方面讲，称之为官方史学，实际上这种修史有非常明确的政治目的，与政治学关系密切，也是政治学研究的对象，若从其属性与本质讲，称之为"政治史学"更加符合实际，这也是此书带给我的启发。谨将读书感受与启发粗略述说，权充序言吧！

目 录

绪论

一

南北朝时期是中国历史上的分裂时期，一般认为自420年刘裕篡晋建宋始，至589年杨坚灭陈止。这一时期，南北政权虽各有更迭，北有北魏、东魏、西魏、北齐、北周，南有宋、齐、梁、陈，但主要以南北对峙为主。

南北分立，起源于北方游牧部族的内迁与反抗。游牧部族内迁自汉持续至魏晋时期，居于中原地区的少数部族民众人数逐渐增多，西晋江统《徙戎论》中所称"居封域之内，无障塞之隔"①的态势，在王朝内部爆发八王之乱时彻底无法阻挡。十六国时期，北方胡族政权纷纷自立，从表面上看是一场场反抗压迫、追求独立的正义之战，又多少带有胡族在胡汉共存地区寻求自己部族权势地位的进取心态，这也成为北方混战不断的冲突点。或者说，最初南匈奴首领刘渊抗晋自立，主要是胡汉对立，内迁胡族在中原地区遭受歧视，自

---

① 房玄龄等撰：《晋书》卷五六《江统传》，北京：中华书局，1974年，第1532页。

然追求属于本部族的自由独立。而当这种类似的反抗被不同部族效仿的时候，北方地区兴起的胡族政权已逐渐走向了诠释自身统治合法性的道路，部族、民族冲突让位于统治权力的政治争斗。十六国政权大多实行胡汉分治政策，但政权内部的权力斗争本质上并不会区分胡汉，胡族内部的阴谋血腥与权势谋夺可能与中原王朝的宗室内斗、异姓权力谋取并无本质区别。而以少数部族内更少数的贵族成员去统治居于多数的北方地区汉族民众，华夏传统文化的历史智慧自然为胡族统治者需要并逐渐被重视，统治区域决定了作为后来者的胡族高层必须不断采取适应这一地区的统治政策，进而出现的只会是哪种因素更居主导地位，混入或融入的华夏传统文化的成分已无法去除。当然，这种思想与文化转变更多是处于上层的胡族首领及其胡汉谋士所属的统治高层所呈现的，对普通下层民众而言，军事扩张与割据混战才是常态。

就南方政权而言，东晋皇室及南迁世家大族最初是主张北伐统一的，然而到南朝时，随着南方区域经济、文化的发展，以及北方军事实力的强大，南方政权的统一之心渐消。或者说，迫于现实的军事压力与政治妥协，南方政权已经默认了北魏与南方并存的事实。南人北伐，虽有收复中原的雄心壮志，但多数落脚于凭借军事胜利赚取个人威望，进而谋夺政治权力，成功者、效仿者众，后来统治者自然有所防范而压制下属北伐之心。而由帝王亲自主导的北伐往往用功大、成效小，世家大族已然习惯安逸，自然尽力避免既有利益受损。南朝内耗不断，攻少守多，虽有鱼米之利，也仅限于自足自保。衣冠南渡，与其说是一场文化的散播与扩张，不如说是文化的转移与修复，并未在南方迸发出全新的生命力。迁移的历史力量是巨大的，"所谓父母之邦以为桑梓者，诚以生焉终焉，敬爱所托耳。今所居累世，坟垄成行，敬恭之诚，岂不与事而至"[1]。农本思想下的安土重迁意识，在数代人的累积记忆中逐渐凝固，北土乃敌国，侨州是新乡，南人对北方的记忆已化为文学想象的符号。从军事到经济乃至文化方面，南朝政权在南北一线上逐渐收缩、保守。

甚至对生活在南北交界地带的民众而言，北方政权统治者的少数部族属性与南方偏据政权在本质上并没有区别。随着不同姓氏的王朝兴替，以司马氏为代表的皇室南迁以及北方各部族自立称帝的历次变动，皇室的家国权威逐渐黯淡，而世家大族与地方豪族的宗族血缘乃至地缘的家族集团势力得以发展壮大。从这个意义上讲，国家体制中从上到下的权力通道实际上是断层的。这种集团势力甚至可视为南北朝时期政治变动的主要诱导群体，比如南朝政权的禅代、北魏末年的东西分离。东晋十六国至南北朝时期相较三国时期

---

[1] 沈约：《宋书》卷二《武帝纪中》，北京：中华书局，1974年，第30页。

的特殊性在于，在中华大地角逐权力制高点的群体中多了许多非汉族面孔，华夷之辨似乎成为这一时期复杂局面的关键要素。然而随着南北地区各自统治政权的相对稳定，华夷的区分并不再是理解南北对峙的切入点。刘宋何承天在《安边论》中称，"今遗黎习乱，志在偷安，非皆耻为左衽"①，当然，这主要是从中间地带民众的角度立论，夹缝中生存才是第一位需求，并非抹杀北魏政权为拓跋鲜卑统治的事实。

脱胎于十六国政权的拓跋北魏，本质上与其他胡族政权并无不同。如果非要强调北魏鲜卑政权的特殊性，那么只能说是因为拓跋鲜卑进入中原最晚，而其变革又最彻底，故最终呈现为首个被纳入华夏正统王朝序列的胡族政权。拓跋鲜卑兴起于代北，覆灭于前秦，又因前秦灭亡得以复兴，北魏接收、继承后燕等诸多势力入主中原，而这之前的胡族政权已经部分地接纳融合了中原大地的华夏传统文化，因此北魏统治区域的扩大，伴随着将华夏传统文化逐渐内化的过程。前秦内部不稳、急于求成而败亡的教训仍历历在目，北魏在内部权力统一尤其是胡汉融合的道路上走得磕磕绊绊，但这种曲折前进是拓跋鲜卑统治者必须解决的问题，北魏也逐渐显示出迈向统一国家的意志。北魏中期的崛起得益于相对稳定的外部环境，南方刘宋末年政治变动频繁，北魏乘机

---

① 沈约：《宋书》卷六四《何承天传》，第1706页。

向山东、淮北方向扩展，也因此埋下了进一步向中原华夏文化靠拢的伏笔。作为胡族政权统治北方地区，拓跋鲜卑面临的最大问题是如何以居于少数的鲜卑部族统治广袤的汉地民众，延续十六国政权的做法，北方望族进入北魏统治阶层视野，北方望族与拓跋统治者在北魏发展道路上虽有曲折反复，但又相辅相成向前推进。最终在孝文帝时期，北魏的汉化改革走向顶峰。抛开这种激烈变革加速引发的边地与中央矛盾，北魏孝文帝汉化政策确实在客观上确定了北魏政权接续华夏文明的属性，哪怕只是短暂的，但却早有端倪且影响深远。孝文、宣武二帝实行向南扩张的积极政策已对南朝构成威胁，在南北对峙的竞争舞台上，主动权已逐渐归属北朝一方。

南北朝时期诸多政权前后相继，但除北魏外统治时间均较为短暂，维系王朝稳定主要依赖个别雄主，一旦雄主亡故，整个政权因缺乏强有力的中心而迅速分崩离析，其中最为典型的是南朝梁武帝萧衍。从萧齐旧臣到开国之主，萧衍的政治智慧使其尽量避免刘宋、萧齐政局不稳的教训，特别是在处理前朝宗室的问题上，他表现出相当的自信与宽容。这种自信来源于他称帝时正值壮年，有充足的时间与精力亲自施展抱负。与魏晋南北朝时期其他霸府类似，萧梁立国之后可用的文武官员亦是其旧属班底，萧梁的稳定在于萧衍能继续掌握这些力量，而刘宋、萧齐等开国君主登基不久即亡，继位新君忌惮前朝佐命功臣，自然有上下猜疑，导致大肆清洗的内部冲突。可以说，萧衍立身南齐与北魏对峙之际，南朝内部的历史问题与北方鲜卑政权的强大共同促成了新王朝的新气象，但这种因个人能力形成的繁荣缺乏保障，浮华背后仍然存在矛盾冲突。南北局势的奇特之处在于内忧外患往往相伴相生，稳定的内部与孱弱的对手同样重要，北魏有趁南方改朝换代之际兼并大片土地的兴盛，也有因内部动乱导致东西分裂的败亡，东西魏分别为高氏和宇文氏取代。梁武帝曾于北魏衰落时借元颢之名令陈庆之北伐，虽势如破竹但后续无为，近二百年的偏居一隅，南方政权早已失去北方地区的民心，尚须借助元魏宗室傀儡之举终难有所成就。直到侯景叛尔朱氏入高氏，入萧梁又反于萧梁，引发南北局势再次变动，南北对峙已变为后三国鼎立之局，又是另一番天地。

二

南北对峙的一百多年间，南北政权各以正统自居，自称"中国"，指斥对方为"索虏""岛夷"，正统与僭伪之争成为当时鲜明的时代特征。

正统思想是中国古代重要的政治文化思想资源，历代皆有学者阐述①，尤其是在传统史学著述的形成过程中，正统之辨往往成为中国传统文化与古代史著中绕不开的问题，"正统之争"不仅是一个史学命题，也成为探究中国古代政治思想不可忽视的一部分。近代以来，梁启超在《新史学·论正统》中对正统观大加驳斥，称其为"中国史家之谬"，他本意是批判传统史学发展中的"陋儒误解经义，煽扬奴性"一面②，不料却成为中华人民共和国成立前后对正统思想认知的评价基调。作为封建糟粕的正统思想自然不在研究范围之内，直到中国传统的正统认知与西方政治学说中的正当性、合法性等概念发生碰撞时，正统观研究才重新开展。较早的学者如汪文学，认为正统论是一种权力合法性理论，侧重强调作为政治观念的正统论③，他认为较之西方的超越合法性理论与世俗合法性理论的分离，中国传统文化里的正统观念则是两者融合，正统论是最具中国特色的政治权力合法性理论。系统论述正统观念的学者还有不少，他们从不同角度分

---

① 参见饶宗颐：《中国史学上之正统论》之"资料"，北京：中华书局，2015年（该书初版为香港龙门书店，1977年；内地曾有上海远东出版社1996年再版）；另见赵令扬：《关于历代正统问题之争论》，香港：学津出版社，1976年。

② 梁启超：《新史学·论正统》，《饮冰室合集》文集之九，北京：中华书局，1989年，第20—26页。

③ 汪文学：《再论中国古代政治正统论》，《贵州文史丛刊》1998年第6期，第29—34页。汪文学另有《正统论》专著，西安：陕西人民出版社，2002年。

类阐述，不断丰富正统观内涵。[①] 此外，还有学者重新审视历史文献，区分正统、正朔与正闰不同概念的使用范围，为进一步发掘传统政治智慧厘清了枝蔓障碍。[②]

综合来看，当代研究中国古代正统思想主要有两条路径：一是从政治学或政治哲学的角度重新审视中国古代的政治权力，对正统思想的研究更侧重其正当性、合法性的理论角度；二是将正统观作为一种史学观念，从历史的角度梳理其内涵的构建过程，并对其作出史学角度的反思。就已有的成果来看，作为史学观念的正统观，侧重从历史与史学的角度反思，是为推进史学科学化的发展；而作为政治理念的正统观，则主要从中国古代政权合法性角度阐发，试图发掘传统政治智慧。无论是界定为史学观念，还是确定为政治智慧，本质上绕不开政治与学术或者具体为政治与史学的关系问题。也就是说，作为政治思想的正统观，在中国古代与传统史学关系最为密切。此外，正统之争往往在中国历史上的分裂时期最为彰显，就南北朝留存至今的史著文献与当时的史学活动而言，南北对峙中正统之争的理念贯彻始终。

---

① 参见王东：《正统论与中国古代史学》，《学术界》1987年第5期，第66—71页；胡克森：《论中国古代正统观的演变与中华民族融合之关系》，《史学理论研究》1999年第4期，第50—59页；董恩林：《试论历史正统观的起源与内涵》，《史学理论研究》2005年第2期，第13—22、159页。

② 雷戈：《正朔、正统与正闰》，《史学月刊》2004年第6期，第23—31页。

因为传统政治文化实际上是依存于历史文献记载的，所以以往学界更多的是从历史学的角度结合具体历史事件对正统思想作出阐释，魏晋南北朝分裂时期正统观的研究就一直受学者重视，研究视角包括具体政权的正统观、正统观的历史价值等。秦永洲将这一时期中华正统之争划分为三个阶段，指明了当时正统之争对中华存续的积极意义[①]，刘浦江专论南北朝时期正统观念对后世的影响[②]，马小能总结魏晋南北朝史学正统观念三个特点，认为"南北对峙时期，汉族政权与少数民族政权间的正闰之争，主要通过夷夏之辨的方式进行，然而随着民族融合的进一步深化和发展，夷夏色彩逐渐淡薄，历史文化认同意识越发凸显"[③]。学者已经有意识地将正统观放回当时的社会政治背景中考察，有的学者更进一步探讨了正统观的历史书写问题，正统观历史书写问题成为正统观念研究的新趋势。如王铭在《"正统"与"政统"：拓跋魏"太祖"庙号改易及其历史书写》一文中分析了北魏的中原正统心态以及对拓跋王朝政统谱系的建构努力，指出不

[①] 秦永洲：《东晋南北朝时期中华正统之争与正统再造》，《文史哲》1998年第1期，第69—76页。

[②] 刘浦江：《南北朝的历史遗产与隋唐时代的正统论》，《文史》2013年第2期，第127—151页。

[③] 马小能：《魏晋南北朝史学正统观念的特点》，《学习与探索》2010年第4期，第214页。

同王朝政权在各个历史阶段追溯其自身合法性的政治考虑。①
于涌系统梳理了北魏统一北方后由夷变华的身份转换与正统
认知②，赫兆丰探讨了刘宋孝武帝改崇其父文帝"太祖"庙号
的行为隐含的正统诉求与政治建构。③ 这些研究选题反映出学
者不断加强对史实与史籍的解读，史学史研究关注的视野在
不断扩大。另外，对正统思想的研究也逐渐深化到政治学领
域，张其贤从思想史的角度重新解读正统观史料文本，分析
其与地理、文化、族裔三种层面的国家认同的对应关系，为
理解正统观历史书写如何呈现国家认同建构打开了思路。④

　　笔者在对南北朝时期官方史学进行研究时发现，南北
政权官方史学在相对隔离的状态下各自发展，并在同一历史
时段内呈现出不同面貌，这一时期史学著述中的正统观相关
内容有着强烈的政治意义，南北政权借助史学争夺正统的手
段不一，但维护正统的政治目的相同，可以说在思想意识的
选择上殊途同归。从整个史学发展历程来看，这是否是分裂

---

　　① 王铭：《"正统"与"政统"：拓跋魏"太祖"庙号改易及其历史书
写》，《中华文史论丛》2011年第2期，第293—325页。

　　② 于涌：《华夷身份转换与北魏文化的正统认知》，《中央民族大学学
报（哲学社会科学版）》2015年第6期，第119—125页。

　　③ 赫兆丰：《正统的诉求与建构——对刘宋文帝"太祖"庙号的考
察》，《北京社会科学》2017年第8期，第28—38页。

　　④ 张其贤：《正统论、中国性与中国认同》，《政治科学论丛》2015年
第64期。

时期史学发展的特殊选择？换句话说，从南北对峙到隋唐统一，政治意义上的正统之争与史学意义上的正统观念是否发挥了某些作用？对这些问题的追索，促成了本书研究正统思想的思路：从政治与史学关系角度出发，结合史学著述与撰史活动，考察演变的、活动的正统观念。这一思路的重点不在于阐释正统观的内涵变化，而在于揭示正统观是否能够发挥作用、如何发挥作用。

从统治者的角度而言，正统观涉及的是政权合法性的问题。合法性（legitimacy）原本是一个政治学中的范畴，是现当代政治学特别是有关国家、民主理论的核心概念之一。在中国传统社会，政权合法性一般呈现为皇室延续与政权鼎革内外两种历史面貌，而分裂时期又有并存政权争夺主导地位的政治冲突。海外学者对中国传统社会的政治认知往往从宏观角度展开，既有政治史实的层面，又有学理演进的层面，且在对现当代合法性理论探讨时不可避免地涉及历史因素。如马克斯·韦伯曾从社会学、政治学等理论出发描述历史上存在过的三种权威类型：传统型、卡里斯玛型和法制型。石元康在分析韦伯理论框架时认为中国传统政治中的儒家天命观政道，就是西方政治理论中的正当性及正当化问题。按照韦伯的分类，中国传统政治形态最接近的是传统型中的家产世袭制，即王朝鼎革呈现的面貌，而天命观根本上应是韦伯所言的卡里斯玛形态。① 哈贝马斯对经验式的合法性理论持批判态度，不过他同样涉及了合法性的不同历史阶段：在早期文明中，统治家族借助原始神话证明自身正当性；随着古代文明帝国的发展，统治者本人甚至整个统治秩序的正当性都需要证明，"这个目标的实现是由以宇宙论为基础的伦理学、高级宗教和哲学来完成的"，"这些理性化的世界观具有可教义化知识的形式，论证代替了叙述"；现代以后，随着哲学的发展，理性的形式原则取代了自然和上帝一类的物质原则。②

西方学者的认知能否直接应用于中国的传统政治，这是要加以辨析的。周濂认为政权合法性带有超越的道德维度，即"是什么使得权力或者武力成为道德上对的"，他主张"正当性"比"合法性"的译法在当下更合适。③ 不可否认，正统概念确实是中国古代社会政治与思想中与当下政治学的合法性最相似的表达，但一些细微的区别不应被忽视：正统之"统"，可以理解为合法性之"法"；正统之"正"，则有强调诸多政权中的被认可为唯一的含义。需要明确的是，

① 石元康：《天命与正当性：从韦伯的分类看儒家的政道》，《开放时代》1999年第6期，第5—23页。

② ［德］哈贝马斯：《交往与社会进化》，张博树译，重庆：重庆出版社，1989年，第189—190页。

③ 参见周濂：《现代政治的正当性基础》，北京：生活·读书·新知三联书店，2008年。

在韦伯那里，一个人或群体能够实现自己意志的"权力"（power），想要转化为对另一个人或群体所拥有的合法权力，即"权威"（authority），取决于接受命令的人是否相信发号施令的人这么做是合法的。① 由此就需要引出一个从施令接受者视角的概念，"国家认同"（national identity）。汉语语境中的"认同"一词译自英语"identity"，意在表明人或是其所在群体在交往中所发现的差异、特征及其归属感，即对哲学意义上"我是谁"的一种回答方式。国家认同是认同问题在政治学领域的拓展应用，这一个政治概念兴起于20世纪70年代行为主义革命时期，是指一个国家公民对自己所归属国家构成要素的认知、评价与情感。严格意义上的"国家认同"概念最早是对认同危机政治文化现象的描述与分析②，当这一概念引申到中国古代国家认同研究领域时，便可与判断政权是否正统联系起来。政权合法性基于政治认同，正统观同样是传统中国国家认同的表达形式。在中国传统语境中，"中国""华夏""天下""中华"等概念都承载着不同角度的现代国家认同意识。

学界对国家认同的研究可分为规范性研究和实证性研究

---

① 参见 [英] 安东尼·吉登斯、菲利普·萨顿：《社会学基本概念（第二版）》，王修晓译，北京：北京大学出版社，2019年，第266页。

② 参见周平：《多民族国家的国家认同问题分析》，《政治学研究》2013年第1期，第26—30页。

两类。规范性研究主要从外部视角和内部视角展开，探讨国家认同的内涵与建构路径等问题。① 学界有大量学者关注中国国家认同的实证研究，近年来主要集中在边疆问题与民族问题领域，研究时段则主要集中于明清时期，此外也有一些研究成果关注青少年群体的国家认同。近代中国国家认同在20世纪广受西方学界关注，列文森、弗立曼、杜赞奇等均有相关论著，国内学者黄兴涛通过梳理现代中华民族观念的孕育、形成、发展及其内涵，对西方学界的一些偏颇观点作了

① 对国家认同的规范性研究大致可分为外部视角和内部视角两类。外部视角即从国际交往的层面分析国家认同的形成与变化，代表性学者有建构主义国际关系学派的亚历山大·温特、玛莎·芬尼莫尔等，他们主张运用社会学框架探讨国际关系，强调观念、规范和文化等对国家行为与利益选择的建构作用。当前外部视角国家认同研究的主要驱动力是应对全球化背景下认同危机给民族国家带来的巨大挑战（王卓君、何华玲：《全球化时代的国家认同：危机与重构》，《中国社会科学》2013年第9期，第16—27页），国内也有部分学者通过翻译、诠释建构主义国际关系理论，探讨中国外交实践的理论问题，如郭树勇：《建构主义与国际政治》，北京：长征出版社，2001年；秦亚青：《关系本位与过程建构：将中国理念植入国际关系理论》，《中国社会科学》2009年第3期，第69—86页。内部视角主要从国家内部要素角度探讨国家认同的内涵与建构，一直是中外学界关注的热点，且常与"民族国家认同""民族认同"研究发生联系，相应的研究综述可参见贺金瑞、燕继荣：《论从民族认同到国家认同》，《中央民族大学学报（哲学社会科学版）》2008年第3期，第5—12页；袁娥：《民族认同与国家认同研究述评》，《民族研究》2011年第5期，第91—103、110页；陈茂荣：《国家认同问题研究综述》，《北方民族大学学报（哲学社会科学版）》2016年第2期，第77—81页；吴方彦、孙蔚：《国家认同研究中的核心问题探析》，《南京社会科学》2016年第6期，第72—78页。

订正。[①] 不少学者在探讨中国历史上国家观念与民族意识时也谈及认同问题[②]，瞿林东等学者系统整理了先秦以来的历史文化认同思想与统一的多民族国家形成和发展的关联，可视为学界对作为"多民族"和"统一"的重要结合点的历史文化认同的系统梳理。[③] 从目前收集的文献来看，集中以魏晋南北朝时期国家认同为研究对象的学者有彭丰文和李磊。彭丰文依托民族学理论，通过梳理中华民族共同体在不同政权时期发展壮大的历史进程，侧重探讨影响其发展的因素，以期促进当前国家认同建构。[④] 李磊主要从观念史的角度探讨中华意识的多元性，通过分别论述分裂时代不同政权的国家认同建构脉络，试图重建整体的中国史叙述。[⑤] 从他们的研究成果来看，当研究视角放大到考察南北朝时期的中华认同时，学者往往默认政权争夺正统的史实而未加阐述，更关注的是认

---

① 黄兴涛：《重塑中华：近代中国"中华民族"观念研究》，北京：北京师范大学出版社，2017年。

② 葛兆光：《宅兹中国：重建有关"中国"的历史论述》，北京：中华书局，2011年。

③ 瞿林东主编：《历史文化认同与中国统一多民族国家》，石家庄：河北人民出版社，2013年。

④ 彭丰文：《两晋时期国家认同研究》，北京：民族出版社，2009年。

⑤ 参见李磊：《江南认知与中华认同——他者与北魏胡汉共识的形成》，《华东师范大学学报（哲学社会科学版）》2012年第5期，第28—33、153页；李磊：《中国古代的国家概念与国家的自我赋权》，《华东师范大学学报（哲学社会科学版）》2014年第4期，第21—24页。

同机制的构建与运转。此外，还有两位学者的研究也值得一提。罗新考察中古北族名号时，运用"政治体"的概念理解民族，辨析了北方族群认同，提出了从族群认同的角度研究民族起源的主张。[①] 胡鸿则运用全新的概念和视角阐述了作为"政治体"而非族群的华夏，专章分析了知识精英通过经学、史学进行有关异族群的知识建构过程，对谱系化的思维方式进行了反思。[②] 他们的研究用具体的案例加深了对内外认同何以生成及其作用的理解。

总的来看，现代民族国家的认同研究已在概念内涵与建构路径方面深有耕耘，中国古代正统观的类型内涵与价值意义研究也积累丰富，这些都有助于加深对中国古代国家认同的理解。但国内外现有研究仍存在一些不足：中国古代国家认同的研究成果数量相对较少，明清时期之外的时段更少有涉及；更多关注中国古代统一政权内部的认同建构，对分裂时期的中华认同研究关注不够；将存在国家认同视为理所应当的历史产物与研究前提，缺少对中华认同如何凝聚、如何呈现的深度解读。中国历史上从分裂走向统一的内在动力如

---

① 参见罗新：《中古北族名号研究》，北京：北京大学出版社，2009年；罗新：《内亚渊源：中古北族名号研究》，北京：社会科学文献出版社，2023年。

② 胡鸿：《能夏则大与渐慕华风：政治体视角下的华夏与华夏化》，北京：北京师范大学出版社，2017年。

何理解，为何中国古代分裂时期正统观念最为显著，处于分裂局面下的政权如何消除认同危机，以正统为核心的政权合法性与政治认同诉求如何通过实践活动实现，这些都需要进一步深入研究。

三

本书的研究思路始于史学史研究，又希冀借助历史学、政治学、社会学等学科的相关概念与理论方法，以政治活动与史学的互动关系为切入点，运用理论和实践的辩证关系理论，从梳理政治活动出发，发现政治活动中反映的正统观念，同时依据载入史籍的正统表述，推敲南北政权对峙实际。

史学史研究自有其学科积累与基本思路，20世纪二三十年代，梁启超在《中国历史研究法补编》中设想了中国史学史之做法，列有四个部分：史官、史家、史学之成立与发展及最近史学之趋势。其后学者基本按照这种模式从事史学史的研究与撰述，主要考察史官、史家、史著等史学方面，经过近百年的不断努力，中国传统史学的基本面貌已勾勒明晰。前辈学者已有的通览与断代研究为探索南北朝时期官方史学打下了坚实的基础，关于魏晋南北朝时期的史学研究可以说是史学史研究中的热点，学界对此已多有总结。① 以往学界多将魏晋南北朝时期作整体考察，有时更纳入汉至唐更长时段中讨论。这种处理方式延续了中国通史研究中的时段分割传统，就探讨史学发展状况来说，可能导致注重历时性而忽视共时性的问题。从共时性来看，南北朝史学处于同一历史时期，可以说具有类似的时代特征。同时，受实际对立状态的阻隔，南朝与北朝史学又呈现出各自不同的特点。

以往学者对魏晋南北朝史学作整体研究时，多先论述这一时期史学的基本特征。研究古代史学史的学者基本形成了类似意见：魏晋南北朝时期的史学兴盛，呈现多途发展的特征。学者多从官、私史著数量增多，正史、杂传、谱牒等多种史著形式出现，图书分类中单列史部等角度考察史学的状况。瞿林东在《中国史学史纲》一书中将魏晋南北朝史学的特征归纳为"史学的多途发展"，指出这一时期"在'正

---

① 魏晋南北朝时期史学研究的专门综述参见董文武：《魏晋南北朝史学研究述评》，《高校社科信息》2001年第5期，第1—7页；杨惠如：《1950年以来两岸三地魏晋南北朝史学史的研究》，《景女学报》2002年第2期，第85—106页；张承宗：《六朝史学研究的回顾与展望》，"建国六十年来六朝史研究的回顾与展望"学术研讨会论文，江苏南京，2009年，第202—219页；胡喜云：《魏晋南北朝史学研究概论（1924—2009）》，博士学位论文，北京：中国人民大学，2010年；韩杰、彭洪俊：《三十年北朝史学研究述评》，《历史文献研究》2013年总第32辑，第340—359页；洪前兵：《20世纪以来中国大陆"北朝四史"研究述评》，《廊坊师范学院学报（社会科学版）》2015年第4期，第51—56页；等等。

史'占据重要地位的同时，史书的数量和种类剧增，门阀的特点和多民族国家历史的特点在史学上的表现至为突出"①。乔治忠称三国两晋南北朝史学为多方探索，具体表现为史籍编纂形式与内容的多样化。② 杜维运在《中国史学史》第八章"魏晋南北朝的衰乱与史学的极盛"中称魏晋史学为极盛，具体表现为"上自帝王公卿，下至山林隐逸之士，多热衷于写史；驰名的史学家，……前后相望；写成的史书，数量之多，卷帙之富，难有另外一个时代能与之相比拟；史书的体裁，竞出新奇"③。学者的立论多基于《隋书·经籍志》中记载的大量史部著作。作为此期史学发展的结果，史著种类数量的增多直接反映为史部的独立。④

在对总体特征考察的同时，学者几乎都会涉及对这一时期史学繁荣原因的探讨。《隋书·经籍志》中的一段论述常为后世学者引用，即"天下大乱，史官失其常守。博达之士，愍其废绝，各记闻见，以备遗亡。是后群才景慕，作者

---

① 瞿林东：《中国史学史纲》，北京：北京出版社，1999年，自序第4页。

② 乔治忠：《中国史学史》，北京：中国人民大学出版社，2011年，第101—115页。

③ 杜维运：《中国史学史》，北京：商务印书馆，2010年，第291页。

④ 相较"史学独立"，笔者认为，作为史籍成果的"史部独立"用法更谨慎一些。魏晋南北朝时期，史学多指历史知识教育，并且史学、经学与文学三者在当时并不能绝对区分，只是写作内容各有侧重而已。

甚众"①。综合学者的研究成果，这一时期史学发展的原因，大致可归结为以下四点：一是经学的衰微，文学、史学与经学分离；二是统治阶层的重视，乱世政权注重历史经验教训，并以史学张扬正统；三是整个社会的重史风气，受统治阶层影响，史官修史制度虽有发展但又不能满足社会需要，私修史著由此增多；四是相对稳定的社会环境及文化交流与造纸术等科技的进步。梁启超在论述"过去之中国史学界"时已有一些模糊的认识，他注意到司马迁、班固著述对后世的影响以及对文化工具发明的意义。② 金毓黻论及私家修史众多时首次明确提出了四点原因③，后来学者不断推进探索，在具体方面各有侧重。万绳楠发展扩充了对经学衰微与史家、史学受重视两方面的分析。④ 高敏认为《史记》《汉书》为后来学者纂修提供楷模⑤，这一点可归入统治阶层的重视推广之下。瞿林东指出私人撰史兴盛的原因包括"门阀政治与门阀

① 魏徵等撰：《隋书》卷三三《经籍志二》，北京：中华书局，1973年，第962页。

② 参见梁启超：《中国历史研究法》第二章"过去之中国史学界"部分，上海：上海古籍出版社，1998年，第16页。

③ 参见金毓黻：《中国史学史》，上海：上海古籍出版社，2013年，第84页。

④ 参见万绳楠：《魏晋南北朝文化史》，上海：东方出版中心，2007年，第268—272页。

⑤ 高敏：《试论魏晋南北朝时期史学的兴盛及其特征和原因》，《史学史研究》1993年第3期，第60页。

习气的推动"①，可视为社会需要的一种，同类原因还有庞天佑关于思想与史学关系的考察中涉及玄学、佛教等因素的论证。②杜维运提出"社会环境的刺激与学术昌盛的相应""史学传统的赓续与社会意识凛然于历史的尊贵与威严""以史惩戒的观念盛行""以史制君与君主的提倡""感岁月忽忽，寄望不朽于将来"五个方面的原因，较侧重于思想层面的考察。③李小树和邹绍荣也注意到了心理层面的考察，指出留名心理对汉晋时期史学发展的推动作用。④其他学者的讨论大致不超过这些方面。

值得注意的是，以上学者考察时多明确说明是探讨私修风气大盛、史著增多的原因。私修史学的发展实际上是官方史学发展的衍生，因为这一时期重史风气的形成经历了从上到下的过程，即从帝王重史到史官纂修，然后才有更多的一般史家编撰史籍。在某种程度上，可以将私修史籍视为对官方史学的补充与回应，一方面官方编纂的史籍成书后多藏之

---

① 瞿林东：《论魏晋南北朝隋唐时期的历史发展与史学特点》，《河北师院学报（社会科学版）》1995年第4期，第24页。

② 参见庞天佑：《玄学与魏晋史学》，《中州学刊》1999年第2期，第121—125页；庞天佑：《佛教与魏晋南北朝时期的史学》，《史学理论研究》2001年第2期，第78—85页。

③ 杜维运：《中国史学史》，第294—310页。

④ 李小树、邹绍荣：《留名心理驱动下的汉晋树碑之风与史传写作》，《中国人民大学学报》2007年第4期，第128—133页。

秘府，极少人能看到；另一方面官方史籍的价值取向与材料选择不能完全满足史家的认识与需要，有识之士便各展其能自行撰述。这一问题直指史学活动与政权统治的关系。作为政治、文化中一部分的史学，受政治影响最为显著，相关论述以李传印著《魏晋南北朝时期史学与政治的关系》一书最为集中。① 李传印将史学与政治的互动关系作了系统性分析，指出当时复杂的政治环境为史学发展提供了内在动力与素材，史学又以不同方式、不同途径反作用于社会、政治，显示其功能和价值。他在书中也注意到了政治干预对史书撰述的负面影响。

近年来，一些青年学者更从政治史的角度来考察历史书写的问题，为史学史研究提供了新的视角。徐冲在《中古时代的历史书写与皇帝权力起源》一书中将纪传体正史结构的设定同皇帝权力结构的构成结合考察，通过分析"起元""开国群雄传""外戚、皇后传""隐逸列传"等几个方面，揭示政治权力在中古时代的变化，为史学史研究新路径提供了参考。② 需要说明一点，徐书的着眼点在于政治史分析，与史学史角度的分析有所区别。笔者认为历史事实与

① 李传印：《魏晋南北朝时期史学与政治的关系》，武汉：华中科技大学出版社，2004年。

② 徐冲：《中古时代的历史书写与皇帝权力起源》，上海：上海古籍出版社，2012年。

史著文字之间还存在一个选择的问题，不能直接对应。如书中使用的"起元"的概念，容易模糊王朝成立的明确时间点（史实）与记载王朝存亡的时间区间（书写文本）的界限，值得进一步推敲。而如周一良在《魏晋南北朝史学与王朝禅代》一文中使用"断限"一词则不会出现这种问题。① 唐燮军则从佚史的角度考察，通过对史家、史著撰述情况与散佚原因的考证分析，阐述了魏晋南北朝时期史学在政治影响下以往被忽略的一面，丰富了对史学何以呈现如此面貌的认识，在一定程度上填补了历史真相的空白。②

这种研究视角的转变，呼应了以往学界对史著文本背后史学观念的考察。史学观念方面的研究有必要专门提及雷家骥的《中古史学观念史》一书。③ 雷家骥将汉至唐时期的中古史学归纳为论述性史学，有别于之前的记录性与之后的叙

① 周一良：《魏晋南北朝史学与王朝禅代》，载氏著：《魏晋南北朝史论集》，北京：北京大学出版社，2010年，第371—379页。（原载《北京大学学报（哲学社会科学版）》1987年第2期，第26—31页）

② 唐燮军：《史家行迹与史书构造：以魏晋南北朝佚史为中心的考察》，杭州：浙江大学出版社，2014年。

③ 雷家骥：《中古史学观念史》（上、下），新北：花木兰文化出版社，2011年。初版为台湾学生书局1990年版。全书主体曾发表于台湾《华学月刊》等处，大陆曾将书中部分章节的原刊论文影印内部发行，参见雷家骥：《两汉至唐初的历史观念与意识》，北京：书目文献出版社，1987年。近年来，作者又将书稿增扩，以《中国古代史学观念史》为名在大陆出版（北京：北京师范大学出版社，2018年）。

述性，他着重考察影响史学发展的学理思想、观念意识及其特色，侧重以史学发展的内在逻辑思路作史学史研究。雷著对这一时段主要的史学思想观念之大端均有涉及，具体到魏晋南北朝时期而言，从"以史制君"与反制、"史不可亡"意识及实践、正统论与违心史学等角度，对史学发展状况作了论述，也涉及政教对史学的干预与控制方面，多有精彩的深刻论断。雷著界定"史学观念"，称"广义言，凡精神意识、思想观念诸心灵活动者皆属之；虽下潜意识，如能从其言行推考以知者，亦在论究之列"①。针对以言行推考，作者解释道：

研究之进行，除有著作迄今可阅者外，不得不以管窥知——及由正史或他书转引其原著片段，据此以窥见其史学，推论其思想；或假途以进——据正史或他书之论述其人其书以推论焉。径读原著为直接论证，则管窥者遂为不完全直接法，必须极尽分析证据之能事而始克善之。至于假途，必为间接以知，是以首重批判，而后分析较论，以印证其言。②

他同时也指出了这种做法的要害："凡人必然有思想，

① 雷家骥：《中国古代史学观念史》，第8页。
② 雷家骥：《中国古代史学观念史》，第9—10页。

而思想或将落实于行事作为，故论行为以推思想，乃是逆推之法，且易隐晦失准"[1]，"由事以论义，由行以推思，常为研究思想史的要径，但需审慎为之，始能有效"[2]。此期传世史著有限，许多论述有赖推断展开，雷著的具体做法不仅为后来学者指明此期思想史研究的路径，对一般史学研究的审慎推论也有指导意义。同时，雷著的一些视角与思辨及论断，对后来学者认识此期史学发展多有启发，如前引杜维运《中国史学史》中就表明赞同雷著"以史制君"论断。史学当然有其内在发展理路，魏晋南北朝时期外在的时代政治形势同样灌注于史学之中，参与构成史学内核，甚至作用与影响更甚于史学的学术脉络，因此在雷著就史家史学观念的思想史研究体系之外，对南北朝时期官方史学的研究，仍需要探讨社会、政治与学术思想的互动关系，以及从政权角度不断强调官方史学的政治属性。

就南北政权官方史学这一研究对象而言，对魏晋南北朝史学总体状况的考察及其原因的分析探讨具有重要的背景意义，但又不能取代对具体历史阶段具体史学的分析。换言之，整个时期的发展状况与原因可能部分适合南朝史学，部分适合北朝史学，也可能某些原因现象是某一阶段某一政权

---

① 雷家骥：《中国古代史学观念史》，第11页。

② 雷家骥：《中国古代史学观念史》，第12页。

独有的，而另一政权恰好相反。如北朝的少数民族因素分析就不能简单地挪用于对南朝史学的分析，因此对南北政权官方史学的研究需要进一步深化，区别对待。实际上，可能前述学者在论述中就觉察到了这一问题，因为在行文举证的过程中，可明显看出多以南朝史例为主，但未见有人明确提出。

近代以来明确对魏晋南北朝时期史学南北发展差异作出分析的当首推周一良。周一良在《略论南朝北朝史学之异同》一文中指出，北朝史论水平远不如南朝。[①] 他引用了两段史料以推论南北史学的异同。一是《世说新语·文学》载："褚季野语孙安国云：'北人学问，渊综广博。'孙答曰：'南人学问，清通简要。'支道林闻之曰：'圣贤固所忘言。自中人以还，北人看书，如显处视月；南人学问，如牖中窥日。'"刘注："支所言，但譬成孙、褚之理也。然则学广则难周，难周则识暗，故如显处视月。学寡则易核，易核，则智明，故如牖中窥日也。"[②] 一是《隋书·儒林传序》载："大抵南人约简，得其英华，北学深芜，穷其枝叶。"[③]

① 周一良：《略论南朝北朝史学之异同》，载氏著：《魏晋南北朝史论集》，第365—370页。（原载《北京大学学报（哲学社会科学版）》1990年第3期，第105—109页）

② 刘义庆著，刘孝标注：《世说新语·文学》，余嘉锡笺疏：《世说新语笺疏》，周祖谟、余淑宜、周士琦整理，北京：中华书局，2007年，第255页。

③ 魏徵等撰：《隋书》卷七五《儒林传》，第1706页。

《北史·儒林传》中也沿用此句。周一良认为史书中"基本史实的叙述大体因袭前人著作为多","除去体制编排之外,纪传体史书仍自有最能体现作者特色的地方,就是序或论部分"[1],他指出南北治学取向的不同在史学上也有反映,特别是南北史著中的史论存在明显差异。周一良将南朝史论归之玄学影响,他的学生胡宝国则认为南朝史论与两汉史论相比并不特殊,北朝史学整体落后,史论不如南朝是自然。[2]除史论外,对北方史学呈现与南方史学的不同特点,胡宝国另归纳了三点:"第一,北方史学较为关注与国计民生相关的问题,而南方则否;第二,相对于南方,北方多官修史书,私人撰述较少;第三,从渊源上看,与继承魏晋的南方史学不同,北方史学比较强调继承汉代传统。"[3]

牛润珍则从史学与政治的关系角度认识南北史学异同问题,他认为"南北朝史著多出自史官,史著的风格虽与史官的学术倾向及传统学风对之影响不无关系,但更重要的是它不能超出统治者对它的要求,不同政治要求下出现的史著,

---

[1] 周一良:《略论南朝北朝史学之异同》,载氏著:《魏晋南北朝史论集》,第366页。

[2] 胡宝国:《史论》,载氏著:《汉唐间史学的发展(修订本)》,北京:北京大学出版社,2014年,第117页。(原版为北京:商务印书馆,2003年)

[3] 胡宝国:《南北史学异同》,载氏著:《汉唐间史学的发展(修订本)》,第173—174页。

其内容、风格自然不同"，"比较南朝北朝史学的异同，不能不首先考虑史学与政治的关系"。① 因此他补充了三点：其一，南北均以官方史学为主流，北朝更甚于南朝；其二，皇帝对史学均持控制的态度，北魏尤其严格；其三，南北史学都面临确立本朝正统地位，排黜对方的任务。他通过爬梳考证，认为北朝史官制度不同于南朝者有以下六个方面：第一，著作郎多加军号，参与军事行动，南朝亦有个别著作郎加军号，但多不带兵打仗；第二，北朝置有史阁、史馆，修史机构较南朝完善；第三，北朝建立了国史监修制度，而南朝则无；第四，从北魏到北齐、北周，著作、起居分途，国史纂修制度亦较南朝严密；第五，沿革关系方面，南朝大体沿袭东晋，而北魏则从原始记事制度起步，广泛吸收魏晋以来胡汉制度积极因素，形成较完备且有活力的史官制度；第六，从启后作用来看，北朝史官制度对隋唐史官制度的影响作用比南朝要大得多。②

可以说，在南北史学差异这一问题上，三位前辈学者的论述已基本囊括了史学发展的各个侧面，后来学者的论述很难超出这些范围。如马艳辉曾就南北朝史家对政治制度、皇朝兴亡得失、历史人物评价等问题所发的史论作过比较研

---

① 牛润珍：《汉至唐初史官制度的演变》，石家庄：河北教育出版社，1999年，第145页。

② 牛润珍：《汉至唐初史官制度的演变》，第145—148页。

究，自称为周先生所论拾遗补阙。① 从史学与整个社会、政治互动的过程来看，对南北史学差异的论述使后来学人能够更好地把握差异背后相同或相通之处。就南朝史学与北朝史学而言，两者的发生发展地理上相邻，又处于同一历史时代，南北政治对立，"正统之争为南、北史学提出了新的命题，对史学的活跃起了助推作用"②，对本书的研究思路而言，这种相似史学现象需要更进一步加以区别。

实际上除史学的南北比较之外，学界在其他方面的南北比较则并不少见。唐长孺在《魏晋南北朝隋唐史三论》一书中有专篇"论南北朝的差异"，分社会经济结构、门阀士族、兵制、学风四个方面比较，在专论南北学风时，唐长孺认为"自永嘉乱后晋室东迁，政治上南北对峙，学术风气亦出现显著的差异。……所谓南学与北学的区别，有着地理上的分野，但首先是学风的差异"③。他在综论中精要地指出，"永嘉乱后，东晋南朝沿承三国西晋封建社会的发展途辙。……北族政权，特别是统一北方的北魏政权的统治，除了遵用汉魏以来传统以外，必然杂用自己所熟悉的模式与风

① 马艳辉：《制度·兴亡·人物评价：南朝北朝史论异同辨析》，《江海学刊》2008年第2期，第163—168页。

② 牛润珍：《汉至唐初史官制度的演变》，第144页。

③ 唐长孺：《魏晋南北朝隋唐史三论——中国封建社会的形成和前期的变化》，武汉：武汉大学出版社，1992年，第237页。

习，如均田制、府兵制即是典型。……出现了一些在特殊历史条件下产生的制度形式，从而与继承汉末魏晋传统的南朝出现显著的差异"①。除了这种全方位的比较，也有学者从文学与经学方面进行比较，如曹道衡的《南朝文学与北朝文学研究》，焦桂美的《南北朝经学史》。曹书注意到学界重南轻北的偏向，主要从南北文风不同角度考察，更侧重于对差异历史原因的探索。另外，书中结语部分提到文学史研究方法的相关思考，如不自我限定研究禁区，学术史评价应力求公允等，对史学史研究极有启发。② 焦书认为南北经学同源异流、本同末异，相异之处表现在经学家的思想、著述、治经风格、解经旨趣等方面，异同要辩证地看待，她还梳理了前人对南北朝经学的看法与得失，值得借鉴。③ 另外，在研究南北朝时期相关问题时，学者们已经注意到了人员流动因素对南北发展变化的影响，已形成专著的有王永平的《中古士人迁移与文化交流》④、王允亮的《南北朝文学交流研究》⑤和

① 唐长孺：《魏晋南北朝隋唐史三论——中国封建社会的形成和前期的变化》，第486页。

② 详见曹道衡：《南朝文学与北朝文学研究》，北京：中国社会科学出版社，2007年，第201—203页。

③ 详见焦桂美：《南北朝经学史》第一章第九节"南北朝经学异同论"，上海：上海古籍出版社，2009年，第173—187页。

④ 王永平：《中古士人迁移与文化交流》，北京：社会科学文献出版社，2005年。

⑤ 王允亮：《南北朝文学交流研究》，上海：上海古籍出版社，2010年。

宋燕鹏的《籍贯与流动：北朝文士的历史地理学研究》①等。一些学术论文中对这一主题也有涉及，王娟在《冲突与融合：魏晋南北朝时南人北迁研究》②中提出需对下层民众加以关注，并对以往的相关研究作了回顾。蔡宗宪的《南北朝交聘与中古南北互动（396—589）》③和龚诗尧的《从外交活动之发展论北朝汉文化地位的变迁》④两文均以另一种形式的人员流动、交聘活动为考察对象，反映南北朝互动的诸多角度。

随着史学史研究的深入，延续早期梁启超设想、金毓黻初步探索的史家史著框架下的断代史学研究成果显著。中国古代断代的"王朝"概念，为抽象的国家概念赋予了时间限定，正统观念框架下的王朝统绪，即可视为阶段性的国家认同。从近年的研究趋势来看，相对细化的南朝、北朝分别研究已经展开，专论南朝或北朝史学的论文已越来越多。特别在史官制度领域，除牛润珍专著《汉至唐初史官制度的演

---

① 宋燕鹏：《籍贯与流动：北朝文士的历史地理学研究》，保定：河北大学出版社，2011年。

② 王娟：《冲突与融合：魏晋南北朝时南人北迁研究》，博士学位论文，上海：上海师范大学，2013年。

③ 蔡宗宪：《南北朝交聘与中古南北互动（396—589）》，博士学位论文，台北：台湾大学历史学研究所，2006年。

④ 龚诗尧：《从外交活动之发展论北朝汉文化地位的变迁》，博士学位论文，台北：台湾清华大学中国文学系，2012年。

变》及相关论文①以外，南朝方面，如金召洋的《六朝史官制度简论》论述了东晋南朝统治者对史学的重视与史官制度的专业化②，张承宗的《南朝史官制度述论》梳理了史籍中记载的著作郎、著作佐郎等史官名称与具体人员。③单纯考察史学史的直接史料已很难再立新意，一些可能涉及史学活动的间接材料逐步为学者利用，金仁义的《南朝官方史职机构建设述论》就从史职机构的角度，对南朝官方史学制度作了更广泛的史料梳理，并对前贤的一些论断作了核正。④此外，王相飞的《南朝选官制度与文学》⑤和李猛的《魏晋南朝著作郎制度与文学之关系研究》⑥两文虽为文学史研究，但涉及南朝著作官制度及选任与文学的关系，史官制度不再是纯概念上的存在，而是在政治、文学活动中产生了真切的影响。北朝

①　如牛润珍：《北魏史官制度与国史纂修》，《史学史研究》2009年第2期，第16—29页；《东魏北齐史官制度与官修史书——再论史馆修史始于北齐》，《史学史研究》2011年第2期，第19—30页；等等。

②　金召洋：《六朝史官制度简论》，《苏州大学学报（哲学社会科学版）》1993年第2期，第97—99、102页。

③　张承宗：《南朝史官制度述论》，《扬州大学学报（人文社会科学版）》2004年第2期，第78—84页。

④　金仁义：《南朝官方史职机构建设述论》，《安庆师范学院学报（社会科学版）》2016年第5期，第65—70页。

⑤　王相飞：《南朝选官制度与文学》，博士学位论文，南京：南京师范大学，2008年。

⑥　李猛：《魏晋南朝著作郎制度与文学之关系研究》，硕士学位论文，上海：上海师范大学，2013年。

方面，娄权鑫的《北朝史官考》①将十六国及北朝时期参与过修史活动的史官资料作了整理，依次考证，为进一步研究提供了检索之便，但部分论断稍显偏颇。阎步克对魏晋南北朝官制的研究对理解史官制度在整个时代的运行也有帮助。②此外，对南北朝阶段性分期史学整体的研究也逐渐成为青年学者的努力方向和研究领域，硕博士学位论文中有王志刚的《十六国北朝史学研究》③，唐如明的《邓渊〈国记〉与北魏国史修撰》④，金仁义的《东晋南朝史学与社会》⑤，彭洪俊的《北朝史学考论》⑥，卢超的《南朝政治影响下的史学》⑦、笔者的《北魏官方史学述论》⑧、范宇焜的《北朝政治影响下的

---

① 娄权鑫：《北朝史官考》，硕士学位论文，长春：东北师范大学，2006年。

② 参见阎步克：《乐师与史官：传统政治文化与政治制度论集》，北京：生活·读书·新知三联书店，2001年；《品位与职位：秦汉魏晋南北朝官阶制度研究》，北京：中华书局，2002年。

③ 王志刚：《十六国北朝史学研究》，博士学位论文，北京：北京师范大学，2002年。

④ 唐如明：《邓渊〈国记〉与北魏国史修撰》，硕士学位论文，兰州：兰州大学，2008年。

⑤ 金仁义：《东晋南朝史学与社会》，博士学位论文，北京：北京师范大学，2009年。

⑥ 彭洪俊：《北朝史学考论》，硕士学位论文，昆明：云南大学，2010年。

⑦ 卢超：《南朝政治影响下的史学》，硕士学位论文，石家庄：河北师范大学，2011年。

⑧ 卢鹏程：《北魏官方史学述论》，硕士学位论文，天津：天津师范大学，2013年。

史学》①、李巧的《比较视野下的南朝史学》②，等等。

从总体特征到南北对比，从政史关系到历史书写，史学研究的相关成果已为本书的研究推进奠定了较为坚实的基础，甚至可以说，把本书的每个部分单独拿出来，都绕不开前贤已有的研究成果，这也造成笔者在书稿中叙述史实时，经常会不自觉地掺入一些当代学人的分析论述。笔者以北魏官方史学为考察对象时，曾留意到南北官方史学在同一时段呈现出的不同面貌。南北史学差别及原因何在，有无相似或相同部分？政治格局中王朝统一或分裂，史学发展有无不同？对这些问题的思考促成了书稿的前身，对南北朝官方史学进行比较研究的选题。也正是在比较分析的过程中，"对峙中的分歧与统一"成为脑海中不停闪现的想法。本书拟考察变动中的正统观的政治意义，自然更关心南朝史学与北朝史学在同一时段内的相同内涵与不同面貌，进而探讨这些现象背后的社会背景与原因，通过将史学活动还原为政治活动的一部分，以期跳出史家史籍与史著成果的论述模式。将传统史学理解为动态的活动过程，可发现包括史官制度建设和史籍纂修活动在内的官方史学，是整个社会政治活动中的一

① 范宇焜：《北朝政治影响下的史学》，硕士学位论文，石家庄：河北师范大学，2015年。

② 李巧：《比较视野下的南朝史学》，硕士学位论文，长沙：湖南大学，2016年。

部分，受政权统治阶层的变动影响极深。将南北官方史学置于比较分析的框架，可从历史背景、修史实践、史著笔法三个层面进一步明晰南北政权争夺正统的实践举措，探讨正统观念发挥作用的机制。在"题无剩义"之处继续追索，效仿前辈学者的思考精神，但愿本书不会让读者产生东施效颦之感。

四

最后，对本书的框架结构还有些想要补充说明的内容。

人类学家在研究族群时，揭示了"集体记忆"（collective memory）与"族群认同"（ethnic identity）的关系，并且认为族群认同借由其成员对"群体起源"的共同信念来凝聚，认同变迁又通过"结构性失忆"（structured amnesia）来达成。[①] 将此问题放入历史学研究的范畴，会发现这个过程很多

---

① 参见王明珂：《历史事实、历史记忆与历史心性》，《历史研究》2001年第5期，第136—147页；王明珂：《华夏边缘：历史记忆与族群认同》，北京：社会科学文献出版社，2006年，第9—34页。

时候是通过史书的增删编纂完成的，①而这正是史学史的主要研究方向。史学史的研究对象直观来看，包括史家、史著与史学活动三个部分，其中史学活动是史家具体的纂修活动史实，史著则是史学活动的成果展示，史学活动和史著中又能或多或少、或直接或间接地反映史家的价值观念。史学史研究的其他领域，如史家的历史观、史学观，史著纂修机构及其制度，以及历史编纂学等，在一定程度上都可以融入这三个部分。

然而对从事史学史研究的历史学者来说，几乎不太可能直面史家本人，只能从一些其他材料中寻找历史痕迹，这也就意味着学者开展研究时至少会面临以下史料：首先是记录史实的一般历史记载，包括作为研究对象的史家所生存的时代背景，以及他所接触到的史事；其次是作为著作者的史家留存至今的史籍，即当时著史者的编著成果，这些成果可能流传有序、保留至今，更可能在历史传承中不断散佚，又经过多次纂修；最后则是包括史家本人著述在内的各种史籍中保留的，史家对于他所撰述史事的记录与评判，直观者如正史中的"史臣曰"，间接者如史家传记中的言论记载等。结

---

① 参见赵冬梅：《"文"在"事""义"之间——试论传统中国的"真实观"》，《中国文化》2020年第2期，第35—44页。赵文用北宋"冯守信修河事"的案例分析了"选择性表达"这一概念，细致梳理了事件与文本的制造呈现与重新发掘的过程。

绪
论

037

合具体事例来说，比如打算研究魏收所撰《魏书》及其思想观点，史学史研究需要考察魏收生活时代的基本状况，对北魏末年至东魏、北齐这一时期的社会政治状况要有所了解，还要熟悉他所撰述并留存至今的《魏书》。如此一来，载有魏收本传的《北齐书》《北史》理所当然地成为重要史料来源，而对魏收所撰《魏书》的处理就变得复杂，学者既需要将其视为直接考察魏收思想的研究对象，又需要将其作为了解北魏历史状况的史料来源。绕口令一般的表述，反映了史学史研究中对史著及史料处理的复杂性，也提醒研究者必须厘清不同的层次关系。

笔者在撰写博士学位论文时对这种复杂性有所警醒，当时借用了传统史学中的事、文、义三个概念。《孟子·离娄下》载："王者之迹熄而《诗》亡，《诗》亡然后《春秋》作。晋之《乘》，楚之《梼杌》，鲁之《春秋》，一也。其事则齐桓晋文，其文则史，孔子曰：'其义则丘窃取之矣。'"[1] 孟子的这段话常被作为描述先秦史学发展脉络的记载，即《春秋》所代表的史学是如何呈现与《诗》不同面貌的。而孟子提出的事、文、义三个概念，之后也被当作古代史学批评中的重要内容，历代学者都有讨论。司马迁在《太

---

① 《孟子·离娄下》，焦循撰：《孟子正义》卷一六，沈文倬点校，北京：中华书局，1987年，第572、574页。

史公自序》中称，"夫《春秋》，……王道之大者也"，"《春秋》以道义"，"故《春秋》者，礼义之大宗也"。司马迁最看重《春秋》之义，他认为："《春秋》采善贬恶，推三代之德，褒周室，非独刺讥而已也。"[1] 作为申发自己撰述旨趣的序文，司马迁表达了他对《春秋》的认识，似乎极为推崇。不过，司马迁是否继承了《春秋》之义，后代有不同看法，若以汉代的标准来论，班固认为司马迁的《史记》"是非颇缪于圣人，论大道则先黄老而后六经，序游侠则退处士而进奸雄，述货殖则崇势利而羞贱贫，此其所蔽也"[2]。尽管班固从"义"的方面否定了司马迁，但他又称："自刘向、扬雄博极群书，皆称迁有良史之材，服其善序事理，辨而不华，质而不俚，其文直，其事核，不虚美，不隐恶，故谓之实录。"[3] 这就把司马迁的史学成就定义为文、事两个方面。有学者注意到，魏晋时期对《史记》的重视程度远不如今日，"文直事核"的评价非司马迁独享，而是时代对史学"叙事"的要求。[4] 从这个角度讲，自班固以"实录"评价司

---

[1] 司马迁：《史记》卷一三〇《太史公自序》，裴骃集解，司马贞索隐，张守节正义，北京：中华书局，1959年，第3297—3299页。

[2] 班固：《汉书》卷六二《司马迁传》，颜师古注，北京：中华书局，1962年，第2737—2738页。

[3] 班固：《汉书》卷六二《司马迁传》，第2738页。

[4] 胡宝国：《〈史记〉的命运与史学的变化》，载氏著：《虚实之间》，北京：社会科学文献出版社，2011年，第60—61页。

马迁的史学之后，"文""事"成为与"义"并重的评价标准，即要求史著在核实史实的基础上进行忠实记录，并且以史书书写的规范不浮华、不粗鄙，文质相称。[①] 班固之后的魏晋南北朝时期史家也常常在史著中明确提出"达道义"的撰史原则。如东汉末年荀悦编《汉纪》，称立典有五志："一曰达道义，二曰章法式，三曰通古今，四曰著功勋，五曰表贤能"[②]，首要即"达道义"。东晋常璩撰《华阳国志》也有类似提法，"夫书契有五善：达道义，章法戒，通古今，表功勋，而后旌贤能"[③]。可见这时对义的理解不再局限于《春秋》之义，而是带有世家大族政治的时代印记。

唐代刘知幾的《史通》是对之前史学发展的理论总结，但他最突出的贡献则是在《史通》之外提出的史家三长说，即才、学、识。当时的礼部尚书郑惟忠问刘知幾为何自古以来文士多而史才少，刘知幾答曰："史才须有三长，世无其人，故史才少也。三长：谓才也，学也，识也。夫有学而无

---

① 施丁在《中国史学的传统与维新》（《中国社会科学》1989年第5期）一文中论述班固"实录"论时认为"不虚美，不隐恶"是"义"的方面的要求，但笔者认为可将班固"实录"思想整体作为对"义"的申发，而对"事""文"具体要求的"实录"内容并非为"义"的阐述。

② 范晔：《后汉书》卷六二《荀悦传》，李贤等注，北京：中华书局，1965年，第2062页。

③ 常璩：《华阳国志》卷一二《序志》，收入刘晓东等点校：《二十五别史》第10册，济南：齐鲁书社，2000年，第200页。

才，亦犹有良田百顷，黄金满籝，而使愚者营生，终不能致于货殖者矣。如有才而无学，亦犹思兼匠石，巧若公输，而家无梗柟斧斤，终不果成其宫室者矣。"①刘知幾自己并未具体解释三长的内容，而是笼统地强调三者缺一不可。多数学者认为，史才三长正与史著评论中事、文、义三项相对，据有关学者考证，《史通》中多有相关具体内容的阐述，可以明确刘知幾在事、文、义三个方面有理论升华的贡献。②清代章学诚发展了刘知幾的三长说，认为现实中史家能具备三者之二或一即为难得，他尤重视史识之才，还补充了史德一端。应该说，史德是史识具体侧面的明确化，本质上没有超出史义的范畴。章学诚也是较早认为刘知幾才、学、识三长说与事、文、义概念有联系的人。章学诚于事、文、义三者中最重义，他在《文史通义》中称："载笔之士，有志《春秋》之业，固将惟义之求，其事与文，所以藉为存义之资也。"③在他

①　刘昫等撰：《旧唐书》卷一○二《刘子玄传》，北京：中华书局，1975年，第3173页。

②　参见林时民：《史学三书新诠：以史学理论为中心的比较研究》，台北：学生书局，1997年，第190—206页。第三章第三节"三长说"有详细论证。但也有学者不同意这类看法，高振铎即认为是对孟子所言事、文、义的误读。参见高振铎：《刘知幾和他的史才"三长"论》，载东北师大学报编辑部编：《中国古代历史人物论集》，长春：东北师大学报编辑部，1980年，第195—202页。

③　章学诚：《文史通义》卷二《言公上》，叶瑛校注：《文史通义校注》，北京：中华书局，1985年，第171页。

看来，"义"离不开"事"与"文"，但"事"与"文"则以存"义"之资而有意义。他在《史德》篇中称："史所贵者，义也；而所具者，事也；所凭者，文也。"① 这就把事、文、义三者统一于史学整体之中。对传统史家而言，事、文、义三者的有机结合的具体表现即为史著，因此可将这种对事、文、义的理解方式视为静态的考察。这种分类的评价标准明确了推动史学发展的具体路径，使得史家可以清晰地认识到需从何入手提高自身的撰述水平。但是，这种相对固化的认识又阻碍了对"事""文""义"三个概念的进一步认识，很难直接化用到当下的史学研究与史学写作中。

事、文、义三者是否仅可用于对史学著作本身的考察与评价，笔者认为将史著史籍还原为史学活动的成果时，事、文、义三者在动态中就有了新的阐释空间。刘家和从史学动态产生的角度论述《诗》与《春秋》关系，认为"各国出现'春秋'时'诗'也并没有消亡，而只不过是'春秋'作为史书，开始从包含多重内容的'诗'里分离出来而已"②。有学者考证，孟子所言"其文则史"中的"文"

---

① 章学诚：《文史通义》卷三《史德》，叶瑛校注：《文史通义校注》，第219页。

② 刘家和：《史学在中国传统学术中的地位》，载氏著：《史学、经学与思想》，北京：北京师范大学出版社，2005年，第75页。

当训为"会"，为动词会集之义。① 这种将孟子原话理解为史学活动的认识方式为研究者从更大范围上理解事、文、义三个概念提供了很好的借鉴。从史学史研究角度来看，"事""文""义"的区分可作为分析史学发展的一种模式：事即史实，文即编撰，义即旨趣。具体而言，事与文是历史发展进程中史学发挥记载过去事件功能的具体活动，而义是史家史官在撰史活动中秉持的价值取向与评判准则。

事为史实，即通常意义上所指的历史的第一重含义，过去发生了什么。历史事实是史书撰述的基本素材，没有事的发生，历史的第二重含义，人们书写的历史也就无从谈起。广义的历史包括人类在政治、军事、文化等领域的活动内容，而相对于史学史研究者而言，史学发展过程中的史实即史学史。事反映的是历史发展的概况及史学发展的基本面貌。孟子所言"其事则齐桓、晋文"应当就是指这个含义，历代学者对这一点的认识分歧不大。事是史书记载的根本，是史学活动得以存在的基础，可以说，事是史的本质特征。以往对史学著述的评价中，对记载的真实性要求是很重要的方面，相对应地，史学活动中发展出了考"事"的专门学问。从南朝裴松之注《三国志》到清乾嘉学派考史三大家，史考的活动可谓形态各异而延续不断。

① 刘建民：《〈孟子·离娄下〉"其文则史"考辨》，《北京师范大学学报（社会科学版）》2010年第1期，第126页。

文为编撰，是把史书编著视为活动过程，而非单以成形的史著成果为准。仅以史著成果而论，可能陷入对史学活动的片面认识而不自知。作为活动的文，大致包括怎么编撰、编撰哪些、编撰成什么样子三个侧面。史家的"文"，首先是文笔，即书写方式。学者常以《隋书·经籍志》中单列史部作为史学独立的象征，这里就涉及一个问题，史部有别于其他三部的根本区别何在？换言之，即史学与经学、文学有何差异。可以说，史学的侧重点在于叙事，而经学的侧重点在于论理教化；同为描述性文字，史学存在的基本前提是真实发生过的事件，而文学的叙述内容可以是完全的想象。叙事与实录是中国传统史学的主要书写方式。其次是取材。史书记载的最显著特点是只展现了史著作者笔下的世界面貌，这似乎就是后现代理论冲击历史学的缺口。当然，这是无可回避的现实，史家在编撰过程中不可避免地要重点描述一些事件，不自觉地忽视另一些事件，本质上，事件的截取是为保存一代史迹，客观上又造成了更大范围的遗失。甚至在传统史学发展过程中还存在统治者强令史官书写某事、掩盖某事的情况，北魏崔浩"国史案"即为极端情况。最后是体裁。自史著产生以来，关于体裁的讨论就不断，刘知幾在《史通》中有《六家》《二体》专篇论述。体裁的选用与取材有关，针对不同内容的记录需要，传统史学中出现过编年体、纪传体、典志体、会要体、纪事本末体及学案体等多种形式。对体裁的考察趋向于静态、结果方面，这也是以往评论史著的重要方面。若将对体裁的考察纳入"文"的范围中，体裁实际上是区分史著与文学作品的一个方面，如以《搜神记》《博物志》为代表的历史文献，就经历了从杂史到小说的身份转变。孟子所言"其文则史"，描述的当为史官纂修史著的活动，或者可以理解为用写史的笔法写成的文字，其重点应在于强调史著别于狭义的文学作品，即《春秋》有别于《诗》。需要注意的是，传统史学中一直有"六经皆史""文史不分"的认识，更多的是从史料的角度来理解经学与文学作品，与区分文史体裁并不冲突。

义为旨趣，是指史学活动中史家的内在因素。"义"可与"文"对应考察，一为著史者内在心理活动，一为其外在具体操作。"义"在传统史学中常被识读为"道义""义理"，本文则认为可借用司马迁的话，义实际上是"究天人之际，通古今之变，成一家之言"[①]的撰史旨趣。义不仅是名词性的义理之解，从著史者本身而言，义是指导其编撰写作的价值取向，也是其评论史实、史著的判断准则，简而言之，即史家的著作动机与目的。义必须通过文本才能体现，因此论者多注重著史者的论赞部分，如"史臣曰"之类。义

---

① 班固：《汉书》卷六二《司马迁传》，第2735页。

并非只体现于文字表象，前论"文"的活动过程中实际上始终贯穿着著史者的"义"，因义是内在的思维活动，难以直接把握，研究者只能片面地依靠明确表述的部分，而忽略了行文结构、史著体裁等背后的动机。

笔者撰写博士学位论文时试图将事、文、义三者的主体扩大为官方史学活动，但由于混淆了研究者与当事人的区别，将南北朝政治大势、官方史学发展基本状况归入作为史实的"事"，又将正史编纂等政治活动、史学活动与呈现的史著成果归入"文"，将史家撰述旨趣、编撰动机与目的视为"义"。这样一来，官方史学活动出现在两个层面中，分类并不彻底，意味着笔者当时对事、文、义的理解和运用是无效的。

在本书的成书过程中，笔者仍坚信事、文、义三分法是理解和认识史学史的重要门路，但长期苦恼究竟如何有效运用。转机发生在了解质性研究方法之后，比如罗祎楠提示思想史视角的基本立场是"研究者需要回到文本去阐释书写者赋予研究方法以意涵的思想过程"，强调对具体意义情境下的社会行动的意义体系予以充分考察。[1] 回到《孟子》的

---

① 参见罗祎楠：《思想史视野中的质性研究：以方法意涵的构建为例》，《社会》2019年第1期，第98—128页。笔者原本对此的认识源自瞿林东较为宏观的表述："考察一个时期的史学，必首先考察这一时期的历史；认识了这一时期的历史的发展，才有可能认识这一时期的史学同历史的联系，进而认识这一时期的史学的面貌和特点。这是阐述一个时期的史学之各种表现及总的进程的基础。"瞿林东：《论魏晋南北朝隋唐时期的历史发展与史学特点》，《河北师院学报》1995年第4期，第21页。

文本表述，简单地说，"事""文""义"应当都是孔子的理解意义中的史事、史文与史义，而非孟子的，《孟子》所提供的是三分法的思考框架。在笔者研究的南北朝官方史学中，需要分析的是南北朝史家所认识与理解的史事、史文及史义，这样三者自然是相互区别的。事、文、义的三分对应于史家的著史过程，学者无法回到历史现场，只能借助现有的各种史料，主要是文本史料，重新再造历史现场，也就是说，运用事、文、义三分法理解史学，可以成为研究者回望历史、理解史家的一个路径。李红岩在分析历史学的原生形态及其质文递变时指出，"史"是关于事件的记录，"事"才包含历史事件，同时他借由《说文》的阐述分析了"史"的五个层面，分别是表明史学活动主体的史家或史官，表明史学活动的结果即史书，表明史家行为的基本方式"记"，表明史家书写的对象"事"，以及表明史家记事基本原则的"中"。[①] 由此可以明确，运用事、文、义三分法对"史"展开研究是可行的（见表1）。

① 李红岩：《历史学的原生形态及其质文递变》，《东南学术》2022年第1期，第83—95页。

表1　事、文、义三分法的分析与应用

出处及使用范围	事	文	义
《孟子·离娄下》	其事则齐桓、晋文	其文则史	其义则丘窃取之矣
史学评价标准	事核	文直	不虚美、不隐恶
史家能力评价标准	史学	史才	史识 史德
分析史学发展的模式	史实 历史事实	编纂 文笔：怎么编撰 取材：编撰哪些 体裁：编撰成什么样子	旨趣 著史动机与目的
混淆了研究者与当事人的分析	南北朝政治大势、官方史学发展基本状况	正史编纂等政治活动、史学活动与史著成果	史家撰述旨趣、编撰动机与目的
南北朝官方史学	史家需要记录并加以处理的当代史	史家参与的各种南北官方史学实践活动	官方意志的张扬 史家个人的品格
理解人的行动	人所感知的社会政治环境	人的具体行动	人的观念

本书接下来的内容即围绕南北朝官方史学活动本身的事、文、义三个层面展开。首先是"事"，本书第一章将呈

现以正统之争为核心事件的南北朝政权的历史面貌，揭示当时史家面临何种书写任务。其次是"文"，本书第二章将围绕正统观指导下的南北官方史学实践活动展开，官方史学活动中，除正史编纂是最直观的史学活动外，还有许多史家以史官身份参与，带有强烈政治色彩的其他活动。最后是"义"，由于史家直接表述材料的有限性，对于"义"的把握是研究中较难的部分，本书用第三、第四两章的内容，尝试从外部约束的角度探讨官方史学活动所需要实现的史义，当然史家并非完全不能自主的提线木偶，与统治意志是否冲突也将在本书的讨论中部分展现。

由于学力有限，对质性研究及孟子所言孔子微言大义的理解都还不够全面，在本书行文中，笔者对文与义的把握还有可以商榷的地方。文与义，一为史家外在的具体行动，一为其内在的心理活动，两者很难截然分开。同时，义在很大程度上，特别是对于作为旁观者的研究者来说，必须通过文本才能寻找痕迹，故以往学者大多注重史著的序、论部分。但笔者认为，义并非只体现于文字表象，编撰活动中从史事取舍、文笔书写到体例设计无不是在义的指导下进行的，并非只有成书的史著才能探讨史家旨趣。就官方史学而言，义主要是统治意志的贯彻，甚至较为凝固的史官制度设置与史官选任也可视为宽泛的义，义指导下的文则呈现出南北官方史学活动的不同倾向。文与义一表一里，两者又统一于史家对事的处理之中，由此三者才能相对完整地展现过去史学活动之全貌。努力写好事、文、义三者的统合，是本书希望贡献给学界的一点方法思考。

第一章

南北朝时期的正统之争

自晋室永嘉南迁，北方为少数民族政权割据，南北分离的局面已经形成，华夏民族正统与中原地域正统客观上产生了分离，胡族政权因地缘统治而追求地域正统，南方政权则试图恢复地域、族群及文化的统一。不过除去前秦苻坚，北方并未出现强有力的统一政权与南方东晋对抗。真正形成两方对峙局面，应是在北魏太武帝太延五年（439）灭北凉统一北方地区以后。但北魏登国元年（386）立国，时值东晋孝武帝太元八年（383）淝水之战前秦战败不久，远早于义熙元年（405）刘裕掌握东晋权柄，刘宋立国则更晚，故本书所论将侧重北魏与南朝宋、齐、梁四个王朝较为重合的时期。

　　从整体来看，东晋十六国时期南北阻隔的地域文化变动大致有三个侧面：一是北人南下避祸，与南方当地人士产生强弱差异；二是五胡内迁，夹杂华夷之辨的南北分离；三是北方汉民对东晋北伐意愿不坚的失望，时间久隔，对胡族政权由抵触变为接受。这三个侧面共同构建了之后南北对峙时期的基本面貌，影响了南北双方的历史发展走向。将史学放于南北朝政治视野下考察可以发现，这些变动正是南北朝史家笔下的当代史，而由这些变动引发并逐步完善的正统观念，渐次内化为统治阶层及史官的历史观与价值取向。

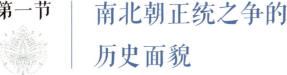

第一节 | 南北朝正统之争的历史面貌

南北朝时期政治格局主要特征为南北对峙。西晋乱亡，北方内迁诸胡兴衰征伐，政权统治地域范围变化无定，吕思勉总结晋室南渡以后中原形势有三变：一是刘、石东西对峙，后并于石；二是燕、秦东西对峙，后并于秦；三是北方尽入于拓跋氏。[1] 北方地区虽有石勒、苻坚一类雄主，但连年战乱发展有限，难与南方东晋形成正面对抗。淝水之战前秦战败，后燕、后秦、北魏等诸雄兴起，北方再次陷入混战局面。前贤论说南北对峙之北方一端，常以拓跋鲜卑复兴建魏为始，但当时北魏不过代北地区一较强势部族而已，甚至需

---

① 吕思勉：《两晋南北朝史》，上海：上海古籍出版社，1983年，第209页。

要借助后燕慕容垂的力量来消除部族联盟中的反对势力以壮大自身，即所谓拓跋珪"随舅慕容垂据中山，还领其部，后稍强盛"[①]。北魏、后燕强弱变化发生在参合陂之战以后，道武帝改元皇始，群下因征伐时面临天灾人祸而思还，拓跋珪则言："斯固天命，将若之何！四海之人，皆可与为国，在吾所以抚之耳，何恤乎无民！"[②] 此时他的视野已经开阔，其后他又表达了实现"《春秋》之义、大一统之美"[③] 的雄心。通过扫平后燕，北魏展示了进驻中原争夺正统的态度与实力。不过北魏建国虽早，但北方地区统一晚于刘宋建立。东晋末年，孙恩、卢循起义使东晋政权摇摇欲坠，寒族军官出身的刘裕在镇压起义和平定桓玄之乱过程中，逐渐掌握了东晋的军政大权，义熙十四年（418），刘裕拥立司马德文为傀儡皇帝，不到两年便自己称帝建宋，改元永初，终结了东晋的统治。而北方北魏相继灭掉西秦、夏、北凉等割据势力，最终统一北方地区。刘宋北伐，北魏解除北境危机后南下，南北双方正式形成对峙局面，由此拉开了南北正统之争的序幕。

关于正统观的界定，学者看法不一。胡克森认为，中国

① 萧子显：《南齐书》卷五七《魏虏传》，北京：中华书局，1972年，第983页。

② 魏收：《魏书》卷二《太祖纪》，北京：中华书局，1974年，第30页。

③ 魏收：《魏书》卷二《太祖纪》，第37页。

古代正统观的演变可以分作中原地域正统观、汉民族正统观和中华民族统一正统观三个阶段。[1] 北魏的正统之争属于第二阶段，经历了中原地域正统与汉民族正统两个阶段，对应着汉化的两个层次。[2] 而董恩林认为，中国历史上的正统观念包含民族正统、政治正统、文化正统三种内涵，华夏诸族的民族正统与中原地域正统相辅相成，密不可分。[3] 笔者认为，两位学者因定义方式对正统观产生分歧：一种是动态分割；另一种是静态分类。但正统观不是一个僵化的概念，并且在不同历史时期其构成要件各不相同，针对具体时期需要具体分析对待。同时，正统之争相比单一政权的正统观念又有不同，除了各自的理解解读外，还会附加因自我与他者的区分互动而发生的动态变化。魏晋南北朝时期，因晋室南迁，中原为胡族统治，华夏民族正统与中原地域正统客观上产生了分离，胡族因地缘统治而追求地域正统，一旦时机成熟，亦不会放弃政权合法性、区域统一性、文化主导性等多重意义上的追求。而南方政权只要存在收复中原的信念，试图恢复地域、族群及文化统一，正统之争就会以多种面貌呈现。学

① 胡克森：《论中国古代正统观的演变与中华民族融合之关系》，《史学理论研究》1999年第4期，第50—59页。

② 胡克森：《北魏的正统与汉化》，《史林》2015年第5期，第38—53、219—220页。

③ 董恩林：《试论历史正统观的起源与内涵》，《史学理论研究》2005年第2期，第13—22页。

界对十六国北朝争夺正统论述颇多①，而南北朝正统观的复杂性在于不能纯粹地从某一方的活动判断，实际上是南北双方的争夺过程丰富了正统的内涵，并最终呈现为史著中的正统表达。而现实中南北双方是相对独立的各自发展，所谓南北对峙争夺正统，直接的冲突不外和战两种，战是对统治区域的争夺，和则是两国交聘时的文化论辩。

一、地域之争

对峙局面下的北魏与刘宋政权摩擦不断，鉴于当初刘裕扫灭姚秦与南燕的威势仍对北地具有震慑作用，因此必待刘裕死后北魏才朝议南征，又有崔浩力劝待南朝内乱可坐收淮北。北魏太武帝与宋文帝前后分别即位，又巧合地同年改元，此二帝的统治经历可视为南北较同步正面对抗的首演。宋文帝继承刘裕意志，"自践位以来，有恢复河南之志"②，

---

① 较有代表性的如何德章：《北魏国号与正统问题》，《历史研究》1992年第3期，第113—125页；何德章：《〈魏书〉正统义例之渊源》，载氏著：《魏晋南北朝史丛稿》，北京：商务印书馆，2010年，第376—380页；秦永洲：《东晋南北朝时期中华正统之争与正统再造》，《文史哲》1998年第1期，第70—77页；罗新：《十六国北朝的五德历运问题》，《中国史研究》2004年第3期，第47—56页；等等。

② 司马光编著：《资治通鉴》卷一二一"宋文帝元嘉七年"条，胡三省音注，北京：中华书局，1956年，第3814页。

元嘉年间数次北伐，可惜河南之地得而复失无功而返。随着太武帝逐渐统一北方，北境柔然进犯危机一旦被解除，北魏便可专心于经略南境。南北交锋数年，大致形成北强南弱局势，此后双方的焦点集中于淮北青齐地区。陈寅恪认为："南北朝的对峙，其国势强弱之分界线大约在北朝乘南朝内争之际而攻取青、齐之地一役。"[①]薛安都附魏，引发了北方借势南侵的外患，宋明帝虽平复刘宋内乱，但对淮北地区再难掌控。北魏献文帝皇兴元年（467）慕容白曜南征，青齐大族在魏齐之间反复倒戈，迫于兵威依附北方，又因利益不能保障而为南方拉拢，最终仍为北方所败。北魏由此占据青齐，虎视江淮，对南朝的威胁加大。就地缘统治重要性而言，南朝视徐州彭城为"水陆之要，江南用兵，莫不因之威陵诸夏"[②]，青齐地区也更倾向选择南朝，"淮北四州民不乐属魏，常思归江南，上（按，即萧道成）多遣间谍诱之。于是徐州民桓标之、兖州民徐猛子等所在蜂起为寇盗"[③]，"淮北四州闻太祖受命，咸欲南归"[④]。萧道成充分利用了淮北青齐地区的南归心态，"作牧淮、兖，始基霸业，恩威北被，

　　① 陈寅恪：《论隋末唐初所谓"山东豪杰"》，载氏著：《金明馆丛稿初编》，北京：生活·读书·新知三联书店，2001年，第260页。

　　② 魏收：《魏书》卷五〇《尉元传》，第1113页。

　　③ 司马光编著：《资治通鉴》卷一三五"齐高帝建元二年"条，第4240—4241页。

　　④ 萧子显：《南齐书》卷二七《李安民传》，第508页。

感动三齐。青、冀豪右，崔、刘望族，先睹人雄，希风结义"①，最终取代了刘宋统治。萧齐立国之后，除北魏借机几次南下外，南北未见大规模冲突，多数时段以和为主。不同于宋、梁倚重地方豪族集团，萧齐虽先后打击了青齐和豫州地区的地方势力，始终没有形成稳定的统治基础，同时内乱不断，最终为雍州豪族依附的萧衍所灭。此期间，北方正值孝文帝改革，北魏实行了一系列汉化措施，吕思勉论南北兵争称"至孝文南迁，而虏立国之性质亦一变"②，南北地域之争进入新的阶段，双方边界地域逐渐南推。南方虽有梁武帝萧衍执政多年，也只能在北方产生内乱之际稳固自身，终究不能改变北强南弱的结局。

考察南北地域争夺，还需要关注这些变动地区的地方豪强。③ 魏晋南北朝乱世之中，面对政权变幻、百姓离乱的现

---

① 萧子显：《南齐书》卷二八"史臣曰"，第532页。

② 吕思勉：《两晋南北朝史》，第522页。

③ 关于魏晋南北朝时期地方势力及特殊地位的研究，历来为学者关注。如唐长孺：《北魏的青齐土民》，载氏著：《魏晋南北朝史论拾遗》，北京：中华书局，2011年，第93—123页；罗新：《青徐豪族与宋齐政治》，陈少峰主编：《原学（第1辑）》，北京：中国广播电视出版社，1994年，第147—175页；章义和：《地域集团与南朝政治》，上海：华东师范大学出版社，2002年；李文才：《南北朝时期益梁政区研究》，北京：商务印书馆，2002年；韩树峰：《南北朝时期淮汉迤北的边境豪族》，北京：社会科学文献出版社，2003年；陈金凤：《魏晋南北朝中间地带研究》，天津：天津古籍出版社，2005年。

状，地方势力早已认清"家有奔亡，国有吞灭，君臣固无常分"[①]，甚至"父兄不可常依，乡国不可常保，一旦流离，无人庇荫，当自求诸身耳"[②]。因此豪族多聚结自保，如南燕慕容德时，就有"百姓因秦晋之弊，迭相荫冒，或百室合户，或千丁共籍，依托城社，不惧熏烧，公避课役"[③]。作为夹缝中生存的地方势力，固然有部分人"思晋之怀犹盛"[④]，选择躲避山林坚决不投仕异族，但多数人为了生存不得不选择屈服，才有"神旗所经，衣冠之士靡不变节"[⑤]一说。当然，还有不容忽略的第三类代表，即发展较为强大的地方势力，他们可以选择待价而沽，成为南北双方竞相倚赖优待的争斗助力，甚至有可能成为新的王朝统治阶层。[⑥]这是解答倘若南北国力此盈彼消、北强南弱，南北如何能长期对峙的关键。[⑦]中间地带的界定既可视为南北之间的地域变动，又可借用指代南北之外这些较为强势的第三种力量。中间势力有三种表现

---

① 颜之推：《颜氏家训·文章》，王利器：《颜氏家训集解（增补本）》卷四，北京：中华书局，2013年，第313页。

② 颜之推：《颜氏家训·勉学》，王利器：《颜氏家训集解（增补本）》卷三，第189页。

③ 房玄龄等撰：《晋书》卷一二七《慕容德载记》，第3170页。

④ 房玄龄等撰：《晋书》卷一〇二《刘聪载记》，第2661页。

⑤ 房玄龄等撰：《晋书》卷一〇四《石勒载记》，第2720页。

⑥ 可参见章义和《地域集团与南朝政治》第二章中"青徐集团与宋齐易代"一节及第三章中"雍州集团与萧衍建梁"一节。

⑦ 陈金凤：《魏晋南北朝中间地带研究》，第102页。

影响南北地域；一是某些将领被杀，其部属叛逃，或是本人领兵叛逃，但并未投靠敌对的另一方，不过客观上也增强了另一方的实力，檀道济所言刘宋"自毁长城"的失误，在南朝屡有发生；二是直接支持一方，成为压制另一方的筹码，如裴叔业投魏；三是取代其中一方，不得不同另一方和平相处，比如南朝宋齐、齐梁禅代。周一良总结刘宋统治阶级内部矛盾变化时指出，宋初内外诸大臣多为与刘裕同起之人，刘氏称帝，旧日同辈未必信服，则成刘氏猜忌对象；而中期以后，宗室诸王或因势重而被疑忌。[1]此两类猜疑，恰恰反映统治阶层当时确实既面临统治不稳的挑战，又会造成叛臣推给敌人的尴尬现象，刘昶、王肃之辈入魏即为其例。而在政权衰微之时，还有一类"有政治野心者，亦欲借北伐以树立威信，为夺取皇位作准备"，北伐之名掩盖发展自身的反叛之实，争权夺势只会增加内耗。再者从地理言，"夺取皇位者皆有其多年经营之据点，且必居于对建康形成威胁之有利位置"，[2]这些关键地域因其军事重要性同样成为北魏南征的首选目标，则北魏即使停滞不前亦可趁机南进，形成中间地

---

① 周一良：《魏晋南北朝史札记》"刘宋统治阶级内部矛盾之变化"条，北京：中华书局，2007年，第201页。

② 以上分见周一良：《魏晋南北朝史札记》"东晋以后政权嬗代之特征"条，第255、256页。"南朝东南内地之位置"条也指出荆雍郢江上游地区及淮南一带及襄阳等地要害，第231—233页。

带入主建康、北方侵入中间地带的势力转移。

宋代李焘总结南方北伐出兵不外两路："一自建康济江，或指梁宋，或向青齐；一自荆襄逾沔，或掠秦雍，或徇许洛。"[1] 中原与淮北同属兵争之地，不过"居尊据极，允应明命者，莫不以中原为正统，神州为帝宅"[2]，洛阳地势虽不利于军事守卫，但作为汉晋旧都，相比青齐地区政治意味更为特殊。[3] 早在东晋义熙十三年（417），刘裕收复洛阳，南方就有恢复旧都之议，不过当时南北形势并不明朗，王仲德建言："今暴师日久，士有归心，固当以建业为王基，俟文轨大同，然后议之可也。"[4] 南朝对河南故地的态度往往与北伐行动密切相关。宋文帝元嘉七年（430）北伐之际诏称："河南，中国多故，湮没非所，遗黎荼炭，每用矜怀。"[5] 并向北魏宣称："河南旧是宋土，中为彼所侵，今当修复旧境，不关河北。"[6] 但刘宋的意图遭到北魏强硬拒绝。中间地带引发的南北边界争夺集中反映了双方在地域争夺中的实力

---

① 李焘：《六朝通鉴博议》卷一《总六朝形势论》，南京：南京出版社，2007年，第155页。

② 魏收：《魏书》卷一〇八之一《礼志一》，第2744页。

③ 韩树峰系统梳理过东晋十六国南北朝对立时期是否定都洛阳的情况，参见韩树峰：《南北朝时期淮汉迤北的边境豪族》第四章中"南北形势对定都洛阳的影响"一节，第147页。

④ 沈约：《宋书》卷四六《王懿传》，第1392页。

⑤ 沈约：《宋书》卷九五《索虏传》，第2331页。

⑥ 沈约：《宋书》卷九五《索虏传》，第2332页。

变化，而军事实力与地域范围正是诉求正统的基础。南朝虽有北伐，但败多胜少，收复洛阳一直未能实现，虽有"帝欲经略中原，群臣争献策以迎合取宠"①，但正如宋文帝感叹："北伐之计，同议者少。今日士庶劳怨，不得无惭。"②南朝的北伐行动，除了谋取名望，大多是被动选择，即"中原有衅则进兵，寇盗方强则入守"③，相比而言，北方对中原乃至南方的觊觎与夺取信念要更强烈。

北魏诸帝的大一统信念至孝文帝时最强，孝文帝针对卢渊劝其不能亲征反驳道："曹操胜袁，盖由德义内举；苻坚瓦解，当缘立政未至。……长江之阻，未足可惮；逾纪之略，何必可师。洞庭、彭蠡，竟非殷固，奋臂一呼，或成汉业。……将希混一，岂好轻动，利见之事，何得委人也！"④可见，他自认为北魏内政修明，战争胜利指日可待，统一大业不必委派他人。孝文帝还曾向元详表述自己的南征规划："江吴窃命，于今十纪，朕必欲荡涤南海，然后言归。"⑤卢昶出使南朝萧齐之际，孝文帝亦言："密迩江扬，不早当

---

① 司马光编著：《资治通鉴》卷一二五"宋文帝元嘉二十六年"条，第3935页。

② 李延寿：《南史》卷二《宋本纪》，北京：中华书局，1975年，第52页。

③ 李焘：《六朝通鉴博议》卷一《总六朝形势论》，第155页。

④ 魏收：《魏书》卷四七《卢玄附卢渊传》，第1048页。

⑤ 魏收：《魏书》卷二一上《献文六王列传·北海王详传》，第559页。

晚，会是朕物。"① 针对此言周一良分析道："孝文帝之迁洛，目的在于经营江南，统一全国……然因身死过早，未能实现其企图。"② 宣武帝的南伐军事行动，可视为对孝文帝未竟事业的继承。南朝时值齐梁换代，内部矛盾重重，再次给了北方可乘之机。宣武帝诏称："今京师天固，与昔不同。杨郢荆益，皆悉我有；保险诸蛮，罔不归附；商洛民情，诚倍往日。唯樊襄已南，仁乖道政。"③ 虽然北魏统治区域在得到巩固的同时更为扩大，但南朝萧衍政权也渐趋稳固，宣武帝元恪亦未能实现统一。其后北方反因内部腐朽统治，六镇、河北先后混乱，让人不得不感叹盛极必衰这一表述蕴含的辩证哲理，北魏政局到灵太后执政已"文武解体，所在乱逆，土崩鱼烂"④。由此也可看出，在地域争夺中南北双方因内外诸多因素而高下起伏。

不过总体而言，北魏靠强大的军事实力逐渐赢得了与南朝对话的平等地位，也因此获得了更多的文化话语权。

---

① 魏收：《魏书》卷四七《卢玄传附卢昶传》，第1055页。

② 周一良：《魏晋南北朝史札记》"魏宣武帝元恪"条，第317页。

③ 魏收：《魏书》卷八《世宗纪》，第208页。

④ 魏收：《魏书》卷一三《皇后列传》，第339页。

二、文化之辨

除了血肉搏杀，南北争斗的另一个直接战场是两国交聘使节的言语交锋。清代学者赵翼列举了大量事例，并总结道，"南北通好，尝藉使命增国之光，必妙选行人，择其容止可观、文学优赡者，以充聘使"，需"能为国家折冲樽俎之间，使邻国不敢轻视"。① 关于言语之"辩"的问题，已有诸多学者阐论，② 本文不再赘述，以下试图解释的是这些交聘争辩背后的文化正统争夺内涵。

南北对峙，北朝一方作为文化后起者大多处于主动。孝文帝迁都洛阳之际曾对任城王元澄说："国家兴自北土，徙居平城。虽富有四海，文轨未一。此间用武之地，非可文治，移风易俗，信为甚难。崤函帝宅，河洛王里，因兹大举，光宅中原。"③ 在孝文帝看来，地域的争夺伴随着文化正统地位的确认，两者需要同步进行。占据河洛地区，以中原为中心，就是要"移风易俗"，巩固非汉族统治的稳定，改

---

① 分见赵翼：《廿二史劄记》卷一四"南北朝通好以使命为重"条，王树民校证：《廿二史劄记校证》，北京：中华书局，2013年，第311、314页。

② 如逯耀东：《从平城到洛阳——拓跋魏文化转变的历程》中《北魏与南朝对峙期间的外交关系》一文，北京：中华书局，2006年，第256—259页；王永平：《中古士人迁移与文化交流》。

③ 魏收：《魏书》卷一九中《景穆十二王列传·任城王云传附元澄传》，第464页。

变鲜卑部族偏据北方的统治劣势。陈寅恪分析指出，"洛阳为东汉、魏、晋故都，北朝汉人有认庙不认神的观念，谁能定鼎嵩洛，谁便是文化正统的所在"，"谁能得到中原的地方，谁便是正统"，"当然，单是定鼎嵩洛，不搞汉化也不行"[①]。仅靠占据洛阳并不能完全扭转南北认知，必待地域正统与文化正统集中方可。北魏的早期历程与石赵、苻秦等并无区别，这是自诸胡入驻中原之后一脉相承的心理认知，即"各言应历数，人谓迁图鼎"[②]。再如苻坚曾言："帝王历数岂有常哉，惟德之所授耳"[③]，这种言论其实已经隐含着接受华夏儒家思想的潜在事实，极端如胡鸿在分析时所列举的诸多后期伪造的"史相"，也无法否认当时华夏式帝国政治体的存在，在胡鸿看来，这类"华夏化形象"的记述，"本身就是这些政治体接受华夏帝国政治文化的表现之一，本身就是华夏化的重要一步"[④]。因此，争夺正统的文化之辨，首先要辨明北朝政权向华夏文化的靠近。

最初，拓跋鲜卑的文化面貌与华夏文化并不相同，北

① 参见万绳楠整理：《陈寅恪魏晋南北朝史讲演录》，贵阳：贵州人民出版社，2012年，第200页。

② 魏收：《魏书》卷九五《匈奴刘聪、羯胡石勒、铁弗刘虎、徒何慕容廆、临渭氐苻健、羌姚苌、略阳氐吕光传·序》，第2042页。

③ 房玄龄等撰：《晋书》卷一一四《苻坚载记》，第2935页。

④ 胡鸿：《十六国的华夏化："史相"与"史实"之间》，《中国史研究》2015年第1期，第142页。

魏经历了一个从被动影响到主动接受的过程，孝文帝的改革措施，则表明崔浩等北魏早期汉族文士希望实行的"以夏变夷"的目标终于实现，并且由鲜卑统治阶层主动推行。这并不是一场简单顺利的转变，而是充满复杂性与曲折性，何德章曾以北魏天兴初创的汉化制度在天赐二年（405）被鲜卑旧制取代为例加以揭示。① 拓跋鲜卑作为十六国时期兴起的地方势力，有其独特之处，如宋代叶适所言："刘石慕容苻姚皆世居中国，虽族类不同，而其豪杰好恶之情，犹与中原不甚异；独拓跋以真匈奴入据诸夏，纯用胡俗强变华人。"② 拓跋部族对华夏文化认知程度与前秦后燕相比较低，在争霸天下、南进中原的过程中，统治阶层实际上面临更为迫切的变革需要。回视孝文帝改革之前北魏的历程，融入华夏文化进而争夺文化正统，是北魏鲜卑部族逐渐壮大之后不得不进行的选择与使命，当然更不能以孝文帝改革之后暴露的民族、地域问题否认这一历史进程的必然性。北魏立国以后采取的迁移政策客观上也加速了文化融合，自道武帝天兴元年（398）至献文帝皇兴三年（469）北魏向平城周边移民十四

---

① 何德章：《北魏初年的汉化制度与天赐二年的倒退》，《中国史研究》2001年第2期，第29—38页。

② 叶适：《习学记言序目》卷三二，北京：中华书局，1977年，第468页。不过叶适认为拓跋纯用胡法故最长久，而孝文帝迁都改革是自失其利导致崩溃，与当前一般观点正好相反，值得注意。

次，多达四十万人，以汉人为最多。① 北魏能够更彻底地接受并融入华夏，与收拢汉人士族为其服务密不可分。而这种收拢大致有三类：一是征战所获，这也是主要途径。道武帝灭后燕、太武帝灭北凉及献文帝平定青齐地区等征伐活动，使北魏不仅扩大了统治区域，获取了大量民众，也接收了属地的谋士文臣；二是因南方动荡北逃的士人，如晋宋、宋齐禅代之际，除去部分皇族逃亡北魏，其他南迁士族亦有北附；② 三是主动征选，如太武帝神䴥四年（431）征士、孝文帝太和年间"选尽物望，河南人士，才学之徒，咸见申擢"③。但北地文士生存境况并不理想，栖身异族统治不得不"策名委质，竭诚伏事"④。即便如此，仍有可能因一言不慎而遭杀身灭族之祸。道武帝时躲避为官的宋隐临终告诫其子侄："苟能入顺父兄，出悌乡党，仕郡幸而至功曹史，以忠清奉之，则足矣，不劳远诣台阁。恐汝不能富贵，而徒延门户之累耳。若忘吾言，是为无若父也，使鬼而有知，吾不归食

① 参见马长寿：《乌桓与鲜卑》，桂林：广西师范大学出版社，2006年，第43页；逯耀东：《从平城到洛阳——拓跋魏文化转变的历程》，第162、193页。

② 王永平列举了孝文帝对南朝入魏亡人与"平齐民"代表人物的任用，参见王永平：《论北魏孝文帝任用南士及其对南朝文化之汲引》，《学习与探索》2009年第5期，第234—236页。

③ 魏收：《魏书》卷四三《刘休宾传》，第969页。

④ 魏收：《魏书》卷二四《张衮传》，第613页。

矣。"① 这种战战兢兢的心态正是北魏早期北地文士艰难处境的真实写照。北魏前期所任汉人"实不过职司文笔而已"，"虏之桢干，仍在其种戚之手"，②盛宠者崔浩之流，亦不免因国史案牵连众多姻亲。再如太武帝神䴥四年（431）所征文士，根据有关学者统计，"有十五人在中央机构任中下级官吏，其中中书省七人、秘书省三人，廷尉、太常寺及司隶府各一人，基本上都从事文秘工作，几乎无权干预政事"，"近一半人没有爵位，有爵者封爵多较低"，③这些人虽"皆贤俊之胄，冠冕州邦，有羽仪之用"④，但多数并未进入政治核心。既要利用，又要防备，造成统治阶层与汉地文士皆极为敏感，北魏汉化进程就在这种磕磕绊绊的磨合中推进。

必须承认，北魏文化取得了一定的成就，尤其以北魏孝文帝推行的汉化改革达到极致。当时崔僧渊与身在萧齐的族兄崔惠景答书称："礼俗之叙，粲然复兴；河洛之间，重隆周道。"⑤陈庆之南归之后亦言："昨至洛阳，始知衣冠士族，并在中原。"⑥抛开北方记载自夸的成分，以前后差别

① 魏收：《魏书》卷三三《宋隐传》，第773—774页。

② 分见吕思勉：《两晋南北朝史》，第520、522页。

③ 以上分见张金龙：《从高允〈征士颂〉看太武帝神䴥四年征士及其意义》，载氏著：《北魏政治与制度论稿》，兰州：甘肃教育出版社，2003年，第18、19页。

④ 魏收：《魏书》卷四上《世祖纪上》，第79页。

⑤ 魏收：《魏书》卷二四《崔玄伯传附崔僧渊传》，第631页。

⑥ 杨衒之：《洛阳伽蓝记》卷二《城东·景宁寺》，范祥雍校注：《洛阳伽蓝记校注》，上海：上海古籍出版社，2011年，第119页。

看，北方自晋室南迁至此变化巨大，毕竟当初"运钟丧乱，宇内分崩，群凶肆祸，生民不见俎豆之容，黔首唯睹戎马之迹，礼乐文章，扫地将尽"①。秦永洲将北朝汉化进程称为中华正统的再造，"一个汉族文化与夷族文化共溶的中华文化主体，在北方重新构筑起来"，并从历史发展的长久轨迹角度给予了较高的评价。② 那么，孝文帝的改革是否意味着北魏真正实现了争夺文化正统的充分准备，获得了南北对峙的胜利，答案恐怕是否定的。若从北方自身考察，世家大族在孝文帝改革后心理上已认同北魏的文化正统，元颢因属元魏宗室才北进顺利，却又被视为"受制梁国，称兵本朝，拔本塞源，以资雠敌"③的乱臣贼子，导致陈庆之北伐的失败④。陈庆之在刚到洛阳时也曾称："魏朝甚盛，犹曰五胡。正朔相承，当在江左，秦皇玉玺，今在梁朝。"⑤ 北齐高欢亦因萧梁担忧："江东复有一吴儿老翁萧衍者，专事衣冠礼乐，中原士大夫望之以为正朔所在。我若急作法网，不相饶借，

① 魏收：《魏书》卷八四《儒林传》，第1841页。

② 秦永洲：《东晋南北朝时期中华正统之争与正统再造》，《文史哲》1998年第1期，第70页。

③ 魏收：《魏书》卷六六《崔亮传附崔光韶传》，第1482—1483页。

④ 参见薛海波：《论元颢、陈庆之北伐与南朝在中国统一进程中的地位》，《江海学刊》2015年第5期，第149—156页。

⑤ 杨衒之：《洛阳伽蓝记》卷二《城东·景宁寺》，范祥雍校注：《洛阳伽蓝记校注》，第117—118页。

恐……士子悉奔萧衍，则人物流散，何以为国？"① 可见南北此时只能算势均力敌。陈寅恪早已指出，"魏孝文帝之欲用夏变夷久矣，在王肃未北奔之前亦已有所兴革。……魏孝文帝所以优礼王肃固别有政治上之策略，但肃之能供给孝文帝当日所渴盼之需求，要为其最大原因"，当时恰是王肃"能将南朝前期发展之文物制度转输于北朝以开太和时代之新文化"。② 说到底，北魏对华夏文化是追赶、复兴甚至再创造的过程，而南朝则是留存、保持以及演化的状态，文化之辨的实质是在同一华夏文化的框架下争夺谁为主导，南朝并非输家。

文化之辨的另一个侧面，需要辨明南朝对华夏文化的保留与发展。唐长孺通过分析葛洪所讥刺的江南人慕效洛阳风气的四个方面，认为"晋室东迁，以洛阳为中心的中原文化便移到了建康，改变了江南所固有的较保守的文化、风俗等等"，"江南的风尚有一部分实际上乃是发源于洛阳而以侨人为代表"。③ 胡晓明在探讨"江南认同"时进而指出江南文化有两个部分："一是北来的，并非江南所固有，乃是发源于洛阳而以侨民为代表，是被带到江南的文化，也是中原移

① 李百药：《北齐书》卷二四《杜弼传》，北京：中华书局，1972年，第347—348页。

② 陈寅恪：《隋唐制度渊源略论稿》，北京：商务印书馆，2011年，第15—16页。

③ 唐长孺：《读抱朴子推论南北学风的异同》，载氏著：《魏晋南北朝史论丛》，北京：中华书局，2011年，第348页。

民文化"；"二是南方人向由政治中心迁来的大批北方人学习的结果，几代以后便渐渐置换成江南意识，是经过模仿、交融、选择、消化的文化习得"。① 南朝的华夏文化是东晋文化的继续，是在延续原来中原文化的基础上与江南本土文化融合而产生的新文化。并且，南方继承中原文化还有一个不断补充的过程，以礼乐为例，"晋氏之乱也，乐人悉没戎虏，及胡亡，邺下乐人，颇有来者"，"太元中，破苻坚，又获乐工杨蜀等，闲练旧乐，于是四箱金石始备焉"。② 文化的主体为人，因人的流动迁徙等原因，文化与地域并非完全一致，北人南来，南方已形成其独特的文化氛围。周一良所辨"晚度北人"可视为此独特地域文化的一个佐证③，"晚渡北人，朝廷常以伧荒遇之，虽复人才可施，每为清途所隔"④，"伧荒"与"土人"作为一组相对的概念，两者内涵

---

① 以上并见胡晓明：《"江南"再发现——略论中国历史与文学中的"江南认同"》，《华东师范大学学报（哲学社会科学版）》2011年第2期，第120页。李磊在胡晓明的论证之后，继续探讨了北方对江南的认知历程及其对北方中华意识形成的作用。参见李磊：《江南认知与中华认同——他者与北魏胡汉共识的形成》，《华东师范大学学报（哲学社会科学版）》2012年第5期，第28—33页。

② 沈约：《宋书》卷一九《乐志一》，第540页。

③ 周一良：《魏晋南北朝史札记》"晚度北人"条，第190页。胡宝国认为，到东晋中期，随着渡江北人第二代的登场，北来侨人已经安于南方了。轻视、排挤晚度北人的其实并非南方土著势力，而是早过江的北人。参见胡宝国：《晚渡北人与东晋中期的历史变化》，北京大学历史学系编：《北大史学（第14辑）》，北京：北京大学出版社，2009年，第94—111页。

④ 沈约：《宋书》卷六五《杜骥传附杜坦传》，第1720—1721页。

也在不断变化，东晋南朝土断使一部分侨人变成土人，又因为中间地带的反复，伧荒的标签便给了更晚南附的人，这其中隐含着某种程度的地域自得与文化骄傲。

晋室南迁，意味着华夏文化正统的南移，这对东晋南朝的士人来说是不证自明的事情，除了禅代之际的立国宣言，这一时期史著中多见的是北方政权对晋室、南朝的认同，南方最常见的此类叙述亦反映在对他者的记载之中。即便在军事征伐中居于劣势，南方史著中仍用"神华""胡旆"[1]这种带有认知倾向的措辞分指南北。《南齐书·祥瑞志》载：北方国民发现一兽钮方玺"送与虏太后师道人惠度，欲献虏主。惠度睹其文，窃谓'当今衣冠正朔，在于齐国'，遂附道人惠藏送京师"[2]。"衣冠正朔"，正是南方的自我标榜。可以说，在北魏孝文帝以前，南方对北方的忌惮主要在于军事而非文化。由于政权与地域的阻隔，南方对北方的认知既有历史的成分，也有想象的成分。汉、魏乃至西晋都曾统治北方，东晋南朝上层文化中仍然留存着历史印记，故都旧地的风物常被用于文学创作[3]，收复旧地的呼声自然不时地出现

---

① 沈约：《宋书》卷九五《索虏传》"史臣曰"，第2359页。

② 萧子显：《南齐书》卷一八《祥瑞志》，第364页。

③ 参见王文进：《南朝士人的时空思维》，《东华人文学报》2003年第5期，第235—260页，后收入《南朝山水与长城想象》，台北：里仁书局，2008年；王文进：《南朝边塞诗新论》，台北：里仁书局，2000年。

在朝堂之上。但这种文化与心理上的诉求很难付诸现实，迫于北方政治军事的压力，南北之间几次征战南方并未取得明显成果。而当洛阳文化能与江左并称，出现所谓"永明、天监之际，太和、天保之间，洛阳、江左，文雅尤盛"[①] 现象之时，南方已很难再以文化优势宣扬正统。萧梁时刘勰撰《文心雕龙》，所提风骨与文采已涉及文、质的区别，[②] 在《隋书·文学传序》中则明确为地域指代，即"江左宫商发越，贵于清绮，河朔词义贞刚，重乎气质"[③]。"文质之辨的背后其实有南北之分的影子在晃动"[④]，文、质在南北朝时期代表着南北文化的不同取向，从某种意义上可以说，南北已处于华夏文化的同一起跑线上，甚至北方的势头略猛一些。

最后，可以用两个例子来观察南北双方在文化正统之争过程中的心态变化。北魏孝文帝时，边地宕昌王"朝于京师，殊无风礼"，朝罢，孝文帝顾谓左右曰："'夷狄之有君，不如诸夏之亡也'，宕昌王虽为边方之主，乃不如中国一吏。"[⑤] 孝文帝引孔子之语，意在说明宕昌羌人落后而不通

①　魏徵等撰：《隋书》卷七六《文学传序》，第1729页。

②　参见刘畅：《论刘勰首倡融合南北文学两长》，《文学遗产》1999年第6期，第12—20页。

③　魏徵等撰：《隋书》卷七六《文学传序》，第1730页。

④　胡晓明：《"江南"再发现——略论中国历史与文学中的"江南认同"》，《华东师范大学学报（哲学社会科学版）》2011年第2期，第122页。

⑤　魏收：《魏书》卷一〇一《宕昌传》，第2242页。

礼仪，言外之意北魏已是华夏正统。而在萧梁武帝时，"先是，荧惑入南斗，去而复还，留止六旬。上以谚云'荧惑入南斗，天子下殿走'，乃跣而下殿以禳之；及闻魏主西奔，惭曰：'虏亦应天象邪！'"[①] 梁武帝为天象所惊，需要禳除灾祸，却不料这一天象另有所应，"这一星占事验使得南朝作为王朝正统的地位在天学上的证据变得不那么充分"[②]，此番心态可想而知。

汪高鑫总结南北朝民族关系时指出："南北方政权都以正统自居，而斥对方为夷狄、僭越；而在这种相互争正统的政治背后，却蕴含着深刻的对'中国'的历史文化认同。"[③] 南北对峙期间的正统之争，是地域与文化的双重争夺，南北不同族属的统治阶层治下，是规模不断扩大的相同族属的华夏士民，争取实现或恢复旧日统一秩序的趋势不断强化着南北双方对正统的汲汲追求。而南北双方在对抗过程中，借由地域征伐与文化"竞赛"，又共同充实了华夏正统观新的内涵，造就了新的统一趋势。

---

① 司马光编著：《资治通鉴》卷一五六"梁武帝中大通六年"条，第4853页。

② 江晓原、钮卫星：《天学史上的梁武帝》，《中国文化》1997年第15、16合期，第131页。

③ 汪高鑫：《魏晋南北朝民族关系与夷夏之辨》，《史学集刊》2010年第6期，第51页。

南北朝正统之争的
史学面貌

　　在可以相对清晰梳理出的南北正统之争史事之外，还有一些南北朝史家留下的关于正统之争的直接记录。不过史著中关于南北朝时期正统论争的记载，多与"正朔"有关。这里需要借助雷戈的研究作一说明，雷戈认为"正朔"由原来的制度、行为而逐渐派生出"正统论"的观念，与血统、礼制下的"正统"本义构成了"正统"内外两个层面，"源于宗法正统的皇位正统实质上即是内部层面的正统，而世人所谓的正统则只是同一时期不同政权之间要么对等要么附属关系这种外部层面的正统"，"内部层面的正统是一客观之制度和事实，而外部层面的正统则纯属一观念和认知"，"内层正统都是时人为了解决具体的现实问题而进行的制度建构和宗法论证，而外层正统则大都是后人基于自己的实际需要而对过去特定之历史所作的重新解释和伦理判断"[1]。中古史著中的"正统"一词多是关于政权内部皇位继承人的选择确立，"正朔"的相关论断才是探讨南北正统之争的直接材料，[2] 并且这些论断往往与当时的史学撰述活动密不可分。也就是说，南北朝史家笔下的正朔，正是本书要展示的时人关于正统的记录。

当权统治者对前朝或其他并立政权的历史定位，以及对自身正朔相承的确认，形成了或战或和的对抗之外的另一重历史面貌。史著作为已经凝固的记载，大多只能反映统治阶层官方认可的主流话语的最终状态。而在国史撰述中，史官将政治活动的内容确定为文字记载，最能体现当时统治阶层的历史认知。不过需要注意的是，关于统绪问题的历史认知在不同帝王统治时期并不完全一致，并且后朝对前朝国史加以整理形成正史时，可能又掺入了后朝统治阶层的一些认识。为了理解当时政治与史学的关系，有必要对史著中记载南北朝"正朔相承"的言论加以区分，直观把握南北双方不同的历史判断。

魏晋南北朝时期，通过史学活动掩盖政权禅代中权力转

---

① 雷戈：《正朔、正统与正闰》，《史学月刊》2004年第6期，第28页。

② 参见贾小军：《有关魏晋南北朝政治格局中几个问题的探讨》，硕士学位论文，兰州：西北师范大学，2005年，第46—53页。

移的真相成为当时统治者的一致选择。周一良认为，随着以禅代方式夺取政权常见之后，统治者已无必要在确定本朝历史的断限时做文章，而在处理前后王朝鼎革之变时，也由隐讳曲笔变为公开地宣扬禅代为合理合法。史著中具有极重要政治意义的正统问题不太牵涉具体历史事实的叙述与评论，其敏感与尖锐程度不及对禅代记载的处理。[①] 其实无论采用何种手法，都反映了当时新王朝的统治者面临着解决本朝政权合法性的需要。就正统观这一观念形成的过程而言，"正朔"记载与王朝更替的史实一样，都是其思想资源，而这两者又集中体现在新旧王朝的禅代诏令文书中。

一、史著所见南北统绪的德运流转

"正朔相承"名义下的王朝更替史料记载，在南朝表现得尤为突出，大致可分为三个方面。一是禅位皇帝的诏策文书，内容基本包括勋臣救亡国家，天命流转变化，以及依"唐虞、汉魏故事"模式的德运转移。如《宋书》中依次记录的晋帝逊位、禅位诏书所言：

---

① 周一良：《魏晋南北朝史学与王朝禅代》，载氏著：《魏晋南北朝史论集》，第372、379页。

大道之行，选贤与能，隆替无常期，禅代非一族，贯之百王，由来尚矣。……代德之符，著乎幽显……天之历数，实有攸在。……念四代之高义，稽天人之至望，予其逊位别宫，归禅于宋，一依唐虞、汉魏故事。（晋恭帝逊位诏）

昔我祖宗钦明，辰居其极……至于上天垂象，四灵效征，图谶之文既明，人神之望已改。……是用仰祇皇灵，俯顺群议，敬禅神器，授帝位于尔躬。（晋恭帝咨宋王策）

道不常泰，戎夷乱华，丧我洛食，蹙国江表，仍遘否运，沦没相因。逮于元兴，遂倾宗祀。幸赖神武光天，大节宏发，匡复我社稷，重造我国家。……朕每敬惟道勋，永察符运，天之历数，实在尔躬。……昔土德告沴，传祚于我有晋；今历运改卜，永终于兹，亦以金德而传于宋。今……奉皇帝玺绶，受终之礼，一如唐虞、汉魏故事。（晋恭帝禅位书）①

这些书写的内容与格式，应当是政治权力转移模式在官方文书中的具体呈现，又被记录于官方史著之中，并为后世模仿。由晋入宋如此，宋齐鼎革时的记载也不例外，如宋顺帝禅位书称：

---

① 沈约：《宋书》卷二《武帝纪中》，第45—48页。

求诸天数，犹且隆替，矧伊在人，能无终谢。是故勋华弘风于上叶，汉魏垂式于后昆。……惟王……放斥凶昧，存我宗祀，旧物惟新，三光改照。……是以祯祥发采，左史载其奇，玄象垂文，保章审其度，凤书表肆类之运，龙图显班瑞之期。……昔金德既沦，而传祚于我有宋，历数告终，实在兹日，亦以水德而传于齐。式遵前典，广询群议，王公卿士，咸曰惟宜。今……奉皇帝玺绶，受终之礼，一依唐虞故事。王其允副幽明，时登元后，宠绥八表，以酬昊天之休命。①

二是新王朝统治者即位后的诏策，内容的模块分布与前者大致相同，不过侧重强调本朝天命所归，宣扬自身功绩更为详细，并且有实行大赦、改元等全新统治措施的确认诏令。如：

晋帝以卜世告终，历数有归，钦若景运，以命于裕。……越俅唐、虞，降暨汉、魏，靡不以上哲格文祖，元勋陟帝位，故能大拯黔首，垂训无穷。晋自东迁，四维不振，宰辅焉依，为日已久。难棘隆安，祸成元兴，遂至帝主迁播，宗祀埋灭。裕虽地非齐、晋，众无一旅……诚兴废有

---

① 萧子显：《南齐书》卷一《高帝纪上》，第22—23页。

期，否终有数。至于大造晋室，拨乱济民，因藉时来，实尸其重。加以殊俗慕义，重译来庭，正朔所暨，咸服声教。（刘裕即位告天策）

大赦天下，改晋元熙二年为永初元年。（刘裕即位诏）[1]

三是对前朝统治者的安置，一般采用封王但保持对等地位的处理，且对行事规制有明确规定。如：

> 封晋帝为零陵王，全食一郡。载天子旌旗，乘五时副车，行晋正朔，郊祀天地礼乐制度，皆用晋典。上书不为表，答表勿称诏。[2]

后来王朝封前代王室后裔爵位并不少见，而直接将前朝禅让之帝身份降至为王，正是曹魏以来禅让开创的模式。宋、齐亡国后亦沿用了相同的处理方式。

> 封宋帝为汝阴王，筑宫丹阳县故治，行宋正朔，车旗服色，一如故事，上书不为表，答表不称诏。[3]

> 封齐帝为巴陵王，全食一郡。载天子旌旗，乘五时副

---

① 沈约：《宋书》卷三《武帝纪下》，第51、52页。
② 沈约：《宋书》卷三《武帝纪下》，第52页。
③ 萧子显：《南齐书》卷二《高帝纪下》，第32页。

车，行齐正朔。郊祀天地，礼乐制度，皆用齐典。①

　　诏策文书共同勾画了完整的王朝禅代故事，并成为后朝沿袭的模式。②统治者与史家之所以不厌其烦地重复故事，根本在于这些文辞背后有着一套逐渐完备的统治合法性解释，即呈现为五德终始说的正统论。根据汉为火德，曹魏自称土德，此后直到赵宋，历朝开创者自觉根据前朝德运定位本朝，大致形成了一个较为完整的五行相生德运系统。③南北朝时期因政分南北，晋的金德于南朝为刘宋水德接续，继而南齐木德，梁火德，陈土德。而在北方，拓跋魏初定土德，孝文帝时期议定承晋改为水德，又为北周、隋、唐延续。但这种王朝递嬗系统实质是政权统治阶层借助历史经验所采取的知识构建，有时会因为现实与设想的出入而产生波折冲突，

---

　　① 姚思廉：《梁书》卷二《武帝纪中》，北京：中华书局，1973年，第34页。

　　② 学界关注"禅让"颇多，但多从具体史实入手，典型者如周一良"东晋以后政权嬗代之特征"条，参见周一良：《魏晋南北朝史札记》，第254—264页。或者把禅让作为一种政治形态进行总体研究，如杨永俊：《禅让政治研究》，北京：学苑出版社，2005年。除了前引一良《魏晋南北朝史学与王朝禅代》一文，近来徐冲对权力转移在史著中的表现作了解读，进行了政治史和史学史交叉研究的尝试，参见徐冲：《中古时代的历史书写与皇帝权力起源》。

　　③ 有关五德终始说的研究参见刘浦江：《"五德终始"说之终结——兼论宋代以降传统政治文化的嬗变》，《中国社会科学》2006年第2期，第177—190页；胡克森：《从德政思想兴衰看"五德终始"说的流变》，《历史研究》2015年第2期，第34—50页。

南北朝时南方过渡表面比较顺利，北方北魏则较为特殊。

十六国后期，北魏于纷争中统一北方，不存在与前朝的禅代问题，史著中自然没有正朔传承的格套记载。但北魏统治广大中原地域，也需对政权的合法性加以说明。拓跋政权早期最需要解释的是族属来源问题，他们选择将其演化为文化问题加以解释，即拓跋氏亦属黄帝后裔，国家宜为土德。[①]但北魏正朔地位并不明确，故有孝文帝太和十四年（490）八月时诏称："五德相袭，分叙有常。然异同之论，著于往汉，未详之说，疑在今史。"[②]在政权统治扩张之后的文化建设中，对北方其他政权的定位成为北魏面临的现实问题，令百官议定北魏应采何种德运行次承绪前朝，反映了正统论发展出现新的需求。而在这次议定中出现两种不同意见，区别在于北魏与西晋关系及北方其他部族建立的政权是否被承认。一方以高闾为代表，认为魏应承秦为土德，其理由是秦、赵、燕等政权虽非明圣，但占据中原地区，非边远政权所能比拟，是晋室天命的延续，采用了中原地域正统的判断标准。另一方以李彪、崔光为代表，从代魏历史出发，认为北魏兴起于晋室沦亡之际，又有荡平中原的功绩，至于刘、石、苻、燕则与南方僭窃一般，北魏直接承晋即可。这次讨

---

① 关于北魏德运问题，另见下章第一节"宣扬国威的北魏官方史学"之"解释德运"部分。

② 魏收：《魏书》卷一〇八之一《礼志一》，第2744页。

论持续到次年正月，多数朝臣认为李彪、崔光据史而论更为有理，而"赵、秦、二燕虽地据中华，德祚微浅，并获推叙，于理未惬"①。最终孝文帝下诏确认承晋水德，不过仍有"越近承远，情所未安"②的担忧。由此可见，虽不同于南朝由历史经验获取"汉魏故事"模式，北朝也需要借助历史知识化解现实政治难题。

南朝的自我标榜与北朝的有意构造，使魏晋以来有关正统之争的暗涌浮上水面。北魏最终确定的德运承继对象实是西晋，孝文帝时朝议的两种观点论述中不约而同地忽略了江左政权在正朔相承中的序列，曾被北方士人向往的东晋此时已被确定为僭伪政权，这也从侧面印证了孝文帝改革之际北方文士已经认可北魏的文化正统地位。可以说，抛除十六国政权被视为僭伪的定位，东晋在德运正朔统绪中的位次问题，成为南北正统之争不可回避的关键。③由此，汉晋以来的"正朔相承"客观上变为两条线索，势必在以后化为促成统一意愿的动力。

①　魏收：《魏书》卷一〇八之一《礼志一》，第2747页。

②　魏收：《魏书》卷一〇八之一《礼志一》，第2747页。

③　参见刘浦江：《南北朝的历史遗产与隋唐时代的正统论》，《文史》2013年第2辑，第127—151页。

二、南北正朔分歧记载的历史背景

南北双方正朔统绪的分歧自晋室南迁时就有端倪。一方面，东晋建立形成的复兴晋室局面，自始至终因偏居一隅而难以形成绝对的权威正统，且内部不时有反叛篡权等政治波动，[①] 刘宋代晋，司马氏不再为天子皇室，在某种程度上最终消解了北方正统南移的说服力。另一方面，北方胡族政权统治下的汉族文士虽心向晋室，但随着各个政权统治阶层对华夏文化了解加深，天命归于有德之人的意识使得少数民族统治者纷纷建朔称帝，这种认知累积至北魏时，北方文士的南方归属感已没有那么强烈。

司马叡于南方重建晋室之初，就需要为其统治地位造势，《宋书·符瑞志》中保留了许多"晋将灭于西而兴于东之符"[②]，王隐《晋书》中也记载了一则故事："永嘉初，陈国项县贾逵石碑中生金，人盗凿取卖，卖已复生，此江东之瑞"，"晋金德，元帝兴于江东，故云江东之瑞"。[③] 作

---

① 关于东晋政权在统绪认识体系中的地位问题可参见田余庆：《东晋门阀政治》，北京：北京大学出版社，2012年；陈友冰：《十六国北魏时期的"夷夏之辨"》，《史林》2000年第4期，第18—28页；付开镜：《西晋末年社会反晋弃晋心态论》，《河南科技大学学报（社会科学版）》2013年第3期，第24—28页。

② 沈约：《宋书》卷二七《符瑞志上》，第782—783页。

③ 汤球辑，杨朝明校补：《九家旧晋书辑本》，郑州：中州古籍出版社，1991年，第199页。

为史官，王隐用祥瑞说明司马叡东晋的建立为西晋德运的复兴，应是东晋统治阶层维护正统的政治附会。王隐之前的史官干宝可能亦参与过类似的政治任务，在《晋纪总论》中干宝称，"天下之政，既已去矣，非命世之雄，不能取之矣。……淳耀之烈未渝，故大命重集于中宗元皇帝"[1]。如此表述实难让人不将之与其他稳定政权的政治活动联想。东晋立国之初，王导就推荐干宝主持国史纂修，而他向司马叡的举荐书中称："宣皇帝廓定四海，武皇帝受禅于魏，至德大勋，等踪上圣，而纪传不存于王府，德音未被乎管弦。陛下圣明，当中兴之盛，宜建立国史，撰集帝纪，上敷祖宗之烈，下纪佐命之勋，务以实录，为后代之准，厌率土之望，悦人神之心。"[2] 可见，东晋统治阶层已意识到国史纂修活动对宣扬晋室功德、维护政权稳定的作用，诸多祥瑞事件被制造出来的目的是证明晋室金德在南方的延续。针对中原之地陷入胡族之手，东晋还设置了侨州郡县安抚北方流亡士人，"取旧壤之名"[3] 使其在形式上表现为仍占据天下四

① 萧统编，李善等注：《六臣注文选》卷四九《史论·晋纪总论》，北京：中华书局，2012年，第934页。

② 房玄龄等撰：《晋书》卷八二《干宝传》，第2149—2150页。

③ 魏徵等撰：《隋书》卷二四《食货志》，第673页。

方的格局，隐含着追求地域正统的政治含义。[①] 东晋中期以后，内有桓温对帝位虎视眈眈，外有刘渊、石勒宣扬承继汉晋，司马氏的统治地位遭到极大挑战，在这种情况下，曾撰《汉晋春秋》意欲裁正桓温的习凿齿临终上表，提出"晋越魏继汉"的正统主张，"大一统意识极其鲜明，是否完成天下的统一，是他在正统地位方面否定曹魏、肯定西晋的重要依据"，且"与同时期的袁宏所宣扬的'夫君臣父子，名教之本也'相为呼应，直指当时江左的门阀政治局面"，[②] 对内外忧患都作出了回应。不过这种个人呼吁的针对时局的观念创新并不能从根本上扭转多数士人的思维，随着南北局势演变，北方争夺正统更为主动，东晋后期乃至刘宋以后，只能选择牢牢固守汉、魏、晋、宋的德运传递顺序来应对外部冲击，客观上形成了封闭被动的局面。

而在北方，最初仅为反抗晋室统治而起的胡族地域政权，大致经历了从刘渊依傍汉室，到刘曜、石勒自立门户，再到前燕和前秦确立胡族兴替的历史合法性三个阶段，中原地区本已崩溃的法统秩序得以重建，"在这个基础上，北魏

---

① 参见胡阿祥：《侨置的源流与东晋南朝侨州郡县的产生》，郑州大学历史学院编：《高敏先生八十华诞纪念文集》，北京：线装书局，2006年，第195—199页。

② 金仁义：《正统观与东晋南朝时期的史学》，《史学史研究》2011年第1期，第30页。

及随后的北齐、北周和隋朝，才能把北方的历史演奏为中国中古时期的主流历史"①。胡克森在论证开放的王权体系时认为，中国古代在理论和实践上都有重视个人道德修养和主观能力的"德政"文化传统。②利用这种理念极端者表现为"汤武革命"与"王侯将相宁有种乎"一类，胡族政权在南迁收纳汉族文士的同时也接受了这种政治阐释策略。西晋内乱之际刘渊自立，依臣属刘宣之谏，所要实现的不过是"兴我邦族，复呼韩邪之业"，所使用的理由是"今司马氏父子兄弟自相鱼肉，此天厌晋德，授之于我。单于积德在躬，为晋人所服"，不过当时刘渊因"晋人未必同我"有所忧虑，还需借汉裔名号行事。③石勒暗中发展实力时也认为当时"晋祚沦夷，远播吴会，中原无主，苍生无系"，天命已从晋室转移，必待有"应天顺时""四海所宗"之人重整河山。④当他不满刘曜背信，自称赵王时直接怒曰："帝王之起，复何常邪！赵王、赵帝，孤自取之，名号大小，岂其所节邪！"⑤相较刘渊，这种争取天命所归的自觉意识已更为明显。石勒麻

---

① 罗新：《十六国北朝的五德历运问题》，《中国史研究》2004年第3期，第52页。

② 胡克森：《开放的王权体系：政权转移的中国古代路径》，《邵阳学院学报（社会科学版）》2014年第2期，第97—107页。

③ 房玄龄等撰：《晋书》卷一〇一《刘元海载记》，第2648、2649页。

④ 房玄龄等撰：《晋书》卷一〇四《石勒载记》，第2721页。

⑤ 房玄龄等撰：《晋书》卷一〇四《石勒载记》，第2729页。

痹王浚时的观念还是"自古诚胡人而为名臣者实有之，帝王则未之有也"①，到慕容儁宣扬天命时，已有其祖父慕容廆称"积福累仁，子孙当有中原"②的政治预言，再到胡族统治者称帝建号的实际行动为后来者继承认可，也就从史籍中打破了"自古以来诚无戎人而为帝王者"③的历史惯性。

在北方政权统治者初兴之际，往往有与南方东晋和善的行动，甚至有请封官爵、奉承正朔的臣服表现。但南北双方都明白这不过是胡族首领临时妥协的假象，正如诸葛恢反对东晋加封慕容皝时所言，"夷狄相攻，中国之利；惟器与名，不可轻许"，"借使慕容镇军能除石虎，乃是复得一石虎也，朝廷何赖焉"。④然而，东晋保守的态度并不能阻挡北方势力扩张的步伐，"夷狄相攻"的设想是希望北方政权之间互相削弱，但在交战的过程中也可能出现某一政权因吞并逐步变强。少数民族政权对中原地域的统治逐渐集中，留守北方的汉族文士在割据征伐中随波逐流，或主动或被动地为统治者出谋划策，背后其实遮掩着对江左政权矛盾纠葛的情感取向，张宾于石勒、王猛于苻坚，乃至崔浩于北魏⑤，

---

① 房玄龄等撰：《晋书》卷一〇四《石勒载记》，第2721页。
② 房玄龄等撰：《晋书》卷一一〇《慕容儁载记》，第2831页。
③ 房玄龄等撰：《晋书》卷一〇四《石勒载记》，第2715页。
④ 司马光编著：《资治通鉴》卷九六"晋成帝咸康七年"条，第3043页。
⑤ 参见王永平：《崔浩之南朝情结及其与南士之交往考析》，《学术研究》2008年第5期，第105—111页。

均可谓其典型。不过这种心理活动在外人来看总归是妄自揣摩，几分真实、几分袒护可能当局者都很难说清。抛开心理层面的难以琢磨，在史著记载中的汉地文士对南北正朔的判断同样耐人寻味。以石勒的臣属徐光为例，徐光曾因醉酒惹怒石勒而被拘禁，又因后赵面临危局而复出对策，以功封中书令。徐光曾问石勒为何事神色不悦，石勒思考的是"吴蜀未平，书轨不一，司马家犹不绝于丹杨，恐后之人将以吾为不应符箓"。而在徐光看来，"魏承汉运，为正朔帝王，刘备虽绍兴巴蜀，亦不可谓汉不灭也。吴虽跨江东，岂有亏魏美"，石勒"苞括二都，为中国帝王，彼司马家儿复何异玄德，李氏亦犹孙权。符箓不在陛下，竟欲安归？"[1] 他认为石勒更需要关注的是内部忧患而非外部偏安政权。即便是徐光假意夸张只为取悦石勒，应当也体现了北地普遍存在一种表面的正朔观点，依史籍记载反而是胡族统治者自身未被蒙蔽，保持警醒。这类对话在胡族政权中时有出现，正从侧面说明德运流转、正朔相承的合法性解释一直存在于北方政权统治阶层的思维体系之中。

由于孝文帝重新确立北魏德运，崔鸿整理编撰《十六国春秋》，胡族政权的德运承绪完整顺序已不可考，仅有《晋书·载记》与《十六国春秋》辑本保留部分自我宣称的痕

---

[1] 房玄龄等撰：《晋书》卷一〇五《石勒载记》，第2753页。

迹。① 正朔相承的德运传递顺序其实是一个多方构建的体系，除了王朝的自我标榜外，还有他者的认可问题，正是在这种内外、前后的自我与他人的隔空交互对话过程中，各方找到了自己的定位，成为整个系统中的一分子。有时甚至这种对话是无声的，并不直接存在，但在解释政权的合法性时，王朝统治阶层无法抹掉真实存在过的他者，这个他者可能是之前被其覆灭的政权，也可能是正在与其争夺地域的敌人，甚至在政权统治内部，也可能会因种种原因出现不同的声音，由此产生的朝堂争议也为明确自身定位寻找着更有力的解释。而当这些现实层面发生的事件变为史官笔下的文字时，事件就变成了历史。正因为在历史书写过程中会掺入统治阶层和史官个人的意志，官方史学呈现的史著作为结果虽不能代替现实政治，但已为政治活动构建了一种新的历史面貌。回视历史，南北史学之所以能够比较，正是因为南北双方在构建历史面貌的史著结果中采用了相同的理论基础。正朔相承的德运传递表征可能截然不同，但南北朝后期历史汇流形成隋唐一统的局面，抛除族属、地域等具化因素外壳之后的同源文化内核功不可没。

---

① 鲁力对此有较直观简明的整理，参见鲁力：《五行相生与禅让没有必然的联系——2010年高考全国卷"五行"题分析》，《历史教学（中学版）》2011年第9期，第64—66页。

三、象征统绪传递的传国玺记载

无论是东晋南朝，还是十六国北朝，在对正朔相承的德运体系构建时，实际上共享着同一种思想资源，即汉魏以来的五德终始说。这种思想是历史事实沉淀的结果，并且这种沉淀还有一个具化的实物，即传国玺。关于传国玺等印玺的功用及符瑞象征意义，《唐六典》卷八《门下省·符宝郎》与《太平御览》卷六八二《仪式部·玺》于专门类目下所列已颇为详细。针对传国玺的流传始末，则有南宋时赵彦卫与曹彦约作过考证。① 传国玺这一象征物的政治文化内涵及其演变，也受到不少当代学者关注。②

而在史著中，东晋南北朝时期传国玺时隐时现的记载恰可为当时南北各方正统之争作一注脚。清代赵翼曾言："三代以上，以禹鼎为重；六朝以上，以秦玺为重，盖风尚如

① 赵彦卫撰：《云麓漫钞》卷一五，傅根清点校，北京：中华书局，1996年，第262—266页。曹彦约：《玉玺本末》，《全宋文》卷六六六六，上海：上海辞书出版社、合肥：安徽教育出版社，2006年，第293册，第68—81页。

② 参见萧高洪：《传国玺与君权神授的观念》，《江西社会科学》1989年第2期，第120—125页；陈晔：《玉玺呈瑞：宋哲宗朝传国玺事件剖析》，《史学月刊》2008年第12期，第32—37、72页；彭丰文：《九鼎、传国玺与中国古代政治传承意识》，何星亮主编：《宗教信仰与民族文化（第九辑）》，北京：社会科学文献出版社，2016年，第169—180页；谢一峰：《论唐宋时期传国玺地位的下移》，《唐史论丛》2017年第2期，第179—192页。

此。"^① 如陈庆之就将"秦皇玉玺，今在梁朝"^② 视为江左政权拥有正统地位的表征。六朝以上重秦玺，大致从王莽篡汉索要汉传国玺开始，其后玉玺授受成为历次禅让仪式中的重要环节。传国玺因秦玉玺为汉高祖刘邦随身携带并世代相传而得名，相比车马服饰等外在规制，能够为皇帝贴身保存的玺印自然附加了更为神圣权威的色彩。另外，史著中还载有一类"玺书"文体，也可旁证皇帝玺印的特殊性。有学者曾对汉代玺书的特征与性质作过研究^③，到南北朝时期，玺书的特征可能变化不大。作为专用文书，"其为用，或以告谕，或以答报，或以奖劳，或以责让，而其体则以委曲恳到，能尽褒劝警饬之意为工"^④。《魏书》中多有帝王慰劳功臣的玺书事例，亦可判断当为皇帝手作，且带有相当的帝王个人意志。^⑤而在南朝史著的正朔禅让文辞中，玺书又成为禅位者最后奉玺时刻的个人陈述，皇帝玺印可谓正统承继内涵的

---

① 赵翼：《陔余丛考》卷二〇"杨桓《传国玺考》之误"条，上海：商务印书馆，1957年，第395页。

② 杨衒之：《洛阳伽蓝记》卷二《城东·景宁寺》，范祥雍校注：《洛阳伽蓝记校注》，第118页。

③ 参见代国玺：《汉代公文形态新探》，《中国史研究》2015年第2期，第42—48页。

④ 徐师曾：《文体明辨序说·玺书》，罗根泽校点，北京：人民文学出版社，1998年，第114页。

⑤ 如《魏书》卷九四《阉官·王质传》："高祖颇念其忠勤宿旧，……皆赐质以玺书，手笔莫不委至，同之戚贵。质皆宝掌以为荣。"第2025页。

凝结。

因此，有无传国玺，成为东晋南北朝时期判断正统德运是否传递于彼的最直观标准。西晋"怀帝没胡，传国玺没于刘聪，后又没于石勒。及石季龙死，胡乱，穆帝世乃还江南"[①]。因传国玺不在江左，则有"北方人呼晋家为'白板天子'"[②]。不过早期北方胡族政权首领也未能持有传国玺而号令天下，可能因其非华夏族裔身份，北地认可度不高，也可能其自身称帝中原的意识不足。待到地域割据集团有更明确的中原霸主认识时，单一的传国玺已不能满足各方争夺正统的需要，势必出现伪造玺印的政治活动。北魏太平真君七年（446）于邺城发现两枚玉玺，"其文皆曰'受命于天，既受永昌'"，与史籍中的秦玺志文相同，其中一枚侧旁还刻"魏所受汉传国玺"，[③]应当正是基于正统天命所在的理念而创造的政治符瑞谎言。实际上南北朝时期传国玺记载纷乱复杂，其传承真相成为后世难解之谜。不过仅从传国玺象征正统意义而言，侯景败亡之后对传国玺的处理方式无论真伪，都为南北朝时期正统观念深入人心作了直观的勾勒。"侯景之败也，以传国玺自随，使其侍中兼平原太守赵思贤掌之，

---

① 房玄龄等撰：《晋书》卷二五《舆服志》，第772页。

② 萧子显：《南齐书》卷一七《舆服志》，第343页。

③ 魏收：《魏书》卷四下《世祖纪下》，第101页。

曰：'若我死，宜沉于江，勿令吴儿复得之。'"① 出身北方的侯景败逃之际仍不忘对南朝的报复心态，正反映了北方争夺正统的汲汲之心。

① 司马光编著：《资治通鉴》卷一六四"梁元帝承圣元年"条，第5087页。

小　结

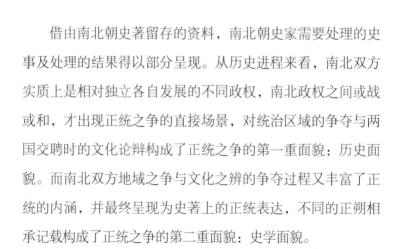

借由南北朝史著留存的资料，南北朝史家需要处理的史事及处理的结果得以部分呈现。从历史进程来看，南北双方实质上是相对独立各自发展的不同政权，南北政权之间或战或和，才出现正统之争的直接场景，对统治区域的争夺与两国交聘时的文化论辩构成了正统之争的第一重面貌：历史面貌。而南北双方地域之争与文化之辨的争夺过程又丰富了正统的内涵，并最终呈现为史著上的正统表达，不同的正朔相承记载构成了正统之争的第二重面貌：史学面貌。

田余庆曾经指出，"国土可能由于种种原因而暂时分裂，但文化在中国历史上大体上是未曾'分裂'的"[1]，华夏族（汉族）及其文化是中华文明分而未断的决定性因素，起了重心作用。正统观是三国两晋以来维系不同政权政治关联的纽带，也是南北朝时期最普遍的政治文化集合，并成为可以产生南北对话的潜在文化基础平台，或者称其为南北共同参与的基于正统观秩序的公共空间。由于争夺正统的南北对峙现实与官方史学的政治属性，南北官方史学围绕各自的历史、现实因素分别展开。

---

[1] 田余庆：《古史分合中的国土开发与民族发育》，中国历史上的分与合学术研讨会筹备委员会主编《中国历史上的分与合学术研讨会论文集》，台北：联合报系文化基金会，1995年，第83页。同书高明士论文《隋代中国的统一——兼述历史发展的必然性与偶然性》对隋统一前客观形势的论断也有涉及，第91—93页。另可参见邱久荣：《魏晋南北朝时期的"大一统"思想》，《中央民族学院学报》1993年第4期，第45—51页。

第二章

正统观指导下的南北官方史学实践

乔治忠曾对中国史学史中的官方史学作过归纳，大致包含以下几点：制度化、规范化的记史修史机构，官方切实控制和管理的史籍修纂，官方史料与官修史书，官方历史观与史学思想，官方史学的政治作用与学术地位。[1] 作为学理上的"官方史学"范畴，主要从修史主体角度强调与"私家史学"的区别。而要对"官方史学活动"作一界定，可以说包括确立年号、解释德运的具体论辩措施，设立专门的修史机构与制度规范，诏命编纂前代史及本朝国史等，凡是由统治阶层直接干预的，史家或文士作为史学活动主体参与的，皆可归为广义的官方史学活动。南北对峙时期正统之争所强化的正统观念，既是一个实在的历史进程，又是一个思想上的文化概念。相对应地，以正统观念为指导核心的官方史学活动，也不单指所谓统治诏命下纂修史著一类活动，而是作为文化性的政治措施，是政治活动中的一环。从史学活动角度理解政治行为与从政治视野对史学进行考察同样重要，后者强调史学活动的社会、政治背景，前者则以实践呈现为基准，将理论的探讨落实于具体史实之中。然而由于史学活动的成果往往以文本的形式存在，以往对史学活动的文化属性分析多于政治属性分析。当然，除去无意识留存的历史遗迹与资料，无论何种形态的历史存在，都未脱离最终所呈现的可识读的历史记载文本，从这个意义上讲，其文化表征确实明显，而且这也正是史学活动的意义。史学活动不是由概念到概念的文本描述，而是统治利益驱动下的文化实践与政治博弈，纂修史著的过程与作为成果的史著记载一样，反映着史学发展的进程。而且，官方史学活动之"文"，也比史家之"文"要复杂得多。

---

① 参见乔治忠：《中国官方史学与私家史学》，北京：北京图书馆出版社，2008年，第45—50页。

第一节 | 宣扬国威的北魏官方史学

　　作为十六国后期北方崛起的割据势力，复兴的拓跋部族以"魏"国号的确认为标志，摆脱了昔日代政权与西晋王朝曾有的历史联系。随着拓跋部族控制区域的逐渐南拓，统治阶层又逐步明确了争霸中原的客观条件与主观认识，民族的以及衍生出的文化差异成为统治者面临的直接挑战。这种差异挑战对于政权统治而言，表现为北方地区民众对新兴势力的认可程度，其中又以北方士族对拓跋政权的态度最具典型。北魏国号与德运的确立过程恰为这种转变作了注解。同时，总结自身历史也成为逐渐成长的北魏政权迫切的政治需求。

一、议定国号

从登国元年（386）四月改称魏王到天兴元年（398）十二月即帝位，部族首领拓跋珪在这段时间经历了由晋室藩王代王到独立政权北魏帝王的角色转变，北魏政权也从没有明确统治地域概念的地方武装势力转化为争霸中原的统治王朝。北魏早期，政权名称曾在"魏""代"之间摇摆不定，道武帝时"以始封代土，后称为魏，故代、魏兼用，犹彼殷商"①。政权名称又称国号，作为统治集团主体意识的代表符号，既使用于对内下达统治意志，又应用于对外宣示统辖权威。不过在当时社会实际生活中，恐怕对国号的使用并不严格，尤其是在一些非正式场合，诸如墓志、碑刻、造像题记等的撰写，出于习惯驱使或是地域传播的滞后性，现存的古籍、遗迹中能找到不少例子。②但就统治上层而言，实际使用与否是一个层面，而将之视为一项必要的政治活动，则是政权林立、南北对峙时期统治阶层面临的重要事项。故北魏皇始三年（即天兴元年）六月曾有议定国号一事。

---

① 魏收：《魏书》卷三五《崔浩传》，第822页。

② 参见何德章：《北魏国号与正统问题》，《历史研究》1992年第3期，第114、115页；北魏遗址曾出土"皇魏万岁""大代万岁"字样瓦当，参见殷宪：《北魏平城砖瓦文字简述》，《山西大同大学学报（社会科学版）》2009年第1期，第39页。

何德章判断，此事发生在东晋与重建的拓跋政权第一次正式接触之际，即"司马德宗遣使来朝，太祖将报之，诏有司博议国号"[1]，当与东晋安帝司马德宗隆安初郗恢曾向北魏冀州牧常山王拓跋遵求助为同一事[2]。《魏书·太祖纪》载：

> 诏有司议定国号。群臣曰："昔周秦以前，世居所生之土，有国有家，及王天下，即承为号。自汉以来，罢侯置守，时无世继，其应运而起者，皆不由尺土之资。今国家万世相承，启基云代。臣等以为若取长远，应以代为号。"诏曰："昔朕远祖，总御幽都，控制遐国，虽践王位，未定九州。逮于朕躬，处百代之季，天下分裂，诸华乏主。民俗虽殊，抚之在德，故躬率六军，扫平中土，凶逆荡除，遐迩率服。宜仍先号，以为魏焉。布告天下，咸知朕意。"[3]

群臣意见的出发点是以所居之土、起家之地作为政权名称的来源，才能利于政权长远发展。但从诏书可以看出，拓跋珪已认识到逐鹿中原与偏据政权的区别，明确了入主中原的雄心，所以再次强调不会选择"代"，而是确定宜仍先号的

---

① 魏收：《魏书》卷二四《崔玄伯传》，第620页。

② 何德章：《北魏国号与正统问题》，《历史研究》1992年第3期，第115页。

③ 魏收：《魏书》卷二《太祖纪》，第32—33页。

"魏"。"魏"国号的确立，应当是采纳了汉族文士崔宏的
建议。

> 玄伯议曰："三皇五帝之立号也，或因所生之土，或即
> 封国之名。……国家虽统北方广漠之土，逮于陛下，应运龙
> 飞，虽曰旧邦，受命惟新，是以登国之初，改代曰魏。又慕
> 容永亦奉进魏土。夫'魏'者大名，神州之上国，斯乃革命
> 之征验，利见之玄符也。臣愚以为宜号为魏。"太祖从之。
> 于是四方宾王之贡，咸称大魏矣。[①]

崔宏提出的"虽曰旧邦，受命惟新"，应当正好迎合了拓跋
珪的心理。在此不妨大胆推测一番，若北魏采用"代"的
称号，即便已经立国称王，可能难以摆脱曾被晋室封为"代
王"的历史包袱，毕竟拓跋先辈就曾效命于晋室牵制匈奴[②]，
"代"为苻坚所灭，而非晋室撤回诏命，从某种意义上说，
延续晋室生命的江左政权，仍可作为新生拓跋政权的上国存
在，而一旦如此，则拓跋珪"扫平中土，凶逆荡除，遐迩率
服"[③] 的功业只能为东晋服务，不会成为拓跋受命于天的名
望依据。正如崔宏所言，"魏"乃"革命之征验，利见之玄

---

① 魏收：《魏书》卷二四《崔玄伯传》，第620—621页。

② 参见田余庆：《东晋门阀政治》，第33—34页。

③ 魏收：《魏书》卷二《太祖纪》，第33页。

符"①，这才是拓跋政权进一步争霸中原的法理基础，唯此，才能与晋室撇清关系，特别是在与东晋产生互动联系的关键时刻，从"魏"而不从"代"至关重要②。

可以说，"魏"名号的再次确认，标志着拓跋部族政权正式踏上逐鹿中原的历史舞台。这是关于自身定位的新认识，由此也可理解北魏处理崔逞、张衮答报东晋用语时的态度。《魏书·崔逞传》载：

> 天兴初，姚兴侵司马德宗襄阳戍，戍将郗恢驰使乞师于常山王遵，遵以闻。太祖诏逞与张衮为遵书以答。初，恢与遵书云，"贤兄虎步中原"，太祖以言悖君臣之体，敕逞、衮亦贬其主号以报之。逞、衮乃云"贵主"。太祖怒曰："使汝贬其主以答，乃称贵主，何若贤兄也！"遂赐死。③

而在《魏书·张济传》中，记载了张济作为正式使节与东晋杨佺期沟通的情况，又可见此事的另一番面貌：

---

① 魏收：《魏书》卷二四《崔玄伯传》，第621页。

② 对北魏确定国号的认识与解释，另可参见楼劲：《谶纬与北魏建国》，《历史研究》2016年第1期，第4—23页。楼劲侧重从谶纬符命之说的观念演变领域强调北魏建立过程中的华夏思想文化影响因素。

③ 魏收：《魏书》卷三二《崔逞传》，第756页。

先是，姚兴遣将攻洛阳，司马德宗雍州刺史杨佺期遣使乞师于常山王遵，遵以状闻，太祖遣济为遵从事中郎报之。济自襄阳还，太祖问济江南之事，济对曰："司马昌明死，子德宗代立，所部州镇，迭相攻击，今虽小定，君弱臣强，全无纲纪。……佺期闻朝廷不都山东，貌有喜色，曰：'晋魏通和，乃在往昔，非唯今日。……与君便为一家，义所无讳。洛城救援，仰恃于魏，若获保全，当必厚报。如其为羌所乘，宁使魏取。'臣等欲分向扬州。佺期曰：'蛮贼互起，水行甚难，魏之军马，已据滑台，于此而还，从北道东下，乃更便直。晋之法制，有异于魏。今都督襄阳，委以外事，有欲征讨，辄便兴发，然后表闻，令朝廷知之而已。如其事势不举，亦不承台命。'"太祖嘉其辞顺，乃厚赏其使，许救洛阳。[1]

从以上两段引文可看出东晋与北魏在对待双方关系时的反差立场。对东晋雍州刺史杨佺期而言，东晋自然是晋室正统的延续，并且他认为拓跋魏仍是归心于晋室的地域藩部，故有"晋魏通和，乃在往昔，非唯今日"[2]之言。当然，从杨佺期婉拒张济东去扬州来看，不能排除这番措辞是杨佺期为求得

---

① 魏收：《魏书》卷三三《张济传》，第787—788页。

② 魏收：《魏书》卷三三《张济传》，第787页。

北魏相助的权宜之计，不过也能说明东晋确有相应的晋魏一家认知基础。而在拓跋政权看来，对方用"贤兄"一称有悖君臣之体，因此强调主观上要"贬其主号以报之"①，才有崔逞采用"贵主"被赐死的结果。然而当时北魏与东晋并未产生更进一步的交流，只是由借兵一事引发的区域统帅与区域势力的合作。而从"贵主"一词推断，可能拓跋政权的答书对象仅止于杨佺期，那么"君弱臣强"的东晋并不会对北魏构成实质威胁。拓跋珪对崔逞、张济的不同处理态度，只能说明重建自立的拓跋政权背负着某种程度上的自卑心理，特别是在面对曾经的上国后嗣时，难免会在意对方的态度；同时，这又显示了北魏急于从武力与气势上取得强力地位的激进心态。

需要注意的是，郗恢求救与张济答报二事相隔数月，北魏在这期间发生了重大的政治事件。早先覆灭后燕慕容垂之后，许谦上书劝进尊号，北魏始建天子旌旗，改元皇始。皇始三年（398）春，拓跋仪克邺，拓跋珪巡幸邺城考虑定都。皇始年间的北魏，正值享受局部地域胜利的时刻，而当东晋出使求救，则将这种胜利心态放大。可能正是在考量借兵东晋之时，拓跋政权逐渐明了了自己的定位，加速了向中原文明政权转变的建设进程。皇始三年六月议定国号之后，七月

① 魏收：《魏书》卷三二《崔逞传》，第756页。

迁都平城，营建宫室、社稷与宗庙。八月"正封畿，制郊甸，端径术，标道里，平五权，较五量，定五度"①。十月，起天文殿。十一月"典官制，立爵品，定律吕，协音乐"②，最终在十二月，"太尉、司徒进玺绶，百官咸称万岁"③，拓跋珪于天文殿登基称帝，改元天兴。相较登国年号的使用已到第十个年份（395），北魏政权只用半年时间就完成了由王到帝的政权规划建设，倘若没有一定的契机，恐怕不会如此迅速。可以说，北魏最终战胜慕容垂领导的后燕政权，累积了丰富的人力、物力资源，地域统治范围扩大，所谓"天下分裂，诸华乏主"④，在此物质基础上通过与南迁晋室的交流产生自我意识，应该是统御河北地域的拓跋上层与汉族文士幕僚的合理认知。在以拓跋仪领衔的北魏王公卿士上书劝进之后，拓跋珪即皇帝位，立坛兆告祭天地，历数自己的功绩，"殪刘显，屠卫辰，平慕容，定中夏"⑤，此时东晋偏安江东无力收复北方，而拓跋珪俨然是一位继承华夏正统的皇帝，"正位居尊，以副天人之望"⑥。正是在这种背景下，张济出使东晋，与杨佺期产生了一番炫耀北魏军事实力的问

---

① 魏收：《魏书》卷二《太祖纪》，第33页。
② 魏收：《魏书》卷二《太祖纪》，第33页。
③ 魏收：《魏书》卷二《太祖纪》，第34页。
④ 魏收：《魏书》卷二《太祖纪》，第32页。
⑤ 魏收：《魏书》卷一〇八之一《礼志一》，第2734页。
⑥ 魏收：《魏书》卷一〇八之一《礼志一》，第2734页。

答，由此归国之后得到拓跋珪的厚赏。

可以说，议定国号前后的这些政治活动，都反映了拓跋统治阶层逐渐明晰的官方历史认识。

二、解释德运

将北魏议定国号与东晋借兵联系起来考察的视野，可对北魏争夺正统的行为作出合理解释，这也从侧面印证了前章所言，正统之争作为动态的活动，包含了政权统治内部的认知及与外界交流过程中的自我定位两个层面，即前引文中所言北魏内部"代""魏"之争与定号之后"四方宾王之贡，咸称大魏"①。由国号的解读又可衍生出对政权德运的不同解释，德运统绪的确立是正统之争更进一步的表现。关于北魏初期的土德确立，可能大致经历了三种变化，最早是立国初期自称黄帝后裔时的官方认识，其后又因争霸中原、对抗刘宋需要而提出接续承汉的曹魏土德，后来在北方稳固后对前

① 魏收：《魏书》卷二四《崔玄伯传》，第621页。

朝历史定位时又有承前秦火德而为土德的解释。①

天兴元年（398）拓跋珪称帝祭天之后，就诏百司议定行次。尚书崔玄伯等上奏："以国家继黄帝之后，宜为土德，故神兽如牛，牛土畜，又黄星显曜，其符也。于是始从土德，数用五，服尚黄，牺牲用白。祀天之礼用周典，以夏四月亲祀于西郊，徽帜有加焉。"② 这次所定北魏行次继黄帝从土德，可能有其直接原因。一方面，拓跋政权无法摆脱自身非中原民族的属性，与匈奴、羯、氐等族同为少数民族，即便逐渐扩占河北之地，对中原士族来说仍是非我族类，势必面临文化统治上的隔阂。另一方面，北魏政权确实已有争霸中原的实力与野心，为维护其统治地位，必然要跟其他势力相抗衡。天兴三年十二月（401年1月），拓跋珪有诏宣扬汉承尧统，贬低吴楚僭伪，其实就是以汉室自比，用服天命与

---

① 关于北魏德运问题研究，可参见康乐：《从西郊到南郊——国家祭典与北魏政治》，台北：稻禾出版社，1995年，第192—195页；［日］川本芳昭著，邓红、牟发松译：《关于五胡十六国北朝时代的"正统"王朝》，殷宪、马志强：《北朝研究（第二辑）》，北京：北京燕山出版社，2008年，第77—99页；何德章：《北魏国号与正统问题》，《历史研究》1992年第3期，第113—125页；罗新：《十六国北朝的五德历运问题》，《中国史研究》2004年第3期，第47—56页；孙险峰：《空间与时间：北魏宇宙观与政治文化研究》第五章《五行思想：土德的时空论》，博士学位论文，郑州：郑州大学，2016年，第141—166页。

② 魏收：《魏书》卷一○八之一《礼志一》，第2734页。

重人事来解释拓跋入主中原的合法地位。[①] 不过以当时拓跋部族对汉文化的接受程度而言，拓跋珪还无法从根本上解决这种矛盾，只能选择避谈北魏与汉魏晋或北魏与十六国的承绪关系，而直取传说[②]，即如之后崔浩所言，"昔太祖道武皇帝，应天受命，开拓洪业，诸所制置，无不循古"[③]。回避与托古可能是北魏早期最合适的选择。

当然，宣扬拓跋部族为黄帝后裔从而消除统治者与被统治者的族属差异，并非一纸诏书就能解决。田余庆在推测《代歌》《代记》与《魏书·序纪》的关系时留意到邓渊的作用，认为他是帮助道武帝向文治迈步的重要人物之一。[④] 道武帝拓跋珪克定中原，邓渊入魏为著作郎、吏部郎，而且邓渊"明解制度，多识旧事"，与崔玄伯"参定朝仪、律令、音乐；及军国文记诏策，多渊所为"[⑤]。天兴元年（398）

---

① 魏收：《魏书》卷二《太祖纪》，第37页。

② 关于这一观点，可参见李书吉对十六国晚期法系的有关研究。李书吉认为"在十六国后期已经出现了一股复古主义潮流，其特征是从更遥远时代的制度上寻找出路"，见李书吉：《北朝礼制法系研究》，北京：人民出版社，2002年，第24页。李书是从制度层面探讨十六国北朝对汉晋制度的修正，而笔者以为从文化接受程度论，这一现象确实存在。

③ 魏收：《魏书》卷三五《崔浩传》，第822页。

④ 田余庆：《〈代歌〉、〈代记〉和北魏国史——国史之狱的史学史考察》，载氏著：《拓跋史探（修订本）》，北京：生活·读书·新知三联书店，2011年，第210—221页。

⑤ 魏收：《魏书》卷二四《邓渊传》，第635页。

北魏建置诸事时，邓渊就曾受命参与制度创设，天兴三年十二月（401年1月）诏令中，拓跋珪也明确提出"《春秋》之义，大一统之美"①，而《魏书·邓渊传》载："太祖诏（邓）渊撰《国记》，渊造十余卷，惟次年月起居行事而已，未有体例。"② 则邓渊纂修《国记》，应视为拓跋部族国家政权建置完善的一个环节。饶宗颐总结"正统论"时曾指出："治史之务，原本《春秋》，以事系年，主宾旷分，而正闰之论遂起。欧公谓'正统之说，始于《春秋》之作'是矣。正统之确定，为编年之先务，故正统之义，与编年之书，息息相关，其故即在此也。"③ 由此可见，拓跋珪诏邓渊所撰编年体性质的《国记》，正是北魏正统观念所指。如果《魏书·序纪》确为邓渊《国记》，则其中相关内容当与崔玄伯土德提议一脉相承。

《魏书·序纪》记载拓跋氏渊源时提及："昔黄帝有子二十五人。……昌意少子，受封北土，国有大鲜卑山，因以为号。……黄帝以土德王，北俗谓土为托，谓后为跋，故以为氏。"④ 日本学者川本芳昭就认为："以黄帝为始祖的思想及其拓跋部落的名称紧密相连，这大概是伴随着北魏称霸中

---

① 魏收：《魏书》卷二《太祖纪》，第37页。
② 魏收：《魏书》卷二四《邓渊传》，第635页。
③ 饶宗颐：《中国史学上之正统论》，第3页。
④ 魏收：《魏书》卷一《序纪》，第1页。

原而制造出来的神话。"① 邓渊依托拓跋部族传说组织真人代歌，可能是这套说辞的最早创造者，不过黄帝后裔说法的大范围确认，似乎可推延至北魏太武帝太平真君四年（443）。拓跋焘命中书侍郎李敞前往先祖故居之地诣石室告祭天地，以皇祖先妣配，并作《嘎仙洞祝文》，祝文所言"启辟之初，祐我皇祖，于彼土田。历载亿年，聿来南迁。应受多福，光宅中原。惟祖惟父，拓定四边"② 诸语，无不表明拓跋部族的先祖崇拜意识，追述祖先"于彼土田""聿来南迁"正与黄帝后裔"受封北土"对应，相当于通过定位祖先遗迹为明确先祖提供佐证。而有趣的是，这次祭祀祖先石室的发现者，是去代都四千五百余里乌洛侯国使者③，北魏则是代表中原文化的较文明一方。从某种意义上说，嘎仙洞石室在告祭之前的真实性也值得思考④，不过无论是否为太平真君年间所伪造，此事与令邓渊纂修《国记》一样，表明北魏政权初期对正统模糊又迫切的追求。

道武帝拓跋珪时北魏尚为北方地区众多政权势力之一，

---

① ［日］川本芳昭著，邓红、牟发松译：《关于五胡十六国北朝时代的"正统"王朝》，载《北朝研究（第二辑）》，第82页。

② 米文平：《鲜卑石室的发现与初步研究》，《文物》1981年第2期，第2页。

③ 魏收：《魏书》卷一〇八之一《礼志一》，第2738页。

④ 参见罗新：《民族起源的想象与再想象——以嘎仙洞的两次发现为中心》，《文史》2013年第2期，第15—21页。

而到太武帝拓跋焘时，北魏已逐渐控制了北方大部分区域。统治区域与地域形势的变化自然引发北魏统治政策的调整，从拓跋政权统治者的诸多措施中，可发现北魏对中原文化的接纳和重视程度不断增高，尤其是神䴥四年（431）九月以崔浩为司徒之后，如当月的征士诏令就称："今二寇摧殄，士马无为，方将偃武修文，遵太平之化，理废职，举逸民，拔起幽穷，延登俊义，昧旦思求，想遇师辅……"① 以此推断，拓跋焘极有可能不满足于祖辈提出的"黄帝后裔"而为土德的解释。何德章认为北魏所居的土德是曹魏土德，其判断依据中有清河崔氏起于汉末、发迹于曹魏一条，"崔宏家族不仅与曹魏的历史关系密切，所谓'汉魏衣冠'也正是包括他在内的汉族士人在十六国时期引以为自豪的根据"，主张称"魏"，"反映了北方汉族人士恢复汉魏制度文化的理想"。② 然而细究崔玄伯与其子崔浩所处的时代背景，似乎以上论断中将崔宏改为崔浩更为合适。或者说，可能崔氏为代表的北方士族一直有恢复汉魏文化的心愿，但更有可能在北魏统治地域扩大至北方更广范围的太武帝时由崔浩运作更为合理。崔浩首先是"北魏拓跋部族为黄帝后裔"言论的支持者，他向拓跋焘推荐寇谦之时曾提及："斯诚陛下侔踪轩

---

① 魏收：《魏书》卷四上《世祖纪上》，第79页。

② 何德章：《北魏国号与正统问题》，《历史研究》1992年第3期，第116页。

黄，应天之符也，岂可以世俗常谈，而忽上灵之命。"[1]"侔踪轩黄"顺应了拓跋焘的心意，才有太平真君年号之改。那么崔浩有无可能提出越晋续魏呢？早在明元帝泰常年间崔浩对东晋形势就有判断，刘裕北伐，崔浩称其"奋臂大呼而夷灭桓玄，北擒慕容超，南摧卢循等，僭晋陵迟，遂执国命。裕若平姚而还，必篡其主，其势然也"[2]。而到泰常三年（418），天象有变，彗星入紫宸，崔浩解释称："僭晋卑削，主弱臣强，累世陵迟，故桓玄逼夺，刘裕秉权。彗孛者，恶气之所生，是为僭晋将灭，刘裕篡之之应也。"[3] 其后果然应验。刘裕篡晋，以晋为正统基础，应当是北魏强化承继曹魏土德解释的诱因。崔浩作为北魏谋主，极有可能在其"僭晋"认识上更进一步，补充完善了早期崔宏、邓渊的提法。把拓跋政权作为承汉曹魏的延续，是釜底抽薪之计，不仅否认东晋江左政权，更否认西晋存在的正统性，则刘裕政权代晋自立的法理系统根基不存。可以说，当时由崔宏提出，今人何德章所用以论断北魏为曹魏之魏的理由，在太武帝时比道武帝时表现得更为充分，与现实更相符合。

不过，对于北魏是否存在过延续曹魏土德的说法，有学者持否定态度。罗新从五行相生的角度，以孝文帝时德运讨

---

① 魏收：《魏书》卷一一四《释老志》，第3052页。

② 魏收：《魏书》卷三五《崔浩传》，第810页。

③ 魏收：《魏书》卷三五《崔浩传》，第811—812页。

论中高闾的言论分析，认为此前北魏土德并非曹魏土德，而是承秦火德而形成的土德。罗新认为论辩双方中当有一方代表旧的观点，故有此判断[①]。那么，对于孝文帝太和十四年（490）的德运讨论，有无可能双方所提观点都是新的呢？诏书所称"异同之论，著于往汉，未详之说，疑在今史"[②]，正是讨论德运的目的所在。依高闾所言，汉曾有水德、土德、火德三种不同解释，他认同火德之后的德运次序为魏承汉，晋承魏，赵承晋，燕承赵，秦承燕，依次为土、金、水、木、火，秦为火德，秦亡天命归魏，故皇魏为土德，土德一说"考氏定实，合德轩辕"[③]。他强调，"又秦赵及燕，虽非明圣，各正号赤县，统有中土，郊天祭地，肆类咸秩，明刑制礼，不失旧章"，"非若龌龊边方，僭拟之属，远如孙权、刘备，近若刘裕、道成，事系蛮夷，非关中夏"，"今若并弃三家，远承晋氏，则蔑中原正次之实。存之无损于此，而有成于彼；废之无益于今，而有伤于事"[④]。再看另一方李彪、崔光所论：魏"祖黄制朔，绵迹有因。然此帝业，神元为首"[⑤]。这是针对高闾所言"平文之庙，始称'太

---

① 罗新：《十六国北朝的五德历运问题》，《中国史研究》2004年第3期，第52—56页。

② 魏收：《魏书》卷一〇八之一《礼志一》，第2744页。

③ 魏收：《魏书》卷一〇八之一《礼志一》，第2745页。

④ 魏收：《魏书》卷一〇八之一《礼志一》，第2745页。

⑤ 魏收：《魏书》卷一〇八之一《礼志一》，第2746页。

祖'"①，可见双方在开国肇基之祖的认识上就有不同，而这种差异实为政权起始时间的区别界定，关键点在北魏与西晋的关系认识上，李彪、崔光认为"司马祚终于郏鄏，而元氏受命于云代"②，即魏的天命来源于晋。可以说，这是孝文帝时文化自信的表现，与开国之初以"魏"易"代"已大不相同。另外，李彪等认为"自有晋倾沦，暨登国肇号，亦几六十余载，物色旗帜，率多从黑。是又自然合应，玄同汉始"，"岂可异汉之承木，舍晋而为土耶？"③可见"越恶承善"是双方共同的取舍方式。但在如何对待北方少数民族政权的存在问题上，双方产生了分歧，不同于高闾正视北方政权，李彪、崔光认为"刘、石、苻、燕，世业促褊，纲纪弗立"，"欲次兹伪僭，岂非惑乎？"④关于这次德运顺序的讨论，实质是北魏历史自觉意识的体现，所要解决的问题，正是北魏早期历史及与它之前政权的关系问题，而在字里行间似乎隐约可见，除了西晋，北魏确实也肯定曹魏的中夏正统地位。

需要补充的是，罗新在解释高闾所言"秦承燕"时，认为后者是魏人观点，"如同汉人多次重新排定秦以前的世次

---

① 魏收：《魏书》卷一〇八之一《礼志一》，第2745页。
② 魏收：《魏书》卷一〇八之一《礼志一》，第2746页。
③ 魏收：《魏书》卷一〇八之一《礼志一》，第2746页。
④ 魏收：《魏书》卷一〇八之一《礼志一》，第2746页。

历运，北魏前期可能也曾经对十六国时期的中原各政权进行了历运排定"[①]，那么同理，李彪、崔光所言刘、石、苻、燕为僭伪的观点，亦有可能是北魏早期的观点，然而如此推断，则讨论双方都有可能持旧的观点，北魏早期的德运次序可能更为复杂。在没有更新证据出现的情况下，对北魏早期德运次序的判断似乎应采取保守的态度。抛开讨论的具体内容，仅就北魏早期土德存在诸多可以展开的解释而言，正可体现拓跋政权在成长壮大过程中地位与心态的变化。而到孝文帝太和十五年（491）最终将北魏土德改为承晋金德的水德，意味着北魏已经有足够强大的文化信心与历史自觉来处理内部统治与应对南方政权。从这个意义上说，无论北魏如何解释土德以及变土德为水德，这种在政权统治中需要应对的问题及其解决措施，正是北魏拓跋政权独有的一类官方史学活动。

三、诏修国史

北魏国号、德运的确立与转变，表面上看是政治行为，实际上也是史学活动的一种表现，而且往往与纯粹的史学活

---

① 罗新：《十六国北朝的五德历运问题》，《中国史研究》2004年第3期，第54页。

动——纂修国史，密不可分。一方面，讨论国号与解释德运是对自身历史的总结，纂修国史也是如此。另一方面，参与两类史学活动的主体大致包括了同一批人。之所以前文中不厌其烦地将北魏国号与德运的变动作一推敲，是因为在这些活动中有不可忽略的重要问题。拓跋部族统治阶层作为内迁的鲜卑民族，自身的中原文化水平并不高，无论是政权建置还是维系统治，除了必要的武力之外，离不开北方汉族文士的帮助。而前论北魏的官方史学活动，正是拓跋部族与北地文士合作的产物，在时局变化中，北魏逐渐接纳甚至利用中原文化的成果，北方汉族文士也由消极对抗变为主动接受，甚至在孝文帝时期热衷于为北魏谋取正统地位。这种转变在北魏国史纂修活动中就有体现[①]。国史纂修恰是政治决议的史学落实。

道武帝天兴年间（398—404），曾诏令邓渊纂修国史，《魏书·邓渊传》载修史一事在邓渊从征平阳之后，北魏征平阳，当指发生在道武帝天兴五年（402）"积谷于平阳之乾壁"[②]应对后秦姚兴来侵之事，五月姚兴弟姚平犯境，北魏失平阳，七月道武帝亲征，后围姚平于柴壁，姚兴来救未成，最终十月北魏大破后秦。可以说，柴壁之战是北魏后秦攻防

---

① 有关北魏国史纂修基本史实，可参见牛润珍：《北魏史官制度与国史纂修》，《史学史研究》2009年第2期，第16—29页。

② 魏收：《魏书》卷二《太祖纪》，第39页。

实力转变的关键一战，后秦再难克制北魏，北魏继平定后燕慕容后，在北方势力继续扩张。而且之后，北魏道武帝时期未有大战，邓渊受命著史，则当是北魏拓跋珪出于"追思既往成败得失"①，总结自己功业的需要。可能邓渊史才有限，成书体例不够完善，结果并不令人满意，天赐四年（407）又因和跋案牵连被诛，北魏首次国史纂修活动也就不了了之。道武帝晚年为政昏乱，虐杀朝臣，明元帝即位，"永兴之始，社稷几危"②，故拓跋嗣统治期间"隆基固本，内和外辑"③，这段时间未有纂修国史之举。太武帝拓跋焘即位后北魏国力渐盛，纂修国史才被重提，神麚二年（429），太武帝"诏集诸文人撰录国书，浩及弟览、高谠、邓颖、晁继、范亨、黄辅等共参著作，叙成国书三十卷"④。这是北魏第二次组织纂修国史，不过此后北魏征战不断，神麚三年（430）抗击刘宋北伐，神麚四年（431）灭夏赫连氏，太延二年（436）灭北燕冯氏，太延五年（439）灭北凉沮渠氏。作为重要谋主，起码崔浩不会有充裕的稳定环境进行纂修，而且所有参与纂修者称文人而非专职史官，只是对邓渊所撰体例未成、太宗一朝废而不述的协作补充，成书质量也就可想而知。

---

① 魏收：《魏书》卷二《太祖纪》，第44页。
② 魏收：《魏书》卷三五《崔浩传》，第812页。
③ 魏收：《魏书》卷三《太宗纪》，第64页。
④ 魏收：《魏书》卷三五《崔浩传》，第815页。

北魏早期的两次国史纂修，更多表现为主动总结历史的意识，但其成书结果并不理想，故太延五年（439）太武帝再次下诏修史。《魏书·崔浩传》载：

> 乃诏浩曰："昔皇祚之兴，世隆北土，积德累仁，多历年载，泽流苍生，义闻四海。我太祖道武皇帝，协顺天人，以征不服，应期拨乱，奄有区夏。太宗承统，光隆前绪，厘正刑典，大业惟新。然荒域之外，犹未宾服。此祖宗之遗志，而贻功于后也。朕以眇身，获奉宗庙，战战兢兢，如临渊海，惧不能负荷至重，继名丕烈。……而史阙其职，篇籍不著，每惧斯事之坠焉。公德冠朝列，言为世范，小大之任，望君存之。命公留台，综理史务，述成此书，务从实录。"①

直到北凉灭亡，拓跋焘完成统一黄河流域大业，基本平定了中国北方地区，由此纂修国史彰其功业的意图更为强烈。太武帝时期两次诏令纂修国史，差别明显。首次仅记载召集文人共参著作，这次则明确记录了诏修史书的背景、原因，而且明确了史官的主次职责。拓跋焘回顾祖父功绩及未竟事业，为"继名丕烈"，故征战四方并最终成就显赫武功。但是前次诏修国史成果并不如意，太武帝担心不能在史著中留

———————
① 魏收：《魏书》卷三五《崔浩传》，第823页。

下功名，他在此不仅表达了对史学功用的认知，也反映了一定的总结历史的史学自觉意识。另外，与前次协同无主导人不同，这次修史由崔浩监秘书事，综理史务，"以中书侍郎高允、散骑侍郎张伟参著作，续成前纪"①。崔浩还招用了宗钦、段承根、阴仲达等人②。考察此次修史之人，或为河北俊逸，如高允、张伟，即太武帝神䴥四年（431）所征"贤俊之胄"，他们"冠冕州邦，有羽仪之用"③。或为灭凉所获儒士，而凉州区域是永嘉之乱之后北方汉儒学术传统的保存之地，也算华夏传统文化代表。④ 其实包括前次参与著史之人，身份来历不外北魏征伐所获北地文士，抑或其后裔。拓跋焘平定北方后纂修本朝国史，在这些学者选用上可谓颇有用意。一方面，拓跋鲜卑部族上层虽对汉文化的接纳程度不断提高，但本部族仍未出现可用的修史之才；另一方面，拓跋统治者作为征服者，北地文士作为具体实施的史家，北魏国

---

① 魏收：《魏书》卷三五《崔浩传》，第824页。

② 魏收：《魏书》卷五二《宗钦传》载："崔浩之诛也，钦亦赐死。"可知宗钦也参与了这次修史，见第1157页。同书卷五二《段承根传》载："司徒崔浩见而奇之，以为才堪注述，言之世祖，请为著作郎，引与同事。"（第1158页）。同书卷五二《阴仲达传》载："司徒崔浩启仲达与段承根云，二人俱凉土才华，同修国史。除秘书著作郎。"（第1163页）

③ 魏收：《魏书》卷四上《世祖纪上》，第79页。

④ 陈寅恪分析隋唐制度渊源之一的河西一支提道："西晋永嘉之乱，中原魏晋以降之文化转移保存于凉州一隅，至北魏取凉州，而河西文化遂输入于魏。"参见陈寅恪：《隋唐制度渊源略论稿》，第4页。

史纂修活动与其说是为了总结历史，不如说是为了争夺华夏文化之正统。

道武帝、太武帝时尚须诏令指派纂修国史，而到孝文帝时，则有史臣主动提出建议，这可认为是北魏汉化成果为北地文士认可的表现。随着拓跋部族对中原文化的认同，北魏到孝文帝改革时，拓跋鲜卑已不断弱化自身少数民族的文化特质；经历了代替变迁，北方世族对拓跋政权的认同感逐渐增多，从生存角度言双方排斥的情况也在消失。同时，北魏官方史学经过几代人的发展，尤其是遭受了崔浩"国史案"挫折停滞后再度复兴，华夏传统史学的文化内核赖高允而未断，史官的史学修养与政治敏锐也在不断加强，主动请修国史正体现了当时史官的自觉史识。太和十一年（487），秘书监李彪与秘书令高祐共同上表称：

臣等闻典谟兴，话言所以光著；载籍作，成事所以昭扬。然则《尚书》者记言之体，《春秋》者录事之辞。寻览前志，斯皆言动之实录也。夏殷以前，其文弗具。自周以降，典章备举。史官之体，文质不同；立书之旨，随时有异。至若左氏，属词比事，两致并书，可谓存史意，而非全史体。逮司马迁、班固，皆博识大才，论叙今古，曲有条章，虽周达未兼，斯实前史之可言者也。至于后汉、魏、晋咸以放焉。①

史著编撰体裁历来为史家讨论的热点问题②，李彪与高祐请修国史之议也由此开篇，这是针对北魏此前所撰国史均为编年体而发，即"自成帝以来至于太和，崔浩、高允著述国书，编年序录，为春秋之体，遗落时事，三无一存。彪与秘书令高祐始奏从迁固之体，创为纪传表志之目焉"③。李、高论述了编年与纪传各自的优劣所在，编年"存史意，而非全史体"，纪传"虽周达未兼，斯实前史之可言者"，从总结历史角度看，他们更倾向选择纪传体来彰扬本朝功业，即如其所言："自王业始基，庶事草创，皇始以降，光宅中土，宜依迁固大体，令事类相从，纪传区别，表志殊贯，如此修缀，事可备尽。"正因孝文帝一朝以来北魏局面更胜从前，但"秘府策勋，述美未尽。将令皇风大猷，或阙而不载；功臣懿绩，或遗而弗传"。所以，他们上表请修纪传体国史的目的就在于弥补未能将北魏统治阶层功业"备著载籍"的遗憾④。孝文帝为这番说辞打动，于十二月诏令史臣李彪、崔光改析《国记》为纪传体。不过此次修史主要人员李彪、崔光

---

① 魏收：《魏书》卷五七《高祐传》，第1260页。

② 参见刘知幾：《史通》卷二《二体》，浦起龙通释，吕思勉评，李永圻、张耕华导读整理，上海：上海古籍出版社，2008年，第21—26页。

③ 魏收：《魏书》卷六二《李彪传》，第1381页。

④ 魏收：《魏书》卷五七《高祐传》，第1260页。

等均有他职在身，"故载笔遂寝，简牍弗张"①，成书效果恐怕也不理想。

从北魏一朝来看，官方组织纂修国史活动有迹可循者达八次之多，这种现象可从两个角度分析：一是可能历次均未能达成满意，故不得不逐次再修；二是北魏确实形成了良好的总结历史的传统，历史材料得以长期积累，为北齐魏收编撰《魏书》打下了坚实的基础。另外，北魏官方历次纂修国史活动都有北地文士参与，而且从被动变为主动。唯有河阴之变后，綦儁、山伟等"诣说上党王天穆及尔朱世隆，以为国书正应代人修缉，不宜委之余人，是以儁、伟等更主大籍"②。此时北魏政权衰微，所谓官方史学活动也名存实亡，另当别论。

总之，作为政治活动一部分的北魏官方史学实践活动，可以说实现了北魏正统观念下史著编纂的历史价值，以下一事即可略见。《魏书》中关于拓跋部族为黄帝后裔的说法不仅在《序纪》中有载，而且在《魏书·卫操传》载："桓帝崩后，操立碑于大邗城南，以颂功德，云：'魏，轩辕之苗裔。'"③桓帝拓跋猗㐌当时只不过是晋室的羁縻藩属，并无"魏"的国号，故此文必是后来史官所改，而且当在北魏认

---

① 魏收：《魏书》卷六二《李彪传》，第1395页。

② 魏收：《魏书》卷八一《山伟传》，第1794页。

③ 魏收：《魏书》卷二三《卫操传》，第599页。

同黄帝后裔这一言论期间所改。有趣的是，记载于魏收所撰《魏书》中的这套从北魏流传至东魏北齐的说辞，已成为后世史家自然运用的史料。《资治通鉴》记载孝文帝改拓跋为元姓的诏书中载："北人谓土为拓，后为跋。魏之先出于黄帝，以土德王。故为拓跋氏。夫土者，黄中之色，万物之元也；宜改姓元氏。"① 从某种程度上可以说，北魏拓跋部族确实通过史学活动"洗白"了自己少数部族的身份，以后世长远眼光回看北魏争正统的举措，拓跋政权确实取得了实践成功。北魏官方史学自发端就与政治活动紧密相连，从最初借鉴历史经验到对自身部族历史总结，从宣扬统治者显赫武功到借助史学活动争夺正统，可以说文化与政治双重属性纠葛下的官方史学活动构成了北魏独有的史学特征。于此，则更不能遗漏北地文士特别是其中的史官所起的历史作用。

---

① 司马光编著：《资治通鉴》卷一四〇"齐明帝建武三年正月"条，第4393页。

第二节 | 维系统绪的南朝官方史学

南朝不同于北方北魏政权逐渐扩展统一的历史，自晋室南迁，江左政权历次禅代，统治疆域却越来越小，晋末宋初最大，其后河南、淮北之地为北魏所侵，虽有反复，但总的趋势是南朝处于保守收缩之势。前章论述正统之争时就已提及地域争夺，依宋代欧阳修《正统论》所云："正者，所以正天下之不正也；统者，所以合天下之不一也。"[①] 正统所含文化、地理两端，南朝地理一直处于正统论争弱势一方，故不得不多强调中原传统文化之延续。文化延续基于政权禅代的合理，而南朝官方史学活动的诸多表现正与披着天命外衣

------

① 欧阳修著，李逸安点校：《欧阳修全集》卷一六《正统论上》，北京：中华书局，2001年，第267页。

的政治变革有关。

一、记注前朝

自刘宋取代东晋，天命转移的禅代模式在江左地域再现。刘裕起家于对抗桓玄篡位，之后灭南燕、伐后秦，在东晋末年衰乱中个人声望达到极致。元熙二年（420）晋帝司马德文下退位禅代诏书，让帝位于宋王，自言："桓玄之时，天命已改，重为刘公所延，将二十载。今日之事，本所甘心。"[①] 臣属上表劝进，刘裕推让一番，又有太史令骆达"陈天文符瑞数十条"，群臣又固请，刘裕从之。[②] 从这些记载来看，天象符瑞所应天命实为不可缺少的说辞。骆达所陈之事《宋书·符瑞志》有载，如"太白星昼见经天"，"日有蚀之凡四，皆蚀从上始"，彗星"芒扫帝坐"，"五虹见于东方"，"四黑龙登天"等，皆应晋衰宋兴之象。其中几条到唐时《建康实录》中仍有保留，可见后世亦采信此说[③]。《符瑞志》中除记天象之外，还有刘裕应天受命的其他物象异事

---

① 沈约：《宋书》卷二《武帝纪中》，第46页。

② 沈约：《宋书》卷二《武帝纪中》，第48页。

③ 许嵩：《建康实录》卷一一《宋高祖武皇帝》，张忱石点校，北京：中华书局，1986年，第388页。

符瑞①。有关刘裕发迹过程中的诸多神异之事，已有学者做过梳理研究②。这些符瑞记载中最著名的，是刘裕北伐后秦期间法义嵩山得瑞事件，此事发生在义熙十三年（417）七月，当时刘裕已向后秦长安逼近。不过刘裕出征取得成果之后未做巩固反而南归，结合义熙十二年（416）刘裕临行之际获封宋公来看，可以认为这次北伐行动不过为谋个人声名，这点前引崔浩之论已见，夏赫连勃勃的谋臣王买德也称："刘裕灭秦，所谓以乱平乱，未有德政以济苍生。关中形胜之地，而以弱才小儿守之，非经远之规也。狼狈而返者，欲速成篡事耳，无暇有意于中原。"③北方政权作如此论断，说明刘裕篡晋一事已是半公开的秘密，那么嵩山之瑞的关键就如冀州沙门法称对其弟子所言，"嵩皇神告我云，江东有刘将军，是汉家苗裔，当受天命"④，强调的正是"天命所归"。刘裕是否真的信服这些说辞难以考证，不过假借符谶行事当是他的一贯做法，如《晋书·安帝纪》载："初谶云'昌明之后有二帝'，刘裕将为禅代，故密使王韶之缢帝而立恭帝，以应二帝云。"⑤倘若此事为真，则为刘裕主动应谶之举，由

---

① 沈约：《宋书》卷二七《符瑞志上》，第783—786页。

② 参见王永平：《略论宋武帝刘裕"微时多符瑞"及其原因》，《黑龙江社会科学》2014年第6期，第142—149页。

③ 房玄龄等撰：《晋书》卷一三○《赫连勃勃载记》，第3208页。

④ 沈约：《宋书》卷二七《符瑞志上》，第784页。

⑤ 房玄龄等撰：《晋书》卷一○《安帝纪》，第267页。

此可见晋宋禅代之际，天命理论应当具有相当规模的社会影响力。而如王永平所论，"刘裕之出身门第、文化修养尚不如此后的齐、梁萧氏，而其代晋受禅又为长期门阀统治下的'首创'，这种个人身份与社会传统的双重压力，迫使刘裕及其集团大肆制造神异祥瑞"①。一方面是社会层面的思想认可，另一方面是个人投机的政治需要，在这种相互作用的情况下，靠武力取得人望的刘裕不得不在文化方面多加用力，史著记载的大量天命符瑞也就可以得到解释。

与北魏关于族属来源需要历史解释一样，天命符瑞的文化运作同样需要有史家史著的历史书写支撑。当然，南北区别在于北魏先祖遥远，近世又瓜葛不清，因此更关注当下本朝；而南朝政权禅代延续，则需对前后鼎革的脉络进行梳理构建，并且首先需要解决的就是控制前朝史著的书写。毕竟南方传统文化的延续不同于北方少数民族政权，不需要经历排斥、接受进而学习利用的反复纠结。北方政权特别是拓跋鲜卑建立的北魏，作为进入中原地区的后来者，掌握纂修历史的整套系统需要时间磨合，而在南方政权，撰述史著本就是顺理成章的政治行为与政治要求。早在刘裕掌权东晋时期，可能就已经有模糊的认识。义熙二年（406），徐广

---

① 王永平：《略论宋武帝刘裕"微时多符瑞"及其原因》，《黑龙江社会科学》2014年第6期，第149页。

受敕撰史，缘于尚书之奏："臣闻左史述言，右官书事，《乘》《志》显于晋、郑，《阳秋》著乎鲁史。自皇代有造，中兴晋祀，道风帝典，焕乎史策。而太和以降，世历三朝，玄风圣迹，倏为畴古。臣等参详，宜敕著作郎徐广撰成国史。"[①] 从表面上看，徐广此次纂修国史似乎是东晋官方史学活动的一种，但不可忽略义熙年间刘裕于东晋朝廷的影响力，而且据《宋书·徐广传》载："义熙初，高祖使撰《车服仪注》，乃除镇军咨议参军，领记室。"[②] 徐广入仕之后职官基本都是文书一类，历次服务于司马元显、桓玄、刘裕等权臣府属，以司马元显录尚书时欲使百僚致敬为例，徐广受命立议，虽内心愧恨却无能为力，可见作为执笔之臣在上层权势变动中只能是被动者，服务于当权者的命运并不会因内心的不满发生改变。由此推知，徐广受命纂修晋朝国史发生于义熙年间，当与刘裕有所关联。义熙十二年（416），徐广撰成《晋纪》四十六卷，上呈之后获迁秘书监。徐广之书已经散佚，其内容无从考证，不过以徐广于刘裕受禅之时的言行判断，恐怕他并未归心于宋，而且之后他也拒绝仕宋，大概并未实现襄助刘裕帝业之功。徐广答谢晦时称："身与君不同。君佐命兴王，逢千载嘉运；身世荷晋德，实眷恋故

---

① 沈约：《宋书》卷五五《徐广传》，第1548页。

② 沈约：《宋书》卷五五《徐广传》，第1548页。

主。"① 以入宋之后徐广仍得善终论，则徐广应是以"蹈忠履正，贞士之心；背义图荣，君子不取"② 的形象载于史籍，这也从侧面反映了前文推断刘裕所需可能真的存在，只是未能得偿所愿。

依沈约史论所评，"高祖无周世累仁之基，欲力征以君四海，实须外积武功，以收天下人望。……然后可以变国情，惬民志，抚归运而膺宝策"③。就刘宋政权而言，大概除了"外积武功"外，还得补充内修文饰一条。刘裕称帝不足三年病亡，其长子刘义符即位之后不亲政事，被刘裕所定顾命大臣徐羡之等废黜诛杀，刘义隆被迎立为帝。然而刘义隆不愿受制于大臣擅行摆布，亲政之后反过来逐次剪除了徐羡之、傅亮、谢晦等人。元嘉三年（426）五月，宋文帝刘义隆下诏"遣大使巡行四方"④，皇帝权柄在握，监控地方，政权历经动荡后重归稳定，刘宋天命得以延续。刘义隆诏令秘书监谢灵运撰《晋书》及命中书侍郎裴松之注陈寿《三国志》两事大致就发生在元嘉三年前后，这种时间上的巧合有必要引起注意。《宋书·谢灵运传》载："太祖登祚，诛徐羡之等，征为秘书监，再召不起，上使光禄大夫范泰与灵运

---

① 沈约：《宋书》卷五五《徐广传》，第1549页。
② 房玄龄等撰：《晋书》卷八二《徐广传》"史臣曰"，第2159页。
③ 沈约：《宋书》卷四八《朱龄石等传》"史臣曰"，第1431—1432页。
④ 沈约：《宋书》卷五《文帝纪》，第75页。

书敦奖之，乃出就职。使整理秘阁书，补足遗阙。又以晋氏一代，自始至终，竟无一家之史，令灵运撰《晋书》，粗立条流。书竟不就。寻迁侍中，日夕引见，赏遇甚厚。"[1] 谢灵运本性"纵放为娱"，"为性褊激，多愆礼度"，入宋以后"朝廷唯以文义处之，不以应实相许。自谓才能宜参权要，既不见知，常怀愤愤"[2]。刘义符在位期间，谢灵运因为刘裕次子刘义真赏识而被徐羡之等人一并排挤，刘义真曾言得志之日以灵运为宰相[3]。但刘义真被害，则谢灵运已无晋升可能。宋文帝刘义隆再次启用谢灵运，"唯以文义见接，每侍上宴，谈赏而已"，应该仅是利用其世家名望，抬高朝堂的社会地位。然而谢灵运本人恃才傲物，"既自以名辈，才能应参时政，初被召，便以此自许"，当发现自己没有得到期许的重视时，则"意不平，多称疾不朝直"[4]。这种"日夕引见，赏遇甚厚"与"意不平"之间的心理反差，只会造成君臣之间的嫌隙，谢灵运终因其品性缺陷引发的不检行为被当权者利用致死。由谢灵运入宋之后经历回视刘义隆诏令谢灵运纂修晋史一事，大致可作如下判断，刘义隆最初目的当与刘裕类似，谢灵运晋室旧臣加上南方望族的身份，倘若能

---

① 沈约：《宋书》卷六七《谢灵运传》，第1772页。

② 沈约：《宋书》卷六七《谢灵运传》，第1753页。

③ 沈约：《宋书》卷六一《庐陵孝献王义真传》，第1636页。

④ 沈约：《宋书》卷六七《谢灵运传》，第1772页。

为晋宋禅代之后又经历政局动荡平复的刘宋政权服务，则刘宋天命所归的政局更为稳定。尽管谢灵运自称"虽乏相如之笔，庶免史谈之愤"①，但他又确实在《劝伐河北书》中大肆歌颂了一番刘宋开国之主与当朝帝王：

自中原丧乱，百有余年，流离寇戎，湮没殊类。先帝聪明神武，哀济群生，将欲荡定赵魏，大同文轨，使久渝反于正化，偏俗归于华风。运谢事乖，理违愿绝，仰德抱悲，恨存生尽。况陵茔未几，凶虏伺隙，预在有识，谁不愤叹。

……

晋武中主耳，值孙皓虐乱，天祚其德，亦由钜平奉策，荀、贾折谋，故能业崇当年，区宇一统。况今陛下聪明圣哲，天下归仁，文德与武功并震，霜威共素风俱举，协以宰辅贤明，诸王美令，岳牧宣烈，虎臣盈朝，而天威远命，亦何敌不灭，矧伊顽虏，假日而已哉。伏惟深机志务，久定神谟。②

可以说，作为文笔之臣，谢灵运的政治态度是端正的，应该符合刘义隆的预期。但是谢灵运终归难以文笔之臣自居，只愿选择"蒙赐恩假，暂违禁省"③，从这个角度讲，"书竟不

---

① 沈约：《宋书》卷六七《谢灵运传》，第1774页。
② 沈约：《宋书》卷六七《谢灵运传》，第1772、1774页。
③ 沈约：《宋书》卷六七《谢灵运传》，第1774页。

就"，刘义隆的目的同样未能实现。

学界对裴松之《三国志注》的研究已是一个较为成熟的领域①，无论是对裴松之及其注的学术价值的探讨，还是对裴注体例、引书、史学思想等具体问题的考察，都表明这些研究领域在不断拓展加深，不过似乎也呈现出一种主要从学术史意义上研究的取向。② 张瑞龙的论断可视为此研究视角的集中总结，这是对逯耀东从史学独立与汉晋间经注转变影响角度考察裴注学术地位的推进。他认为，裴松之及其注的直接学术渊源是"对魏晋以来史学研究和史书注释成果的承袭和总结，并集此方面研究之大成"；从间接学术渊源来说，"是史注在突破其所脱胎的经注研究范式的同时，继承和发扬了经注研究范式的优长之处"③，包括以事解经和以义解经。对裴注的学术史地位研究确有必要，但某一学术的发展演变，并非只有学术内在理路的因素，其外在社会、

----

① 参见陈健梅、伍野春：《裴松之及其〈三国志注〉研究述评》，《中国史研究动态》2004年第2期，第2—6页；王嘉川、刘春红：《二十世纪以来〈三国志注〉研究述评》，《南京晓庄学院学报》2011年第4期，第27—33、122页。

② 如胡宝国从史学史的角度解释裴注出现原因时提及经学影响的消退，不过在最近的修订本中，他本人已有所反思，认为"在裴松之的时代出现了重视'事'，重视知识的风气"可能才是根本原因。参见胡宝国：《汉唐间史学的发展（修订本）》，第69—90页。

③ 张瑞龙：《从经注与史注的变奏看裴松之〈三国志注〉的学术史地位》，《史学月刊》2004年第6期，第98—100页。

文化背景同样不可忽略。就裴松之注《三国志》一事言，在肯定裴注的史学成果前提下，需要明确的是，史籍中并未记录这是裴松之自觉的史学意识体现，反而这一官方史学活动是在宋文帝要求之下展开的，"上使注陈寿《三国志》，松之鸠集传记，增广异闻，既成奏上"①。或者说，裴注的成功是其史学修养中技术与能力的成功，但应把握其直接动因是刘宋统治者的需求。依裴松之在《上三国志注表》中所言，陈寿《三国志》"铨叙可观，事多审正"，"然失在于略，时有所脱漏"。而裴注中大量的"臣松之以为"与"臣松之案"，除去极少数直接表达裴松之个人史学认知的言论，多数是综合所引史著对陈书史实的真实性作出判断，包括从撰史笔法上判断事件的真伪，即其所言"奉旨寻详，务在周悉"，"补其阙""备异闻""惩其妄"。②逯耀东以为"裴松之的本意是在追求历史的真相"，"他所表现的是相当固执的"，并举《宋书·裴松之传》中《上禁断私碑表》中裴松之"显彰茂实"之言为证。③从这个角度上讲，"使采三国

---

① 沈约：《宋书》卷六四《裴松之传》，第1701页。

② 裴松之：《上三国志注表》，陈寿撰，裴松之注：《三国志》附录，北京：中华书局，1964年，第1471页。

③ 逯耀东：《裴松之与〈三国志注〉》，载氏著：《魏晋史学的思想与社会基础》，北京：中华书局，2006年，第243—248页。

异同以注陈寿《国志》"① 最终呈现为刘知幾所评价的"喜聚异同，不加刊定"，"坐长烦芜"，② 其起因可能只是为了满足宋文帝对三国时期历史知识的了解，即"降怀近代，博观兴废"③，而且三国事关汉、晋，再联系裴松之曾著《晋纪》、续修国史、撰《元嘉起居注》等事，作为史官的裴松之当被宋文帝寄予厚望，所以注成之后才有"不朽"的高度评价。可以说，认为裴注客观上保存了史料的评价，其实就隐含了刘宋统治者需要了解相关历史知识的前提，只是这点在深入研究中容易被忽略。

读史知世，之所以在前贤研究基础上大胆猜测刘宋一朝在撰述前朝史方面的诸多尝试，是因为刘宋不仅为南朝齐、梁提供了可资借鉴的政治活动范本，还提供了包括禅代文书、符瑞记载、史著纂修在内的各类官方史学活动的具体操作空间。南朝自刘宋始，实际上是刘宋打破了江左司马政权与世家大族制衡合作的门阀统治时代，次等士族与次等武人的势力起伏，使得后继王朝在总结前朝历史经验教训的基础上更为重视中央皇权的强大。就总结历史知识、诏令纂修

---

① 裴松之：《上三国志注表》，陈寿撰，裴松之注：《三国志》附录，第1471页。

② 刘知幾：《史通》卷五《补注》，第96页。

③ 裴松之：《上三国志注表》，陈寿撰，裴松之注：《三国志》附录，第1471页。

前朝史角度而言，在官方史学活动的主题上，南朝宋、齐、梁三朝相似之处颇多。沈约撰著《宋书》与梁武帝敕吴均撰《通史》，应当都有这方面的动因。此外，《宋书·符瑞志》与《南齐书·祥瑞志》的出现，表明南朝利用天命思想维系政权禅代连续性的活动已具有系统性，"圣帝哲王，咸有瑞命之纪"，"若夫衰世德爽，而嘉应不息，斯固天道茫昧，难以数推。亦由明主居上，而震蚀之灾不弭；百灵咸顺，而悬象之应独违。"[①] 前后鼎革的转变过程通过带有神秘色彩的符瑞提前显现预示，正是新政权在处理前朝史事与当朝新立时重要的史学手段。当下已无法确知当时的国史著述中是否有此类内容，但流传至今的前朝史著述中保留了明确的天命转移记载，恰可以理解为南朝时期前朝史撰述的内在动力与史著连续不断的贯穿线索。

二、断限争议

关注前朝历史与掌握前朝史纂修主导权，并不是南朝官方史学活动的最终目的。如前所论，以维护正统观念为核心的南朝官方史学，禅代问题是不可避免的主题。为论述方便，禅代问题可以分为三个部分，首先是对前朝的盖棺论

定，其次是前朝本朝天命之转化接续，最后是本朝的赫赫功业。在实际的史著编纂中，天命转移的内容几乎不会单列成书，而是分别在另外两项中对应撰述，于前朝史中必有暴虐不得民心、天文灾异频现之类的记载，于当朝国史中则为异象祥瑞符兆与救世民心所向。对纂修史著的主体史家而言，其中最难处理的部分在于如何定位本朝开国者在前朝的事迹，以及本朝国史的时间起点从何界定。然而，留存至今的史著中并无南北朝时期当朝国史，《宋书》《魏书》《南齐书》三部正史均为后朝所修前朝史，虽然与前朝国史撰述之间存在较为清晰的继承关系，但并不能简单地以这三部史著的体例讨论南北朝时期国史纂修体例的一些问题，较为可信的材料应是史著所载当时朝臣对国史断限的议论。

刘宋王朝自建立之初就重视历史经验，不过对本朝国史的纂修起步较晚。据《宋书·徐爰传》载："先是元嘉中，使著作郎何承天草创国史，世祖初，又使奉朝请山谦之、南台御史苏宝生踵成之。六年，又以爰领著作郎，使终其业。爰虽因前作，而专为一家之书。"[1]刘宋国史自文帝元嘉十六年（439）何承天始，直到孝武帝时徐爰领著作才初具面貌，"爰因何、苏所述，勒为一史，起自义熙之初，讫于大明之末"①。相比裴松之、谢灵运等人的政治地位，何、山、苏等人的史官身份更为明确。国史初创者何承天，东海郯人，徐广为其舅。何承天亲身经历了晋宋鼎革，入宋后以尚书祠部郎官职与傅亮共撰朝仪，其学识得到上层认可。不过何承天转归谢晦谋士，政治生涯历经动荡，其后仕途又为尚书仆射殷景仁所阻。直到元嘉十六年（439），才"除著作佐郎，撰国史"②。与此同时，刘宋立儒、玄、史、文四学，何承天教授史学。何承天身兼传授历史知识与纂修本朝国史两重责任：一方面说明刘宋初期统治者对历史知识的重视进而产生总结自身的意识；另一方面也表明刘宋立国时间短暂，本朝史尚无太多可撰述的内容。后一点从何承天的撰述成果中也可旁证，沈约《自序》称："宋故著作郎何承天始撰《宋书》，草立纪传，止于武帝功臣，篇牍未广。其所撰志，唯《天文》《律历》，自此外，悉委奉朝请山谦之。"③何承天应诏纂修国史时已年届七十，其后转太子率更令，著作如故，元嘉十九年（442）国子学立后又领国子博士，迁御史中丞。就何承天个人言他更钟情于历法推算，可能更多精力耗费于《天文》《律历》志书方面，对国史主体贡献有限。何承天卒于元嘉二十四年（447），之后裴松之也曾被诏续成何

---

① 沈约：《宋书》卷一〇〇《自序》，第2467页。

② 沈约：《宋书》卷六四《何承天传》，第1704页。

③ 沈约：《宋书》卷一〇〇《自序》，第2467页。

承天书，不过"其年终于位，书则未遑述作"①。而在元嘉后期，刘氏宗族的内斗势必为国史纂修增加复杂性，在此情况下，何承天的继任者山谦之与苏宝生所做也多为材料准备工作②，山谦之孝建初"诏撰述，寻值病亡，仍使南台侍御史苏宝生续造诸传，元嘉名臣，皆其所撰。宝生被诛，大明中，又命著作郎徐爰踵成前作"③。可以说，真正对刘宋国史纂修作出系统论述与贡献的正是徐爰。

徐爰，本名瑗，字长玉，南琅邪开阳人。徐爰出身寒微，不过"便僻善事人，能得人主微旨。颇涉书传，尤悉朝仪"。宋文帝元嘉初便"入侍左右，预参顾问，既长于附会，又饰以典文"。宋孝武帝大明时，"委寄尤重，朝廷大礼仪注，非爰议不行，虽复当时硕学所解过人者，既不敢立异议，所言亦不见从"。④徐爰品行才能与刘宋帝王需要称得

① 许嵩：《建康实录》卷一四《宋太宗明皇帝》，第558页，不过时年记为"十六年"。《文苑英华》卷七五四引裴子野《宋略·总论》记为元嘉二十六年。学界一般以《宋书·裴松之传》所记裴松之元嘉二十八年卒为准。

② 山谦之为史学生，苏宝生也出自国子学，当均为何承天生徒之属。山谦之，"元嘉二十年，太祖将亲耕，以其久废，使何承天撰定仪注。史学生山谦之已私鸠集，因以奏闻"。沈约：《宋书》卷一四《礼志一》，第354页。苏宝生，"本寒门，有文义之美。元嘉中立国子学，为毛诗助教，为太祖所知，官至南台侍御史，江宁令"。沈约：《宋书》卷七五《王僧达传附苏宝生传》，第1958页。

③ 沈约：《宋书》卷一〇〇《自序》，第2467页。

④ 沈约：《宋书》卷九四《恩幸·徐爰传》，第2310页。

上一拍即合，自然得以掌控权势。当然，徐爰自身亦有一定学识，其所修之书能被称为"一家之书"，从其请议国典的上表中可见一二：

臣闻虞史炳图，原光被之美，夏载昭策，先随山之勤。天飞虽王德所至，终陟固有资田跃，神宗始于俾乂，上日兆于纳揆。其在《殷颂》，《长发》玄王，受命作周，实唯雍伯，考行之盛则，振古之弘轨。降逮二汉，亦同兹义，基帝创乎丰郊，绍祚本于昆邑。魏以武命《国志》，晋以宣启《阳秋》，明黄初非更姓之本，泰始为造物之末。又近代之令准，式远之鸿规，典谟缅邈，纪传成准，善恶具书，成败毕记。然余分紫色，滔天泯夏，亲所芟夷，而不序于始传，涉、圣、卓、绍，烟起云腾，非所诛灭，而显冠乎首述，岂不以事先归之前录，功偕著之后撰。

伏惟皇宋承金行之浇季，钟经纶之屯极，拥玄光以凤翔，秉神符而龙举，剽定鲸鲵，天人伫属。晋禄数终，上帝临宋，便应奄膺纮宇，对越神工，而恭服勤于三分，让德迈于不嗣，其为巍巍荡荡，赫赫明明，历观逖闻，莫或斯等。宜依衔书改文，登舟变号，起元义熙，为王业之始，载序宣力，为功臣之断。其伪玄篡窃，同于新莽，虽灵武克殄，自详之晋录。及犯命干纪，受戮霸朝，虽揖禅之前，皆著之宋策。①

---

① 沈约：《宋书》卷九四《恩幸·徐爰传》，第2308—2309页。

此表开篇即言史著对于颂扬当朝功业的作用，同时强调虽有天命所成，亦须史著加以确认，由此引发对王朝禅代时期历史记载的处理问题。徐爰引过去所修魏、晋前朝史为例，在他看来，魏之黄初、晋之泰始，虽为两朝立国称帝之后的首个年号，但"魏以武命《国志》，晋以宣启《阳秋》"，在有关曹魏与西晋的史著撰述中，一个王朝的功业始自创业者，即开国之后追封的魏武帝曹操、晋宣帝司马懿，王朝首位称帝者享用延续的是创业者的既有成果。而对于那些与开创者生活年代相近的、处于前朝末年且被消灭的称雄割据势力，抑或是存在竞争关系的其他权臣，应当归于前朝史记载范围，在本朝国史中自然要弱化其历史地位，即徐爰所言"事先归之前录，功偕著之后撰"。因此对承继晋室的刘宋而言，国史撰述应自"王业之始"，即始于刘裕作为晋室功臣的义熙年间。而在刘裕功业起点中被消灭的桓玄，他的事迹应归属前朝之事，但有关刘裕应天符瑞一类，即便发生在霸朝（霸府）时期，也应载入本朝国史。这里有一点值得注意，在徐爰的认知里，似乎前朝史与本朝史是不加区分的，仅有前后撰著时间的区别。他要讨论的是国史纂修体例，而所举成例却是后人所修前朝史《三国志》与《晋阳秋》，那么相通之处只能是这两者共同的官方史学特性，即史著中贯彻的统治阶层意志。

徐爰作为宠臣权臣提出"国典体大，方垂不朽，请外详议，伏须遵承"①，可见如何处理国史撰述的时间起点与开国帝王刘裕的功业事迹确实兹事体大，尚须"内外博议"，而参与讨论的有太宰江夏王义恭、散骑常侍巴陵王休若、尚书金部郎檀道鸾、太学博士虞龢等数人。关于国史时间起点的意见有三种：元兴三年（刘裕起义兵伐桓玄）、义熙元年（刘裕败桓玄，复立晋帝）与宋公元年（即义熙十二年刘裕获封宋公之年），虽有不同，但都明确在刘裕称帝改元永初之前，可见徐爰提议中所提以"王业之始"为国史之始的看法在当时是普遍认知，区别仅是到底哪个时间点算"王业之始"。最终，由孝武帝拍板刘宋国史撰述起点依徐爰之议"起元义熙"。不过他就徐爰意见的一点提出了不同看法，而且是内外朝臣讨论时没有提及的问题，即对桓玄事迹的处理。徐爰所议其实包括两个问题，确如今人徐冲在研究中所阐发的，可视为"起元"与"开国群雄传"两项，即时间问题和人物取舍问题。② 而群臣只讨论了"起元"问题，只有孝武帝对桓玄地位作出了界定。孝武帝认为"项籍、圣公，编录二汉，前史已有成例"，也就是说按照东汉纂修国史的

① 沈约：《宋书》卷九四《恩幸·徐爰传》，第2309页。

② 参见徐冲：《中古时代的历史书写与皇帝权力起源》"单元一""单元二"，第1—116页。徐冲所作研究为史学史与政治史的推进提供了很好的范本，不过由于当时的断代国史史料缺失，立意推测与过度解读并不能形成令人确信的结论，这点可参见何德章对徐冲研究的评价。何德章：《评〈中古时代的历史书写与皇帝权力起源〉》，《中国史研究》2016年第1期，第189—196页。

体例，项羽与刘玄作为刘邦、刘秀称帝立国的竞争对手且最后为刘邦、刘秀所灭，已被载于东汉国史之中，那么《桓玄传》也应该在刘宋国史中体现。从这点来看，刘宋皇室的自我定位确如东晋末帝所言，"桓玄之时，天命已改"[1]，桓玄的角色仍要延续汉魏以来的撰述传统，与陈涉、刘玄、董卓、袁绍等人一道作为失败者形象存在，成为新王朝创业功绩簿上的一笔。徐爰认为此类人不宜在传中首叙，是对以往国史撰述体例的反对，而他赞同的是前朝时国史撰述中对时间界定的体例。细究起来，似乎群臣只是在既有规范下作了细节的讨论，只有作为近臣的徐爰大胆地提出了对"余分紫色"的看法，其实可以理解，不同于时间界定只涉及对开国高祖的功业颂扬，毕竟桓玄身份敏感特殊，不是群臣可以随意置喙的话题。这也反映了臣下与统治者心思意识的层次不同，最终体现为臣属的唯诺恭顺与帝王的独断膨胀，似乎正是中国古代政治社会人治的鲜明特征。

而且更有意思的是，据传孝武帝还曾亲自撰写了臧质、鲁爽、王僧达等人的传记。[2] 孝武帝刘骏以剪除元凶刘劭之功得登帝位，而臧质、鲁爽、刘义宣等人正是奉刘骏为主的讨逆义军主力。而据《宋书·臧质传》所载，刘骏践位之前臧

---

[1]　沈约：《宋书》卷二《武帝纪中》，第46页。

[2]　《宋书·自序》："至于臧质、鲁爽、王僧达诸传，又皆孝武所造。"第2467页。

质就有异心，之后更是借机怂恿刘义宣取而代之，不过叛乱很快被平定，以此判断，孝武帝一朝时臧质、鲁爽叛逆身份无疑。王僧达也为类似的叛逆身份，而且与前任撰史者苏宝生巧合的是都因高阇叛乱一事被诛。① 唐燮军等人在考察孝武帝期间刘宋官方出现递相编纂国史的热潮时指出，孝武帝刘骏"加强了对已然显学化的史学的干预，有意藉重修国史以进一步建构其统治的合法性"②。从某种程度上说，臧、王等人与桓玄作为失败者都是刘宋帝王成就功业的垫脚石，显然刘骏不仅从国史体例上明确了对这类人物的处理方式，还亲自为国史纂修提供了一定的范本参考，甚至在刘骏的国史版本中，可能远比沈约《宋书》中《臧质传》等展示的史料更为极端，沈约就曾提到，已有的记载刘宋历史的著述存在的弊端有"事属当时，多非实录，又立传之方，取舍乖衷，进由时旨，退傍世情，垂之方来，难以取信"③。

---

① 沈约：《宋书》卷七五《王僧达传》，第1958页，"上以其终无悛心，因高阇事陷之"，称王僧达"曾无犬马感恩之志，而炎火成燎原之势，涓流兆江河之形，遂唇齿高阇，契规苏宝，搜详妖图，觇察象纬"。

② 卞梁、唐燮军：《从徐爰〈宋书〉到沈约"新史"的转变》，《史学史研究》2015年第4期，第26页。钟庆宏、唐燮军：《徐爰〈宋书〉之撰及其后续动向》一文与此文内容完全一致，《文艺评论》2015年第12期，第143—147页。类似研究论断还可参见唐燮军：《史家行迹与史书构造——以魏晋南北朝佚史为中心的考察》第四章《政情异动、文化管控与南朝前期刘宋国史的编纂热潮》，第81—88页。

③ 沈约：《宋书》卷一〇〇《自序》，第2467页。

由徐爰所议引发的刘宋国史纂修体例讨论，直观展示了自汉魏开启的禅代故事背后所隐藏的种种史著处理问题。徐爰在讨论史著体例时没有区别前朝史与国史，但在考虑内容取舍方面实际上已经明确了两者的差异，当然徐爰的举例方式为后人考辨历史增添了一层迷雾。为了方便论述，大致可将徐爰的议题分为体例的与内容的两个层面，徐爰看似提议调整体例，实质是讨论由时间、人物等具体内容的调整而引发的体例变化。徐爰的提议为孝武帝所阻，则徐爰纂修的刘宋国史，自然服从了孝武帝刘骏的意志，可以推断，徐爰所提议的将桓玄事迹纳入前朝史著述中的设想并未实现，那么实际上刘宋的史著撰述仍是延续汉魏以来的国史撰述成例。沈约《自序》中还有一段记载可为佐证：

臣今谨更创立，制成新史，始自义熙肇号，终于升明三年。桓玄、谯纵、卢循、马、鲁之徒，身为晋贼，非关后代。吴隐、谢混、郗僧施，义止前朝，不宜滥入宋典。刘毅、何无忌、魏咏之、檀凭之、孟昶、诸葛长民，志在兴复，情非造宋，今并刊除，归之晋籍。[①]

这里可以明确，沈约撰述前朝史时加以剔除的内容，正是刘

---

① 沈约：《宋书》卷一○○《自序》，第2467页。

宋国史中留存的群雄记载。这或可视为当朝国史与前朝史在
著述内容上的区别，而据沈约所言，则在时间起点判断上，
他所修刘宋史遵从了刘宋时期国史的时间划定，这也印证了
在修史体例上南朝史著的延续性，引发讨论变动的只有具体
内容中人物素材的调整。徐冲所推断的"禅让前起元——开
国群雄传"的联动体制在刘宋国史撰述中可能并不存在，或
者说，徐冲的纠结与思考忽略了狭义的"国史"，即当朝国
史，与后朝所修前朝史的界限。他以留存至今的后者的内容
去辨析当时史家关于本朝国史撰述的体例讨论，极有可能是
南辕北辙不得其门而入。本篇所用"断限"一词，应当也仅
止于内容上的讨论，即包括国史撰述中对时间起点的确定与
对政权开创者等人物事迹功业的处理。就汉魏以来的禅让故
事而言，自然会涉及前朝旧事，因此当时的国史体例讨论必
然是一并考虑了前朝史撰述的体例，如果存在一种联动机
制，则只能是本朝国史撰述与本朝如何撰述前朝史的联动，①
甚至可以说，这种联动因贯彻同一统治意志而采用同样的纂
修体例。至于时间的确定与人物的取舍，均是这个框架之下
的细节问题，"起元""为断"之类提法与人物传记是否撰

---

① 如田丹丹以《南史·周朗传附周舍传》中的一段材料判断萧衍之父萧
顺之的事迹当在萧梁国史之中，《南齐书》无作为臣子的萧顺之传得到解释。
参见田丹丹：《萧梁太祖追认与历史书写》，《学术探索》2014年第6期，第
115—118页。

写，自然该被纳入国史纂修或前朝史纂修中分别考量，而不能混为一谈，同时，若将"群雄"换为"霸府""霸朝"[①]，则更易理解汉魏南朝史著纂修中人物处理的微妙。

最后，以齐高帝萧道成时关于国史纂修体例的讨论对南朝史著纂修中断限问题作一补充。《南齐书·檀超传》载："建元二年，初置史官，以超与骠骑记室江淹掌史职。上表立条例，开元纪号，不取宋年。封爵各详本传，无假年表。立十志……以建元为始。帝女体自皇宗，立传以备甥舅之重。又立《处士》《列女传》。"[②] 事关重大，萧道成也诏内外详议，左仆射王俭认为："宜立《食货》，省《朝会》。《洪范》九畴，一曰五行。五行之本，先乎水火之精，是为日月五行之宗也。今宜宪章前轨，无所改革。又立《帝女传》，亦非浅识所安。若有高德异行，自当载在《列女》，若止于常美，则仍旧不书。"[③] 秘书丞袁彖认为"夫事关业用，方得列其名行。今栖遁之士，排斥皇王，陵轹将相，此偏介之行，不可长风移俗，故迁书未传，班史莫编"[④]，反对设《处士传》。萧齐的这次国史体例讨论，也有时间确定问

① "霸朝""霸府"概念可参见陶贤都《魏晋南北朝霸府与霸府政治研究》前言中的界定，长沙：湖南人民出版社，2007年，第1—7页。

② 萧子显：《南齐书》卷五二《文学·檀超传》，第891页。

③ 萧子显：《南齐书》卷五二《文学·檀超传》，第891—892页。

④ 萧子显：《南齐书》卷四八《袁彖传》，第834页。

题，但群臣的讨论没有涉及，反而集中于檀超设想的新志与传。最终齐高帝萧道成下诏："日月灾隶《天文》，余如俭议。"[1] 也就是说，檀超的设想中只有日月灾入《天文志》被统治者认可，其他则如王俭所议，遵照之前做法不做改革。由此可见，在传统史学发展过程中，史官可能有个人的史学修养与撰述体例设想，但在官方史学活动中，实际仍以统治者的意志为准，而统治者出于维护稳定统治的需要，更倾向于在隐含着顺应天命以维系正统延续的思想指导下，于国史纂修时采取沿袭旧制的做法，这从前引三处相关记载中可以明确。当然，每位统治者的具体意志可能不一，但基于利用史著宣扬当朝的功能，以有利于当下统治作为断限争议的评判标准，这一思维方式在魏晋南朝时期应该是一贯的。值得一提的是，北魏孝文帝太和以后，在涉及纪传体国史纂修体例讨论时，这种评判标准在北方政权中也有体现，如北齐国史纂修时"取平四胡之岁为齐元"的讨论[2]，似乎可被视为南北朝后期官方史学发展特征合流的趋向。

至于对前朝史撰述体例的讨论，按照刘宋时徐爰的讨论

---

① 萧子显：《南齐书》卷五二《文学·檀超传》，第892页。

② 参见牛润珍：《齐史断限与平四胡之岁——刘节先生〈中国史学史稿〉正误一例》，《中国人民大学学报》2000年第4期，第110—112页；徐冲：《"取平四胡之岁为齐元"：北齐国史的"禅让前起元"》，载氏著：《中古时代的历史书写与皇帝权力的起源》，第29—41页。

可以推测宋修晋史中不会留有关于刘宋立国以前的群雄，晋初的群雄是否列于宋修晋史中因相关证据不足无从判断。不过齐梁之际沈约所撰前代史《宋书》中虽无宋前群雄记载，却有沈攸之一类可称得上齐前群雄的传记，但是萧齐国史中是否有同样人物传记也无法判断。钱大昕据前引沈约《自序》判断徐爰之书"盖沿陈寿、范蔚宗之例，而沈约非之。自后南北八史列传，只述开国功臣，胥用沈法。至新、旧《唐书》乃复遵两汉之例，以李密、王世充等列于功臣传之前矣。"[1] 如依钱大昕所论，沈约当为南朝改变前朝史纂修体例的开始，可惜与萧齐当朝国史纂修体例是否冲突也无证据。这里可以引用何德章评论徐冲研究之语："就所谓'开国群雄'来说，是记录在前朝史书，还是记录在后朝史书中，之所以成了问题，应该与政权创立初期的特征有很大的关系。"[2] 由于面临不同的政治现实，自然需要考量撰述对象的不同选择，不过南朝时期这些特征与史著的关系由于当前史料的缺失，只能留待将来学者进一步研究。

---

① 钱大昕：《廿二史考异》卷二四《宋书二》，上海：上海古籍出版社，2004年，第421页。

② 何德章：《评〈中古时代的历史书写与皇帝权力起源〉》，《中国史研究》2016年第1期，第194页。

三、史立为学

一般认为，以《隋书·经籍志》中史部著作与《汉书·艺文志》中《春秋》类著作进行比较，可见史书种类与数量明显增多，这是魏晋南北朝史学史发展的时代特征之一。目录学意义上的"史部"独立自魏晋之际荀勖《中经簿》甲乙丙丁四部之丙部"史记、旧事、皇览簿、杂事"①，至《隋书·经籍志》"经、史、子、集"四部之一，即"班固以《史记》附《春秋》，今开其事类，凡十三种，别为史部"②。然而史书获取独立门类的区分资格，并不能称为"史学独立"。"史学"一词的出现，大致在东晋初十六国后赵政权时期，石勒建社稷、立宗庙，于制度创设中有立学官一项，"署从事中郎裴宪、参军傅畅、杜嘏并领经学祭酒，参军续咸、庾景为律学祭酒，任播、崔濬为史学祭酒。"③"史学"与"经学""律学"并举，成为教学活动的一个门类。这个意义上的"史学"指的应是历史知识教育，在南朝史籍中有同样含义的另一条记载，即《宋书·雷次宗传》中所言："元嘉十五年，征次宗至京师，开馆于鸡笼山，聚徒教

① 魏徵等撰：《隋书》卷三二《经籍志一》，第906页。
② 魏徵等撰：《隋书》卷三三《经籍志二》，第993页。
③ 房玄龄等撰：《晋书》卷一〇五《石勒载记下》，第2735页。

授，置生百余人。会稽朱膺之、颍川庾蔚之并以儒学，监总诸生。时国子学未立，上留心艺术，使丹阳尹何尚之立玄学，太子率更令何承天立史学，司徒参军谢元立文学，凡四学并建。"①依"国子学未立，上留心艺术"之言，儒、玄、史、文四学设立，标志着南朝刘宋学术教育的规范。刘宋立国之初就曾下令设置太学，永初三年（422）诏称："古之建国，教学为先，弘风训世，莫尚于此，发蒙启滞，咸必由之。故爰自盛王，迄于近代，莫不敦崇学艺，修建庠序。"②正是由于以往"学校荒废，讲诵蔑闻"，刘裕才要求"选备儒官，弘振国学"③。然而"永初受命，宪章弘远……而频遭屯夷，未及修建。……今方隅乂宁，戎夏慕向，广训胄子，实维时务。便可式遵成规，阐扬景业"④。《宋书·隐逸·雷次宗传》中周续之、雷次宗等人正是在这样的时代背景下为刘宋帝王延请讲经授学，甚至统治者还为其设馆招徒。雷次宗就曾"为皇太子诸王讲《丧服》经"，因其不愿入公门，更特"使自华林东门入延贤堂就业"⑤。宋文帝元嘉十九年（442），国子学得以兴复，由四学变为国子学，换一个视角

①　沈约：《宋书》卷九三《隐逸·雷次宗传》，第2293—2294页。
②　沈约：《宋书》卷三《武帝纪下》，第58页。
③　沈约：《宋书》卷三《武帝纪下》，第58页。
④　沈约：《宋书》卷五《文帝纪》，第89页。
⑤　沈约：《宋书》卷九三《隐逸·雷次宗传》，第2294页。

理解，说明四学只是国子学未确立之前的临时教育设置，国子学出现之后，儒、玄、文、史等教学内容，当重新纳入常规的国子学之内。继国子学之后的刘宋总明观的学科设立可为佐证：宋明帝泰始六年（470），"以国学废，初置总明观，玄、儒、文、史四科，科置学士各十人"[1]。史立为学，丰富了"史"的含义，虽然这个"史学"与今学者研究的史学还差许多，但历史知识教育的学科明确，[2] 表明现代意义上的史学概念在魏晋南北朝时期前进了一大步。

　　史籍著述自出现就具有的鉴戒教化功能，在魏晋南北朝时期更为重视强化。由于各方政权割据混战，社会动荡，安稳的学术环境不复存在，学术传统虽有保留，但与两汉时期经学处于独尊地位相比，此时经学地位已发生改变。经学衰微，原先依附于经学的史学、文学等有了相对独立的自由发展空间。这应该是文、史、经诸科并立的社会背景与学术渊源。对史学、文学于经学的分离与独立，学界早有探讨。逯耀东指出，两汉时期通常认为诗赋出于孔子诗教，是宣传人伦政教的工具，不为一般正统经学家重视，故当东汉儒家思想失去其权威地位后，文学会脱颖而出迅速走向独立。而史

---

　　① 萧子显：《南齐书》卷一六《百官志》，第315页。

　　② "史学"用以指历史知识，可参见《南齐书》卷三九《陆澄传》"时东海王摛，亦史学博闻，历尚书左丞"，第686页；卷五二《文学·王逡之传附王珪之传》珪之"有史学，撰《齐职仪》"，第903页。

学在两汉时期完全附翼于经学之下，至少在东汉中期以前，史仍保存其执笔撰书之人的原始意义，关于史学的独立概念还未形成，或者说视《春秋》为史之大源，史为经之附庸。直到汉末魏晋时期"经史"并举，史学才提高到与经学同等地位，与经学一样成为教授与学习的对象。这一时期大量史书注解的出现，正是为了适应史学脱离经学的独立过程。之后两晋时期文士合流，魏晋时期的"文史"成为一般学术的代名词。逯耀东由研究裴松之《三国志注》在史学脱离经学进程中的关键作用，进而指出宋文帝元嘉中分设儒、玄、史、文四学是肯定四种学术并存的价值。[①] 胡宝国认为魏晋南北朝时期史学的发展，就其与经学、文学的关系而言，大致经历了前后相承的两个阶段：晋代的经、史分离与南朝的文、史分离。[②] 他总结西晋以后的变化，称"'经史'一词的出现、目录分类的变化、教育中史学科目与经学科目的分别设置都反映出史学确实是独立了"[③]。他同时指出，虽然史学与经学分离了，但经学对史学还有很大的影响。"正是古文经学的繁荣以及随之而来的今古文之争的结束才为史学的发

---

① 参见逯耀东：《经史分途与史学评论的萌芽》，载氏著：《魏晋史学的思想与社会基础》，第178—182页。

② 参见谢保成主编：《中国史学史》第三编第五章《经史之学与文史之学》，北京：商务印书馆，2006年，第437—465页。

③ 胡宝国：《经史之学》，载氏著：《汉唐间史学的发展（修订本）》，第31页。

展打开了缺口"，"经史"并用不仅意味着两者的分离，也意味着经史仍有密切关系。[①]"文章"包括"史"的认识一直到南北朝仍可见到，但更多场合下南朝人的认识有了明显变化，"文史"并用与"经史"类似，不过从发展趋势来看，分离是主要方面，且是文学的进一步独立迫使史学不得不随之独立。[②] 前贤已将经、史、文的分离过程作了精彩的述论，这里仅补充一点稍显不同的看法。《文选序》中论及选文标准将"记事之史，系年之书"刨除，与《隋书·经籍志》对史部的定义类似，这只能作为魏晋南北朝以来诸科分离的定位基准，在这个意义上可以探讨经、史、文的不同，却不能称为学术意义上学科独立的标志，学术划分本就是一项人为的属类界定，且在魏晋南北朝时期，三者的区别更像是教学内容与撰述内容的侧重，而不是学术体系上的截然不同。

王永平认为，皇权政治往往提倡儒学，刘宋统治时期皇权集中与强化，重视儒学是其文化上的表现。[③] 实际上，刘宋统治者在学术文化上，可能更偏好文艺一端，所谓"晋世以玄言方道，宋氏以文章闲业，服膺典艺，斯风不纯，

---

① 胡宝国：《经史之学》，载氏著：《汉唐间史学的发展（修订本）》，第47页。

② 胡宝国：《文史之学》，载氏著：《汉唐间史学的发展（修订本）》，第48—68页。

③ 参见王永平：《刘宋时期门第寒微学人群体之兴起及其原因考论》，《学习与探索》2015年第1期，第149—160页。

二代以来，为教衰矣"①，甚至在经、文、史学术意义尚未明确区分，仅是教学分科的晋宋时期，官学仍以经典儒学为主要教授内容，史、文的应用性需求远高于其学术需求，也就是说，中央官学担负着为统治阶层输送人才的责任，或是培养符合统治者喜好需求的文士弄臣。《颜氏家训·涉务》所言"国之用材"提及六类，其中"一则朝廷之臣，取其鉴达治体，经纶博雅；二则文史之臣，取其著述宪章，不忘前古"②，与《梁书》姚察所言"二汉求贤，率先经术；近世取人，多由文史。二子之作，辞藻壮丽，允值其时"③，恐怕就是这种情况的写照。除去儒学经典的思想指导地位，南朝的文史之学中，史立为学，从历史知识教育角度讲，是统治者看中历史经验在维护统治过程中所起参考借鉴作用；而从史学发展角度看，只因史著的前项作用，即便如胡宝国所言文重于史的时代④，仍有撰史需求，教授历史知识甚至培养撰史人才自然是官方史学活动的一部分。

北魏的历史知识教育虽没有出现"史学"字样，但于儒学中涉及史学知识的记载也不少见，且因拓跋政权为少数

---

① 萧子显：《南齐书》卷三九"史臣曰"，第686页。

② 颜之推：《颜氏家训·涉务》，王利器：《颜氏家训集解（增补本）》卷四，第381页。

③ 姚思廉：《梁书》卷一四"姚察曰"，第258页。

④ 有关重文轻史的论述可参见胡宝国《文史之学》中"文重于史"一节，载氏著：《汉唐间史学的发展（修订本）》，第64—68页。

部族入中原后建立，史学教育在北方呈现为家学传承与"经史"并称的特点。前文提及，北魏华夏文化的发展，有赖收拢汉人士族，其中又以凉地文士与"平齐民"为主，当然后者直到北魏孝文帝在位时期才真正发挥文化作用。北魏文士刘昞入魏前在敦煌时，弟子受业者就有五百余人。刘昞著录颇丰，其中史学著作多卷，如"昞以三史文繁，著《略记》百三十篇、八十四卷"[①]。他的助教索敞"专心经籍，尽能传昞之业"，索敞入魏之后为中书博士，京师大族贵游之子"多所成益，前后显达，位至尚书牧守者数十人，皆受业于敞。敞遂讲授十余年"[②]。可见民间学术传承已对统治上层产生影响。再如平齐民中清河房法寿族子房景先，"幼孤贫，无资从师，其母自授《毛诗》《曲礼》"[③]。其母崔氏"性严明高尚，历览书传，多所闻知。子景伯、景先，崔氏亲授经义，学行修明，并为当世名士"[④]。房景先后为刘芳、崔光称赞，参修国史。从这些迁代士人的经历中均可见其家学教育的影响。特别是到北魏中后期汉化改革期间，随着政治地位提高得以复兴的青齐大族崔光等，迁代士人后裔的身份被重新利用，于学术文化的影响力也不断扩大。陈寅恪就特别

---

① 魏收：《魏书》卷五二《刘昞传》，第1160页。

② 魏收：《魏书》卷五二《索敞传》，第1162页。

③ 魏收：《魏书》卷四三《房法寿传附房景先传》，第978页。

④ 魏收：《魏书》卷九二《列女·房爱亲妻崔氏传》，第1980页。

指出北方家学传统对文化延续的作用①。而在北方，家学、私学的教学内容主要是儒家经典，其中就包括《春秋》，如李孝伯之父李曾"少治《郑氏礼》《左氏春秋》，以教授为业"②；士人李璧"少好《春秋左氏传》，而不存章句，尤爱马、班两史，谈论事意，略无所违"③。另外，史籍中关于这一时期士人的评价多为"博综经史""涉猎经史""学涉经史"一类，而且参与北魏政事的士人多举历史经验为北魏完善制度作参考，由此可以判断他们接受的教育中应当包括历史知识。

这种知史重史之风在北魏宗室也有体现，如宣武帝时李彪之女被召为婕妤，"在宫，常教帝妹书，诵授经史"④。宗室元飏墓志有言："优游典谟之中，纵容史籍之表。"⑤从学

---

① 陈寅恪于《隋唐制度渊源略论稿》中称："河陇一隅所以经历东汉末、西晋、北朝长久之乱世而能保存汉代中原之学术者，不外前文所言家世与地域之二点，易言之，即公立学校之沦废，学术之中心移于家族，太学博士之传授变为家人父子之世业，所谓南北朝之家学者是也。又学术之传授既移于家族，则京邑与学术之关系不似前此之重要。当中原扰乱京洛丘墟之时，苟边隅之地尚能维持和平秩序，则家族之学术亦得藉以遗传不坠。刘石纷乱之时，中原之地悉为战区，独河西一隅自前凉张氏以后尚称治安，故其本土世家之学术既可以保存，外来避乱之儒英亦得就之传授，历时既久，其文化学术遂渐具地域性质。"第22—23页。

② 魏收：《魏书》卷五三《李孝伯传》，第1167页。

③ 《李璧墓志》，见赵超：《汉魏南北朝墓志汇编》，天津：天津古籍出版社，2008年，第118页。

④ 魏收：《魏书》卷六二《李彪传附李志传》，第1399页。

⑤ 《魏故使持节冠军将军燕州刺史元使君墓志铭》，载赵超：《汉魏南北朝墓志汇编》，第75页。

习到评价，拓跋鲜卑在拉近与北地文士的文化距离。而最能体现这种风气的则是元魏宗室亲自著史的尝试，任城王元澄子元顺，曾撰《帝录》二十卷，他十六岁通《杜氏春秋》，"于时四方无事，国富民康，豪贵子弟，率以朋游为乐，而顺下帷读书，笃志爱古"①。彭城王元勰则"敏而耽学，不舍昼夜，博综经史，雅好属文"，"敦尚文史，物务之暇，披览不辍。撰自古帝王贤达至于魏世子孙，三十卷，名曰《要略》"。② 以元顺、元勰所撰史著名称来看，极为重视维护北魏皇室利益，可见拓跋部族上层汲取历史知识的认识不弱于一般北地文士。《魏书·儒林传》载："高祖钦明稽古，笃好坟典，坐舆据鞍，不忘讲道。刘芳、李彪诸人以经书进，崔光、邢峦之徒以文史达，其余涉猎典章，关历词翰，莫不縻以好爵，动贻赏眷。于是斯文郁然，比隆周汉。"③ 这段描述虽有夸张，但北魏从上到下的学术传承与文化氛围可以想见。历史知识成为学术内容的重要一端，南北不相上下，正反映了这一时代的学术需求。

---

① 魏收：《魏书》卷一九中《景穆十二王列传·任城王云传附元顺传》，481页。

② 魏收：《魏书》卷二一下《献文六王列传·彭城王勰传》，第571、582页。

③ 魏收：《魏书》卷八四《儒林传》，第1842页。

小 结

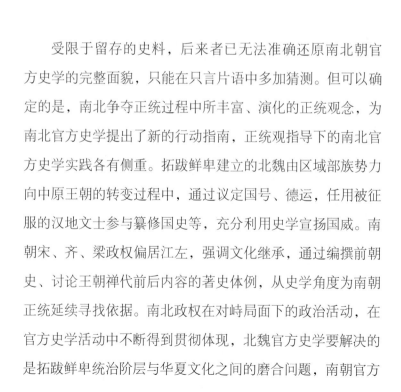

　　受限于留存的史料，后来者已无法准确还原南北朝官
方史学的完整面貌，只能在只言片语中多加猜测。但可以确
定的是，南北争夺正统过程中所丰富、演化的正统观念，为
南北官方史学提出了新的行动指南，正统观指导下的南北官
方史学实践各有侧重。拓跋鲜卑建立的北魏由区域部族势力
向中原王朝的转变过程中，通过议定国号、德运，任用被征
服的汉地文士参与纂修国史等，充分利用史学宣扬国威。南
朝宋、齐、梁政权偏居江左，强调文化继承，通过编撰前朝
史、讨论王朝禅代前后内容的著史体例，从史学角度为南朝
正统延续寻找依据。南北政权在对峙局面下的政治活动，在
官方史学活动中不断得到贯彻体现，北魏官方史学要解决的
是拓跋鲜卑统治阶层与华夏文化之间的磨合问题，南朝官方

史学则需维系传统王朝在偏居一隅状态下的权威，南北各自通过不同的史学实践形式建构政权内部的政治认同。

史著记载中的南北朝"正朔相承"，是南北争夺正统的政治活动在史学成果中的体现。官方史学作为政治活动的一部分，为正统之争提供了历史知识、思想资源，无论是确立正朔统绪，还是论证政权统治的合法性，南北双方都需要考稽史事、付诸文字，从而形成更有利的论证。最终表现在史学著述中时，对东晋南朝与孝文帝以后的北魏而言，已将北方胡族政权的存在从华夏正统王朝序列中剔除；而对南朝与北朝来说，东晋的存在又呈现正统与僭伪两种不同表述。官方史学活动完成了统治阶层意志的伸张，实际上是统治者维护政权统治的工具。因对比需要，南北对峙时期的正统对立在论述中往往被描述为你来我往的争斗，但倘若站在对峙双方各自的角度，看似互动的行为本质上是政权内部的决策与施行，就主观性而言，对立政权的政治活动无须向对方负责，包括史学撰述在内的一系列具体维护政权统治的措施首先是统治阶层内部行为，其次才需考虑是否受其他政权的影响。从这个意义上讲，统治阶层对史学功用的认识及利用，是探讨南北史学与政治关系时不可忽视的方面。

第三章

南北政权官方史学的政治功用

前文已基本再现了南北朝时期官方史学的行动面貌，但行动背后的目的动机还处于若隐若现之中，下文将试图揭示"文"背后的"义"。有别于作为个体的史家，南北朝官方史学中被视为行动者的应包括统治者及史官群体，因此作为撰史旨趣的"义"也要相应扩大，需要理解史学背后的政治驱动。而当史学作为成果展示时，在一定程度上也能看到政治的痕迹及其对政治的反作用。南北朝时期政治与史学关系密切，官方史学最主要的特征是各个政权积极借助并利用史学，以辨明统绪树立政权合法，以宣扬功业彰显天命所归，以斥伪他国宣示正统所在，南北官方史学的政治属性由此突出体现，鉴戒历史与宣扬本朝的官方史学成为南北政权统治者与史官的共同选择。

| # 服务于政权统治的南北史学

史学与政治的关系问题，历来为学者关注。李传印对魏晋南北朝时期史学与政治的关系作过系统研究，他结合魏晋南北朝时期政治分裂、民族矛盾和阶级矛盾突出以及门阀地主居于地主阶级的主导地位等特征，从多个角度论述了当时史学与政治关系表现出的新特点。[①] 这一概览式的研究似乎面面俱到地考察了史学的诸多方面，不过正如该书章节标题所言，"史学与政治的关系是一个重要的史学理论问题"，作者更侧重于对关系的理论归纳。笔者认为，讨论两者关系，大致可从行为与思想两个层面着手。行为层面研究侧重政令的上传下达与具体修史活动的展开，其中应当包括关注固定

---

① 参见李传印：《魏晋南北朝时期史学与政治的关系》。

化、状态化的制度，如史官制度、修史制度等。思想层面则是对行动层面研究的提炼升华，往往会因研究者的个人意识而呈现出不同的面貌，这种差异既是历史研究的难点所在，也是其魅力所在。不过在这种差异化侧重中，仍会达成一些基本共识，那就是中国传统史学，特别是官方史学，主要是服务于王朝统治的。谢保成分析传统史学特点时指出："我国史学从其萌芽开始，即从属于封建政治。这个最基本的特征，在两千多年的封建史学中以各种不同的形式强烈地表现出来。"① 曾学文也认为："传统史学是一种高度政治化的学术，与封建政治息息相关，其发展、繁荣得益于封建王朝的重视与支持，其停滞、衰落亦缘于统治者的控制和干预。"② 张秋升强调中国古代史学的政治史传统时称："中国古代史学的著述有一个基本的价值观念，那就是以史为政。不论是以史为鉴、以史教化、经世致用还是以史明道，都是为了政治目的，都是要为统治集团服务。"③ 甚至对史学的评价方

---

① 谢保成：《对我国封建史学基本特点的初步认识》，《学习与思考》1982年第2期，第70页。

② 曾学文：《传统史学与王朝政治》，《史林》2005年第5期，第61页。

③ 张秋升：《中国古代史学的政治史传统》，《南开学报（哲学社会科学版）》2007年第3期，第110页。

面，亦有明确的政治标准①。

究竟是史学自身发展推动了史学功用观的强化，还是因统治者的重视而强化了史学功用观，这个史学内外、先后的问题有待进一步考订。不过无论谁为因、谁为果，在南北对峙时期，服务于政治的传统史学呈现出更为明确的鉴戒历史与宣扬本朝的功用性是毋庸置疑的。

一、鉴戒历史

史鉴意识是中国自古以来的优良传统，大致有以下几种表现："面临现实中出现的问题，通过回顾与思考，试图从历史中寻找解决问题的方法和答案；或从现实出发，借助历史研究把握事物未来的发展趋势，以便及早作出预测并制定出应对的方案；或从历史成败中汲取经验教训，警示人们应该做什么，不应该做什么。"② 如果对"史"字进一步深究，按照不同类型的主体，史鉴意识其实可以理解为两重意思：一是以史为鉴；二是著史鉴世。前者可以包括所有人，侧重

---

① 参见周一平：《中国传统史学批评的政治标准》，《探索与争鸣》2012年第1期，第70—73页。

② 牛润珍：《史鉴在"求真"与"致用"之间——由唐初贞观君臣论政引发的思考》，《史学史研究》2008年第2期，第12页。

过去的史实与经验教训，是对前人口口相传或典籍记载的故事的再利用；后者则专指著史考史之人，侧重记述的文本，通过著书立说，以期对当前及后世产生指引、规劝或惩戒作用。因史家居中的联结，这两层含义的界限往往被忽视，恰如北魏李彪所言："是以谈迁世事而功立，彪固世事而名成，此乃前鉴之轨辙，后镜之蓍龟也。"① 以史为鉴的意识付诸史家的实践，可称为著史鉴世，而这种行为在后世看来，又被归入可资借鉴的史事一类。由此，南北对峙时期史学呈现的面貌也可按统治阶层与史家史官分为两类。

南北朝时期史学的兴盛得益于社会各个阶层均较为重视，但这种重视又有所区别。抛开史家个人的自觉意识以外，多数人对史学的关注主要在于对历史经验知识的关注，统治阶层重视历史基本也在于此。可以说，从经典、史籍中汲取资源是北魏君臣共同的思想倾向。如道武帝曾问："天下何书最善，可以益人神智？"李先答曰："唯有经书。三皇五帝治化之典，可以补王者神智。"② 道武帝还令崔玄伯"讲《汉书》，至娄敬说汉祖欲以鲁元公主妻匈奴"，依汉和亲政策定北魏公主婚嫁规制。③ 太武帝征问高允"万机之

---

① 魏收：《魏书》卷六二《李彪传》，第1396页。
② 魏收：《魏书》卷三三《李先传》，第789页。
③ 魏收：《魏书》卷二四《崔玄伯传》，第621页。

务，何者为先"，高允举战国李悝之论请兴农事。① 北魏孝文帝可视为服膺儒家经典的典型。张金龙通过考证孝文帝诏书或论政言辞中引用儒家经典的情况，发现孝文帝常征引《尚书》《诗经》《春秋》《左传》《论语》《周易》《三礼》等，认为其改革思想是儒家经典、历史经验和现实政治三者有机结合的产物。② 孝文帝不仅从理论层面重视历史经典，而且在实践中表现出对历史的敬畏。如太和十八年（494）访邺"经比干之墓，伤其忠而获戾，亲为吊文，树碑而刊之"③。太和十九年（495）访邺时又下诏保护古墓："诸有旧墓，铭记见存，昭然为时人所知者，三公及位从公者去墓三十步，尚书令仆、九列十五步，黄门、五校十步，各不听垦殖。"又令"以太牢祭比干之墓。"④ 作为一位拓跋部族发展起来的帝王，迁都前后孝文帝还诏搜图籍，遣使祭汉高祖庙、祠岱岳，亲祠孔子庙等，种种表现相对更为难得，也显示出北魏政权在历史认识尤其是华夏文化的历史体系中的进取步伐。而被孝文帝比之汲黯、视为社稷之臣的李彪曾上表向孝文帝条陈七事，皆引经据典，并用历史经验教训镜鉴当朝。如请

---

① 魏收：《魏书》卷四八《高允传》，第1069页。

② 参见张金龙：《儒家经典：北魏孝文帝思想的理论源泉》，《东岳论丛》2011年第1期，第11—28页。

③ 魏收：《魏书》卷七下《高祖纪》，第175页。

④ 魏收：《魏书》卷七下《高祖纪》，第178页。

禁奢尚俭引《左传》子产为政时百姓之歌，又可证其所言"省赋役以育人，则编户巷歌"①。李彪认为，"《唐典》篆钦明之册，《虞书》铭慎徽之篇，《传》著夏氏之《箴》，《诗》录商家之《颂》，斯皆国史明乎得失之迹也"②，史著、经典既是当时政治得失的记载，又能为后世提供借鉴。

在南方政权中，统治者借鉴历史经验教训的事例也不少见，"殷鉴"一词在帝王朝臣表露态度时常被引用。"殷鉴"本是周初统治者提出的以前朝历史经验教训借鉴现实的主张，后来成为历代统治者及广大民众借鉴历史经验教训的代名词。③《宋书·彭城王义康传》中载刘义康为宋帝刘义隆猜忌排挤后，龙骧参军扶令育给刘义隆上表举汉淮南王刘长为例，并称"庐陵王（刘义真）往事，足以知今，此乃陛下前车之殷鉴，后乘之灵龟也"，希冀以历史教训规劝帝王，"速召义康返于京甸，兄弟协和，君臣缉穆"。④ 不过刘义隆并未采纳，而是将其赐死。元嘉二十二年（445）谋逆事件牵涉到刘义康，有司上奏时也提到了历史上的类似事件，不过论调却发生了改变，称"周公上圣，不辞同气之刑；汉文

---

① 魏收：《魏书》卷六二《李彪传》，第1382页。

② 魏收：《魏书》卷六二《李彪传》，第1394页。

③ 参见李建：《"殷鉴"思想论略——以〈尚书·周书〉为中心的探讨》，《史学史研究》2009年第2期，第1—7页。

④ 沈约：《宋书》卷六八《彭城王义康传》，第1794、1795页。

仁明，无隐从兄之恶。况义康衅深二叔，谋过淮南，背亲反道，自弃天地"①，态度与扶令育截然相反，希望帝王治罪刘义康。而刘义康自己读史书时见到汉淮南王刘长事也有感而发："前代乃有此，我得罪为宜也。"② 可见，事件中各方均表现出一定程度以史为鉴的意识。再如梁武帝萧衍曾召见萧子恪，以曹操之孙曹志"事晋武能为晋室忠臣"为例对其训导，他认为："江左以来，代谢必相诛戮，此是伤于和气，所以国祚例不灵长。所谓'殷鉴不远，在夏后之世'。"③ 齐明帝萧鸾的杀戮对萧衍来说就是足以警惕他转变处事方式的历史鉴戒。

史鉴意识的强化与深入人心得益于史家著史过程中不断明确的自觉意识。范晔《后汉书·荀悦传》中载东汉荀悦所作《申鉴》，称史著"君举必记，善恶成败，无不存焉。下及士庶，苟有茂异，咸在载籍。或欲显而不得，或欲隐而名章。得失一朝，而荣辱千载。善人劝焉，淫人惧焉"④。历史事件记录在册为后人读览，就能够发挥劝善惩恶的功能。这种史学功能观在魏晋南北朝时期史家群体中得到继承发展。史家除了自身读史为鉴外，也亲身实践著史鉴世，如齐梁之

---

① 沈约：《宋书》卷六八《彭城王义康传》，第1796页。

② 沈约：《宋书》卷六八《彭城王义康传》，第1796页。

③ 姚思廉：《梁书》卷三五《萧子恪传》，第509、508页。

④ 范晔：《后汉书》卷六二《荀悦传》，第2061—2062页。

际沈约认为史书可以"式规万叶，作鉴于后"①，故著《宋书》。北魏高允上表请修国史，在于他认为"夫史籍者，帝王之实录，将来之炯戒，今之所以观往，后之所以知今。是以言行举动，莫不备载，故人君慎焉"②。陈时何之元认为梁代"兴亡之运，盛衰之迹，足以垂鉴戒，定褒贬"，故撰《梁典》。③北周柳虬认为"史官密书善恶，未足惩劝"，指出"古者人君立史官，非但记事而已，盖所以为监诫也。动则左史书之，言则右史书之，彰善瘅恶，以树风声"④。南北史家的这种普遍认识，也已为文学理论家刘勰关注，《文心雕龙·史传篇》称："居今识古，其载籍乎？""诸侯建邦，各有国史，彰善瘅恶，树之风声。""原夫载籍之作也，必贯乎百氏，被之千载，表征盛衰，殷鉴兴废，使一代之制，共日月而长存，王霸之迹，并天地而久大。""史之为任，乃弥纶一代，负海内之责，而赢是非之尤。"⑤可见，空泛的"殷鉴"意识在传统史学的发展过程中，已经逐渐明确了具体的"彰善瘅恶"道德评价功能。

---

① 沈约：《宋书》卷一〇〇《自序》，第2467页。

② 魏收：《魏书》卷四八《高允传》，第1071页。

③ 姚思廉撰：《陈书》卷三四《文学·何之元传》，北京：中华书局，1972年，第466页。

④ 令狐德棻撰：《周书》卷三八《柳虬传》，北京：中华书局，1971年，第681页。

⑤ 刘勰：《文心雕龙·史传》，刘勰著，周振甫注：《文心雕龙注释》，北京：人民文学出版社，1981年，第169、171、172页。

历史鉴戒的理论分析在当今学界也常被提起，不过各家侧重不同。叶建华认为人们对史学功能的不断反思、总结和认识，使传统史学的功能观经历了从殷鉴到经世的发展过程，这种转变大约从唐朝开始，许多史家公开宣称自己治史是为了直接经世致用。[①] 汪高鑫则将以史为鉴、彰善瘅恶与将施有政和歌功颂德并列为传统史学在自觉发挥其经世致用功能时呈现出的具体特点。[②] 两者的区别在于一以变化论，一以状态论。而如果从史官史家与统治阶层的互动角度分析，又可见史鉴意识的另一种表现样式，可以说，史家著史的主要动机在于总结过去，规诫当下；统治阶层则要求史学面对现实甚至未来，一方面需要借助已有的历史知识应对当下，另一方面又要求史学著述中美饰自我，为后世作鉴。由此，服务于政治的传统史学还必须担负起宣扬本朝的责任。

二、宣扬本朝

所谓统治阶层重视史学，促进史学的发展，实质上更侧重现实层面对史学活动的利用，即发挥史学宣扬本朝的作

① 叶建华：《传统史学的功能观：从殷鉴到经世》，《探索》1989年第4期，第66—70页。

② 汪高鑫：《论传统史学的经世致用特点》，《廊坊师范学院学报（社会科学版）》2009年第3期，第43—47页。

用，前文论及南北双方借助史学对正统争夺所作的各自阐述就是其中重要的一项。学者分析魏晋南北朝时期史学兴盛的原因时就已注意到这点，高敏称，"自汉末起，政权分立，随后又是南北对峙，于是各国统治者各以自己的政权为中原王朝正统，斥其他政权为僭伪，是己非人"，"修撰史书以宣传其主张，标榜其成就，就成了重要手段"。① 汪高鑫探讨史学求道义之真表现在"从神意的角度去论证王权的合法性"时归纳了四个方面：宣扬"神器有命"，宣扬"圣人感生"，宣扬"圣人同祖"，宣扬"五德终始"。② 对正统承绪的确认虽只是借助史学宣扬本朝具体表现的一个方面，不过由于南北对峙的现实局势，可能又恰是其最主要的方面。乔治忠就指出了史学撰述可能的潜在原因，他认为："特别是官方的记史、修史体制，能够记录统治者的军政业绩以流传后世，可使许多人物青史留名，致使各个民族政权的许多首领知而向慕、进而模仿。而同时，私家与别国的记述又可能对本政权不利，这形成一种史学文化环境的压力，因此或早或迟会使少数民族政权首领意识到本国官方修史的必要性。"③ 南北朝时期统治阶层与史官正是如此作为的。

_____

① 高敏：《试论魏晋南北朝时期史学的兴盛及其特征和原因》，《史学史研究》1993年第3期，第61页。

② 汪高鑫：《中国古代史学的思维特征》，《求是学刊》2014年第5期，第211—212页。

③ 乔治忠：《中国传统史学对民族融合的作用》，《学术研究》2010年第12期，第102页。

《隋书·经籍志·霸史部》所称"或推奉正朔，或假名窃号，然其君臣忠义之节，经国字民之务，盖亦勤矣"[1] 的国史缀述，其实可视为对整个南北朝时期官方史学态度的归纳。而这种宣扬本朝的功用认识，极有可能继承自班固《汉书》的"宣汉"意识。以往对班固《汉书》的研究中，"宣汉"意识得到了充分的认识和阐释，但是这些论述多是仅就《汉书》宣汉意识本身而发，对其后世出现类似史学意识的榜样意义还有待进一步发掘讨论。[2] 钱茂伟和王东总结传统史学"资治"政治功能的"宣传"模式时对此有所涉及，他们认为《汉书》将西汉以来的"宣汉"思潮落到实处，稍后随着史学政治功能强化，官方对史学控制不断加强，形成了

---

① 魏徵等撰：《隋书》卷三三《经籍志二》，第964页。

② 如陈其泰：《"过秦"和"宣汉"——对史学社会功能思考之一》，《史学史研究》1990年第2期，第12—20、50页；范红军：《〈汉书〉宣汉思想新探》，《河北师范大学学报（哲学社会科学版）》1997年第2期，第98—102页；张继海：《〈汉书〉断代为史与班固颂汉》，北京大学历史学系编：《北大史学》（第8辑），北京：北京大学出版社，2001年，第126—134页；汪高鑫：《"实录"与"宣汉"：汉代史学思潮的两种取向》，《史学史研究》2008年第2期，第5—8页。吴海兰论述"宣唐思想"时提及"中国第一部断代纪传体史书《汉书》，宣汉思想十分突出，后世的正史多少沿袭了这一规则"，见吴海兰：《佛教与唐代史学》，《廊坊师范学院学报》2007年第1期，第43页。另李传印提到"这种宣扬皇朝意识的旨趣和为皇朝寻求合理性的历史论证方法在魏晋南北朝政治分裂时期得到进一步发展"，不过并未提及"宣汉"一词，见李传印：《魏晋南北朝时期史学与政治的关系》，第130页。台湾学者陈金城的博士论文《南朝四史对〈汉书〉史学继承之研究》（"中国文化大学"，2010年）侧重探讨纂修体例、篇目笔法等方面的继承，可惜未能就背后思想进一步展开。

以表彰本朝为目的的修史活动。① "宣汉"一词见于王充《论衡》，其中《宣汉》《恢国》《须颂》等涉及这一主题，王充认为，"古之帝王建鸿德者，须鸿笔之臣褒颂纪载，鸿德乃彰，万世乃闻"，"汉德不休，乱在百代之间，强笔之儒不著载也"，② "使汉有弘文之人，经传汉事，则《尚书》《春秋》也"③。王充的思想有其特殊的时代背景，邵毅平认为，"东汉明帝在位的十八年间，是中国历史上歌功颂德之风最盛的时期之一"，"这种情况一直延续到章帝时期"④。张继海认为："有惩于王莽时期臣民褒美伪新，故欲借颂汉以正视听，明汉之正统，荡除妖妄邪说。光武末年颁布图谶于天下，言刘秀受命而中兴。明、章时期提倡颂汉，与颁布图谶在政治意义上是一致的。"⑤ 班固与王充就生活于这一时代，撰述文章不免会受到一定影响。据班固自述，永平十七年（74），明帝曾召集臣下询问对司马迁《秦始皇本

---

① 钱茂伟、王东：《民族精神的华章：史学与传统文化》，北京：北京图书馆出版社，2004年，第89—92页。

② 王充：《论衡·须颂》，黄晖：《论衡校释（附刘盼遂集解）》卷二〇，北京：中华书局，2017年，第987、995页。

③ 王充：《论衡·宣汉》，黄晖：《论衡校释（附刘盼遂集解）》卷一九，第958页。

④ 邵毅平：《汉明帝诏书与班固》，《复旦学报（社会科学版）》1985年第6期，第65页。

⑤ 张继海：《〈汉书〉断代为史与班固颂汉》，北京大学历史学系编：《北大史学（第8辑）》，第131页。

纪》赞语的看法，班固做了巧妙的回答，之后明帝下诏定下基调，不满意司马迁著书贬损当世，反而褒扬司马相如颂述功德是忠臣榜样。[①] 班固曾参与东汉的国史编撰，"与前睢阳令陈宗、长陵令尹敏、司隶从事孟异共成《世祖本纪》"，"又撰功臣、平林、新市、公孙述事，作列传、载记二十八篇"[②]。需要注意的是，班固所作的二十八篇列传、载记以及参与编撰的《世祖本纪》所涉及的历史时期，正是对东汉来说较为敏感的新、汉之际。明帝诏令班固编撰这一阶段历史的动机无从考证，但对身为臣下的班固来说，编撰《汉书》的过程中经历过永平年间的几次波折，应该会有更明确的认识。因此，班固于《汉书·叙传》中暗示司马迁将汉室"编于百王之末，厕于秦、项之列"[③]，以为未能充分表彰汉室功绩，直言自己欲使继承尧运的汉室"扬名于后世"的态度十分明确，可以说，班固从史学上实践了王充的宣汉主张。

统治者诏令编撰国史，本质上是为维护政权统治服务。班固编撰《汉书》最初虽是继承父亲班彪的未竟之业，但《汉书》所反映的"宣汉"意识，已超出了简单接续历史记

---

① 参见班固：《典引序》，萧统编，李善等注：《六臣注文选》卷四八《符命》，第916—917页。

② 范晔：《后汉书》卷四〇《班固传》，第1334页。

③ 班固：《汉书》卷一〇〇《叙传》，第4235页。

载的含义，实质上是迎合当时东汉政权的史学阐释。这种上令下行的史学活动此后基本为统治阶层接受且延续。周一良注意到，魏晋南北朝时期"对于班固《汉书》的兴趣，似乎大于《史记》，所以注《汉书》的特多"①，可能正因为《汉书》与《史记》相比有更明确的"宣汉"旨趣，才使《汉书》更易为后世统治者接受而进一步推广。魏晋南北朝时期，统治阶层诵读《汉书》的记载屡见史著，《汉书》不仅是获取历史知识的渠道，也是君主与谋臣处理国事的参考依据。②而高敏也提到："特别是《汉书》又为断代史的修撰提供了楷模，从而使魏晋南北朝的学者有所取法与依归。"③他的论断侧重《汉书》的断代体例，实际上后来史家可能取

① 周一良：《魏晋南北朝史学著作的几个问题》，载氏著：《魏晋南北朝史论集》，第357页。

② 如"《诸葛亮集》载先主遗诏敕后主曰：……可读《汉书》《礼记》，闲暇历观诸子及《六韬》《商君书》，益人意智"。陈寿撰，裴松之注：《三国志》卷三二《蜀书·先主传》裴注，第891页。孙权也让孙登"读《汉书》，习知近代之事"，《三国志》卷五九《吴书·孙登传》，第1363页。《汉书》在十六国时期北方政权中也有传播，如刘宣反复诵读《汉书》、石勒使人读《汉书》，北魏道武帝拓跋珪使崔玄伯讲《汉书》等。关于《汉书》流布另可参见陈金城：《南朝四史对〈汉书〉史学继承之研究》第二章第四节"《汉书》在南朝的盛行"，博士学位论文，"中国文化大学"，2010年，第34—52页；阚海：《汉唐间〈汉书〉流传的个案研究》，硕士学位论文，华东师范大学，2016年。

③ 高敏：《试论魏晋南北朝时期史学的兴盛及其特征和原因》，《史学史研究》1993年第3期，第60页。

法的不仅断代为史一项，而且断代就隐含着重视当代的价值取向。

作为一部传世史著，《汉书》撰述体例本身的影响往往被后世忽视而又不自觉地沿袭，宣扬本朝功业的撰史旨趣在东晋南北朝时期的国史撰述中表现尤为突出。东晋初期记载符瑞宣扬本朝前已言及，而在当时北方政权中也不乏其事。西凉李暠时，群臣以为"年谷频登，百姓乐业"，故"使儒林祭酒刘彦明为文，刻石颂德"，后来又因为"白狼、白兔、白雀、白雉、白鸠皆栖其园囿，其群下以为白祥金精所诞，皆应时邕而至，又有神光、甘露、连理、嘉禾众瑞，请史官记其事"。^①可见，著史与刻石同样是统治阶层宣扬自身的优先选择。后燕董统受诏草创国史，就有"叙事富赡，足成一家之言"，但"褒述过美，有惭董、史之直"的评价。^②其实这种过分美饰与扭曲史实的行为早就被揭露过，《洛阳伽蓝记》中假借隐士赵逸之口批评道："自永嘉以来，二百余年，建国称王者十有六君，皆游其都邑，目见其事。国灭之后，观其史书，皆非实录。莫不推过于人，引善自向。符生虽好勇嗜酒，亦仁而不煞。观其治典，未为凶暴，及详其史，天下之恶皆归焉。符坚自是贤主，贼君取位，妄书生

① 房玄龄等撰：《晋书》卷八七《凉武昭王李暠传》，第2264页。
② 刘知幾：《史通》卷一二《古今正史》，第256页。

恶。凡诸史官，皆是类也。"① 史著纂修中隐晦用笔之法不外如此。

有趣的是，北魏太武帝时也有一个名叫赵逸的人，他撰著的赫连夏史被拓跋焘平统万后见到，不满其"溢美勃勃"，称："此竖无道，安得为此言乎！作者谁也？其速推之。"当时崔浩回答："彼之谬述，亦犹子云之美新，皇王之道，固宜容之。"② 崔浩如此论断正中要害，实际北魏争霸中原之后的国史纂修动机同为"皇王之道"。北魏道武帝进入中原建国创设制度时，就曾诏令邓渊纂修《国记》。太武帝神䴥二年（429），北魏大败蠕蠕，解除北方威胁之后"诏集诸文人撰录国书"③。到太延五年（439），太武帝消灭北凉沮渠氏，基本平定中国北方地区，纂修国史以彰其功的意图表现得更为强烈。他明确说明了诏修史书的原因，因奉祖宗遗志，"扬威朔裔，扫定赫连"，神䴥年间曾"始命史职注集前功，以成一代之典"，之后"戎旗仍举，秦陇克定，徐兖无尘，平通寇于龙川，讨孽竖于凉域"，完成了显赫武

① 杨衒之：《洛阳伽蓝记》卷二《城东·建阳里》，范祥雍校注：《洛阳伽蓝记校注》，第89页。

② 魏收：《魏书》卷五二《赵逸传》，第1145页。

③ 魏收：《魏书》卷三五《崔浩传》，第815页。

功，而"史阙其职，篇籍不著，每惧斯事之坠焉"①。前次诏修国史的成果他并不满意，他担心自己的功业不为后世所知，因此命崔浩再次纂修国史。孝文帝时史臣李彪与高祐共同上表请修纪传体国史，称：

> 臣等闻典谟兴，话言所以光著；载籍作，成事所以昭扬。……伏惟陛下先天开物，洪宣帝命，太皇太后淳曜二仪，惠和王度，声教之所渐洽，风译之所覃加，固已义振前王矣。加太和以降，年未一纪，然嘉符祯瑞，备臻于往时；洪功茂德，事萃于曩世。会稽伫玉牒之章，岱宗想石记之列。而秘府策勋，述美未尽。将令皇风大猷，或阙而不载；功臣懿绩，或遗而弗传。著作郎已下，请取有才用者，参造国书，如得其人，三年有成矣。然后大明之德功，光于帝篇；圣后之勋业，显于皇策。②

这些理由与班固《叙传》中所举基本一致，都表达了著史宣扬本朝的意愿。其后孝文帝下诏"秘书丞李彪、著作郎崔光

---

① 魏收：《魏书》卷三五《崔浩传》，第823页。北齐文宣帝高洋也有类似言论，如天保元年（550）诏："朕以虚寡，嗣弘王业，思所以赞扬盛绩，播之万古。虽史官执笔，有闻无坠，犹恐绪言遗美，时或未书。在位王公文武大小，降及民庶，爰至僧徒，或亲奉音旨，或承传傍说，凡可载之文籍，悉宜条录封上。"见李百药：《北齐书》卷四《文宣帝纪》，第53页。

② 魏收：《魏书》卷五七《高祐传》，第1260—1261页。

改析《国记》，依纪传之体"①。对北魏而言，到孝文帝时，这种宣扬本朝的著史意识已成为统治者与史官的普遍认识。

不仅北朝继承了这种意识，南朝的本朝史撰述也带有一定的痕迹。宋武帝即位后封赏臣下时称："夫铭功纪劳，有国之要典，慎终追旧，在心之所隆。"②齐武帝萧赜不许萧嶷辞官时称："公惟德惟行，无所厝辞。且鲁且卫，其谁与二。方式范当时，流声史籍。"③显然他们都认同用典籍来铭记功业。宋文帝元嘉年间，何承天受诏编纂国史，孝武帝时又令山谦之、苏宝生、徐爰等续成《宋书》，这也成为之后沈约所撰《宋书》的范本。④从流传至今的沈约《宋书》记载来看，不乏关于刘宋皇室文治武功的正面记载，沈约自己也称："（刘宋）若夫英主启基，名臣建绩，拯世夷难之功，配天光宅之运，亦足以勒铭钟鼎，昭被方策。"⑤略有不同的是，史籍中没有保留南朝帝王朝臣关于本朝史编撰中要宣扬功业的直接证据，更多地反映为前朝史撰述中对王朝禅代的讳饰，往往以天命所归一笔带过，本朝禅代过程中经历的血腥与阴谋斗争都被史臣遮掩处理。此外，由于新朝帝王多

---

① 魏收：《魏书》卷七下《高祖纪下》，第163页。

② 沈约：《宋书》卷三《武帝纪下》，第53页。

③ 萧子显：《南齐书》卷二二《豫章文献王嶷传》，第413页。

④ 参见沈约：《宋书》卷九四《恩幸·徐爰传》，第2308页；卷一〇〇《自序》，第2467页。

⑤ 沈约：《宋书》卷一〇〇《自序》，第2467页。

为前朝权臣，史臣在记载前朝相关事件时尤为谨慎，甚至统治者会直接授意。沈约撰《宋书》时，齐武帝就命左右对沈约说："孝武事迹不容顿尔。我昔经事宋明帝，卿可思讳恶之义。"[①] 这种隐恶恰可视为对宣扬本朝帝王功业的补充。帝王希望借史著宣扬功业，史臣或是主动迎合或是被动接受指令，在史著撰写过程中，正面宣扬与侧面隐恶成为宣扬本朝功业的著史笔法。自班固《汉书》张扬"宣汉"意识以来，传统史学中官修史著就不断延续继承着这一准则，即便是在南北对峙时期，上层统治阶层族属不同，但官方史学服务于政权统治的本质属性却趋于一致。

如果仅从史实层面考察，外部统治阶层的重视应是传统史学发展的直接动力。统治阶层不仅重视历史知识，更重视史学著述对巩固王朝统治的现实作用。官方史学因统治者的利用需要得以创设延续，又可能因忤逆违背统治者的意愿而遭到压制扼杀。史学内部的自我反思与总结为其发展提供了前瞻性的视野与目标，但往往会由于外部因素的干扰而无法达成理想的状态。因时因地状况的不同使史学呈现出不同的侧重面貌，不过改变不了南北官方史学相同的政治属性本质，服务于政治的官方史学成为南北朝时期不同政权的共同选择。史学自身的发展与政权统治虽不一定同步，但史学

---

① 萧子显：《南齐书》卷五二《文学·王智深传》，第897页。

著述呈现的特点必然受社会政治现状影响，南北朝时期地域割据的混乱局面与南北对峙的政治对立为史学提出了新的议题，无论是鉴戒历史还是宣扬本朝，史学因其功用性得到统治阶层的重视，就势必在统治阶层的授意下呈现出相对应的特征。这并不是说史学的全部面貌就是服务于政治需要的官方史学，而是说在王朝统治的文化控制政策下，迎合时代需要的私修史著可能有所发展，有悖统治稳定的则会被直接打压，但在统治政权内部看来，私修与官方史学相比毕竟不是主流。

第二节 | 官修史著成果反映的
政治诉求

　　《宋书》《魏书》虽然都是后代所修前朝史，但因其递修成书过程较为明确，在一定程度上可以作为刘宋与北魏官方史学活动中国史纂修的成果来考察。[①] 同时，由于两位纂修者分别有前朝政权末期的生活经历，所撰史著必然带有一定当代史的意味，可以说，《宋书》《魏书》能够反映沈约与魏收所处时代的南北史学基本样态。除了前文中有关"正朔"相承的历史记载区别，在作为南北官方史学成果留存至今的《宋书》《魏书》中，还有多处差异可作比较探讨。当然，这种比较研究存在一些风险，沈约、魏收相差六十余岁（二人生年分别为441年与507年），两部史著初步成书的时

---

　　① 　参见《宋书》《魏书》中华书局点校本卷首《校勘记》。

间相差也有六十多年，一为南齐永明六年（488），一为北齐天保五年（554）①，因此，由比较得出的相关论断只能从宽泛意义上称为南北朝时期南北官方史学差异，与前文主要讨论的南朝与北魏南北对峙时期不完全等同，但这种从史著成果角度的比较同样有意义，有助于加深对传统史学受制于传统政治的理解。

一、对峙影响的统绪记载

作为前朝史著述的代表，《宋书》《魏书》势必涉及刘宋与北魏的开国史实，甚至需要对南北政权各自的前朝史加以记述。前文论述正朔相承记载时已经指出，南北政权在史著中构建了两条不同的传递线索，其中的关键是对东晋政权地位的界定，南北政权依五行终始理论为各自政权树立合法性，刘宋代东晋而立，以晋为金行，遂用水德以继。而北魏初用黄帝后裔土德，后有孝文帝太和年间德运之争，朝臣论争承绪十六国或是西晋，但没有在统绪中给东晋位次。刘宋政权帝位由司马皇室禅让所得，对追求王朝正统合法性地位的刘宋而言，东晋必须先具有正当合法性，这是记载东晋

---

① 按，关于二书的成书时间，笔者分别参照二书的中华书局点校本的出版说明。

相关内容的侧重点。北魏则恰好相反，北魏的德运确立存在转变的过程，到孝文帝时期已明确东晋为僭伪政权的属性，故对东晋史实记载多存心贬斥。这里有一点需要注意，《宋书》作为主要宣扬刘宋功业的史著，在处理晋宋禅代之际的史实时，多言及东晋末年存在的诸多负面问题，正是因为对禅代记载的关键是天命转移，即刘裕即位之际官方文书中不断强调的"历运改卜，永终于兹"①，"卜世告终，历数有归"②，当然这种表述的内在逻辑是要先肯定天命在晋，继而在宋。

　　天命理论的重要表征是符瑞记载，在正史撰述中，记录讨论统绪问题是一个重要方面，主要为开国帝王出生、立国之时的祥瑞符兆等现象记载，其目的在于宣扬天命神授与政权合法。已有学者梳理指出这种记载在论及当代本朝时多为正面宣扬，这里略而不论。③而当涉及敌对政权或是承绪政权时，史著记载在细微之处往往有蛛丝马迹般的差异，表明不同态度，南北史著中关于东晋受命的表述就有明显差异。《宋书》《魏书》中都有关于东晋元帝司马叡出身的记载，以及一个流传的符瑞谣谶——"牛继马后"。作为东晋政权的开创者，其出身事迹会带有一定的神异色彩，不过原则上

---

① 沈约：《宋书》卷二《武帝纪中》，第48页。

② 沈约：《宋书》卷三《武帝纪下》，第51页。

③ 参见彭洪俊、韩杰：《帝王与五德：二十四史中所见受命帝符瑞略说》，中国历史文献研究会编：《历史文献研究（总第29辑）》，上海：华东师范大学出版社，2010年，第124—132页。

后世的记载出入应该不会很大，然而正是同样的史实，在两书的文本表述中却能直观感受到一文饰一贬损的倾向。在考察《宋书》《魏书》差别之前，可先以后出唐修正史《晋书》中关于司马睿的出身记载作为判断基准。《晋书·元帝纪》载："元皇帝讳睿，字景文。……咸宁二年生于洛阳，有神光之异，一室尽明，所藉藁如始刈。及长，白豪生于日角之左，隆准龙颜，目有精曜，顾眄炜如也。"① 司马睿出生成长之际，帝王之相具现，这是史籍正面渲染神迹，符合作为中兴之主的一般撰史笔法需求。不过在本纪篇末，还有另一种说法："初，玄石图有'牛继马后'，故宣帝深忌牛氏，遂为二榼，共一口，以贮酒焉，帝先饮佳者，而以毒酒鸩其将牛金。而恭王妃夏侯氏竟通小吏牛氏而生元帝，亦有符云。"② 在正史中直言帝王出身不正，颇有问题。《晋书》中司马睿生母的相关记载也可见这种矛盾。"初有谶云'铜马入海建邺期'，太妃小字铜环，而元帝中兴于江左焉。"③ 东晋开国之际的谶纬符瑞是言论造势、附会解释的政治需要，这句谶谣在于应验司马睿中兴称帝。而在本传末史臣赞语中，却言"吕妾变嬴，黄姬化芈。石文远著，金行潜徙"④。这显

---

① 房玄龄等撰：《晋书》卷六《元帝纪》，第143页。

② 房玄龄等撰：《晋书》卷六《元帝纪》，第157—158页。

③ 房玄龄等撰：《晋书》卷三一《后妃传上》，第969页。

④ 房玄龄等撰：《晋书》卷三二《后妃传下》，第985页。

然是将司马睿比之古史中的私生子，吕不韦奇货可居，春申君献有孕女，均有偷梁换柱之嫌①。如此评论帝王司马睿的身份，史官必非轻易下笔。

唐修晋史时距晋已远，已不存在直接的利益关系，而如此反差的记载得以保留，或可说明直至当时统治阶层主流意识中仍未能圆满解决司马睿出身及东晋政权的合法性问题。这种无法确定的难题当由隋唐以前南北对峙引起，南朝正统说与北朝正统说的矛盾在于东晋究竟是西晋的延续，还是偏安的僭伪政权，《宋书》与《魏书》两部正史之中的记载提供了这种矛盾文本的参照。《宋书·符瑞志》载：

先是，宣帝有宠将牛金，屡有功，宣帝作两口榼，一口盛毒酒，一口盛善酒，自饮善酒，毒酒与金，金饮之即毙。景帝曰："金名将，可大用，云何害之？"宣帝曰："汝忘石瑞，马后有牛乎？"元帝母夏侯妃与琅邪国小史姓牛私通，而生元帝。愍帝之立也，改毗陵为晋陵，时元帝始霸江、扬，而戎翟称制，西都微弱。干宝以为晋将灭于西而兴于东之符也。②

---

① 参见杨永康：《从〈通鉴博论〉看"朱棣为元顺帝之子"传说的故事原型》，中国明史学会主办：《明史研究》第13辑，合肥：黄山书社，2013年，第21—32页。

② 沈约：《宋书》卷二七《符瑞志上》，第783页。

《魏书·僭晋司马叡传》载：

> 僭晋司马叡，字景文，晋将牛金子也。……觐妃谯国夏侯氏，字铜环，与金奸通，遂生叡，因冒姓司马，仍为觐子。由是自言河内温人。[1]

《晋书》中"牛继马后"谶言在《宋书》中有完整的故事情节，保留着西晋立国前司马懿与司马师的对话，揭示了毒杀牛金主事人的心理原因，司马懿因"马后有牛"的石瑞，担心"牛代马"而杀牛氏，是为巩固自己的权势。不过此"牛"并非司马懿时牛金，直到晋室在江左复兴，才应验于夏侯妃私通牛氏之子司马叡身上。《宋书》将"牛继马后"与大量符瑞一并排列于元帝司马叡名下，如"东莞有天子气""天降风雨护司马叡""临平湖自开""江东犹有帝王气""五马游度江、一马化为龙""铜马入海建业期""会稽徽命""三十八年扬州有天子"等[2]，可以说《宋书》沿用"干宝以为晋将灭于西而兴于东之符也"的观点，视其为司马叡的江左东晋顺应天命、接续中朝西晋的符兆，也就是承认司马叡受命为帝的正当合法性。沈约《宋书·符瑞志》

---

[1] 魏收：《魏书》卷九六《僭晋司马叡传》，第2091页。

[2] 沈约：《宋书》卷二七《符瑞志上》，第782—783页。

中备述伏羲以迄刘宋的符瑞故事，且多数为历朝开国帝王，如其志序所言"龙飞九五，配天光宅，有受命之符，天人之应"[1]，可见他十分肯定符瑞之兆一类记载，即便"牛继马后"这种涉及东晋开国帝王出身的敏感问题也不例外。换言之，在当时的观念下，刘宋接续的东晋无论有何种瑕疵，都不是问题。而反观《魏书》记载，则直言司马叡为牛金子，冒姓司马，"自言河内温人"一语坐实其僭伪地位。《魏书》成书晚于《宋书》，且有袭用现象[2]，若本《宋书》所记或略加删节当为史著纂修的正常笔法，但罔顾牛金早卒于司马懿，司马懿卒年与司马叡生年尚有岁差等史实，若非魏收误记，则有意污蔑的可能性更大。当然还有一种可能是魏收所记内容源自北方地区已有的丑化南朝的记诵传说。无论哪种史料来源，通观《魏书·僭晋司马叡传》，鄙薄之语随处可见。《魏书》并未直接提及"牛继马后"谶谣，但从笔法来看，引述司马叡出身言其畏迫王敦，"居常忧戚，发病而死"[3]，称"自叡之僭江南，至于德文之死，君弱臣强，不相羁制，赏罚号令，皆出权宠，危亡废夺，衅故相寻，所谓

---

① 沈约：《宋书》卷二七《符瑞志上》，第759页。

② 参见周一良：《魏晋南北朝史札记》"魏收袭用南朝史书"条，第384—385页。

③ 魏收：《魏书》卷九六《僭晋司马叡传》，第2095页。

夷狄之有君，不若诸夏之亡也"①，都是为了贬低东晋政权，为进而斥刘宋岛夷铺陈。篇末史论径称："司马叡之窜江表，窃魁帅之名，无君长之实，局天踏地，畏首畏尾，对之李雄，各一方小盗，其孙皓之不若矣。"②认为东晋政权尚不如孙吴末世，与记载北魏先祖开国神迹功业可谓形成鲜明对比。

对于沈、魏二书的笔法，唐时刘知幾曾于《史通·采撰》中作出评述："沈氏著书，好诬先代，于晋则故造奇说，在宋则多出谤言，前史所载，已讥其谬矣。而魏收党附北朝，尤苦南国，承其诡妄，重以加诸，遂云马叡出于牛金（王劭曰：沈约《晋书》造奇说云，琅琊国姓牛者，与夏侯妃私通，生中宗，因远叙宣帝以毒酒杀牛金，符证其状。收承此言，乃云：司马叡，晋将牛金子也。宋孝王曰：收以叡为金子，计其年，全不相干），刘骏上淫路氏（沈约《宋书》曰：孝武于路太后处寝息，时人多有异议。《魏书》因云骏烝其母路氏，丑声播于瓯、越也）。"③刘氏从实录立论，强调记载史事的可信度，故言沈约、魏收奇说、谤说做法不足取。不过若从记载同类事件不同目的角度立论，则刘氏所言正可作为前论最好的注解，刘知幾已经指出魏收所持

①　魏收：《魏书》卷九六《僭晋司马叡传》，第2110页。

②　魏收：《魏书》卷九六《僭晋司马叡传》，第2113页。

③　刘知幾：《史通》卷五《采撰》，第85页。

态度为"党附北朝，尤苦南国，承其诡妄，重以加诸"①。沈约、魏收所作皆为前朝史，根本上要为当朝统治者服务，从天命转移角度言，对刘宋、北魏也需要有一定的贬损之语。但这套天命思想同时又要求他们必须采用合适的策略论述前朝存在的合法性，否则无法解决当朝统治的政治需要，从这点来说，南北双方的笔法标准是一致的。两者分歧在于其政治立场不同，因此对于同样的史实，史著记载就有差异。魏收只需刻意描述、大力抨击诋毁南朝，而沈约则需略加转述，美化刘宋所接续的来源。

这个观点还可从天命思想在南北史著中的共同体现及《宋书》《魏书》互相贬损对方两个方面稍作补充。南北对峙下的文化正统之争，实际在同一个文化框架下进行，即天命德运流转的正朔体系。已有学者通过研究南北朝时期正史撰述者的"天命"信仰，指出范晔、沈约、萧子显、魏收等史家虽然生活的时间与环境不尽相同，社会背景也有相当差异，但汉文化中的传统"天命"信仰观始终贯穿其中，并且"君权天授"的观念已构成他们历史观的核心内容，指导他们对历史进程的基本看法。②沈约、魏收书中所表达的天命转移，无论是晋宋禅代、宋齐禅代及拓跋鲜卑起于北方晋室

① 刘知幾：《史通》卷五《采撰》，第85页。

② 普慧：《南北朝正史家的"天命"信仰》，《东南大学学报（哲学社会科学版）》2009年第2期，第61—69页。

崩离之际等史实叙述，还是《宋书·符瑞志》与《魏书·灵征志》的理论演绎，都表明南北官方史学中存在以天命思想为指导思想的历史观，而这种史观在南北对峙的政治现实下，进一步展示为统治阶层的正统观念核心意识。这种争夺正统的政治需要付诸史学实践，除涉及前朝、当朝的历史记述外，还会涉及对立政权的史实记载。当时的统治阶层与史家承认对立的现实并将对方加以记载，这点值得肯定，但在史著纂修中，史家却沿用对立时期的政治称谓，所用"索虏""岛夷"表述极尽诬蔑贬低之意。而共同选择蔑称敌对政权，又可视为南北官方史学的相同之处。

另外，史学研究中，常自南北对立政权的史著中考察同一历史事件的差异记载，借以发现复原历史真实。其实这不仅是研究微观问题的具体方法，也体现了南北官方史著确实有不同的取舍标准。此处试举北魏太武帝太平真君十一年（450），即宋文帝元嘉二十七年，北魏南侵时遣李孝伯与宋长史张畅应答一事为例。《宋书》卷五十九《张畅传》① 与《魏书》卷五十三《李孝伯传》中均载此事，关于李、张二人应答之语，《宋书》侧重记载张畅占优言行，称其"随宜应答，吐属如流，音韵详雅，风仪华润，孝伯及左右人并相

---

① 张畅事迹于《宋书》卷四六《张邵传附张畅传》中也有记载，校勘记言："按《宋书》此卷北宋初已阙失，后人以《南史》及《高氏小史》补之，说见卷后郑穆校语。"第1396—1401页。

视叹息"[①]，如：

畅曰："君何得见识？"虏使答云："君声名远闻，足
使我知。"畅因问虏使姓，答云："我是鲜卑，无姓。且道
亦不可。"

……

焘复遣使令孝伯传语曰："魏主有诏语太尉、安北，
近以骑至，车两在后，今端坐无为，有博具可见借。"畅
曰："博具当为申启。但向语二王，已非逊辞，且有诏之
言，政可施于彼国，何得称之于此。"孝伯曰："诏之与
语，朕之与我，并有何异。"畅曰："若辞以通，可如来
谈；既言有所施，则贵贱有等。向所称诏，非所敢闻。"孝
伯又曰："太尉、安北是人臣与非？"畅曰："是也。"孝
伯曰："邻国之君，何为不称诏于邻国之臣？"畅曰："君
之此称，尚不可闻于中华，况在诸王之贵，而犹曰邻国之
君邪。"

……

畅便回还，孝伯追曰："长史深自爱敬，相去步武，
恨不执手。"畅因复谓曰："善将爱，冀荡定有期，相见无

---

① 沈约：《宋书》卷五九《张畅传》，第1605页。为了作对比，下文注
释中的重点号为笔者所加，不再另行说明。

193

第三章　南北政权官方史学的政治功用

远。君若得还宋朝，今为相识之始。"孝伯曰："待此未期。"①

而在《魏书》中，看不到李孝伯词穷之状，反而称"孝伯风容闲雅，应答如流，畅及左右甚相嗟叹"②。关于上述三段应答的记载则分别变为：

畅曰："君何得见识？"孝伯曰："既涉此境，何容不悉。"

畅曰："有诏之言，政可施于彼国，何得称之于此？"孝伯曰："卿家太尉、安北，是人臣不？"畅曰："是也。"孝伯曰："我朝廷奄有万国，率土之滨，莫敢不臣，纵为邻国之君，何为不称诏于邻国之臣？"

畅将还城，谓孝伯曰："冀荡定有期，相见无远。君若得还宋朝，今为相识之始。"孝伯曰："今当先至建业以待君耳。恐尔日君与二王面缚请罪，不暇为容。"③

由此可见，在最初记录双方应答之时，可能已对言谈过程加

---

① 以上分见沈约：《宋书》卷五九《张畅传》，第1600、1601—1602、1604页。

② 魏收：《魏书》卷五三《李孝伯传》，第1172页。

③ 魏收：《魏书》卷五三《李孝伯传》，第1168、1172页。

以裁剪。对此，李孝伯之子正光三年（522）上书曾提及此事："刘氏伪书，翻流上国，寻其讪谤，百无一实，前后使人，不书姓字，亦无名爵。至于《张畅传》中，略叙先臣对问，虽改脱略尽，自欲矜高，然逸韵难亏，犹见称载，非直存益于时，没亦有彰国美。"① 恐怕不仅南朝史著如此，依《宋书》《魏书》所载，南北双方史家应都是刻意美化维护己方，甚至删减不利己方的言论。实际上两书正如刘知幾所言："但古来唯闻以直笔见诛，不闻以曲词获罪。是以隐侯《宋书》多妄，萧武知而勿尤；伯起《魏史》不平，齐宣览而无谴。"② 在统治者看来，无论"多妄"或是"不平"，能够满足维护政权利益的史著笔法才是符合统治意志需要的官方史学。这场发生在战争前线阵地的对话，是南北史籍中鲜明对比的典范，言语交锋之际的不同记载，更能反映出南北对立状态下对史著纂修的相同要求与不同取向。前述南北史著成果的差别，又是南北当时存在争夺正统的政治现实的最好证据。

---

① 魏收：《魏书》卷五三《李孝伯传附李豹子传》，第1174页。
② 刘知幾：《史通》卷七《曲笔》，第144页。

二、时代特征的结构布局

前文在分别论述刘宋与北魏的官方史学活动时，其实已涉及部分南北史学的区别。总体来看，刘宋代表的南朝政权对前朝史的关注度远超北魏，北魏对当代的重视则甚于南方。《宋书》《魏书》作为两朝国史之后的继承者，虽以前朝正史的体例呈现，但也能反映部分符合当时时代特征的史著结构布局。胡宝国在考察南北纪传体史书是否设立《食货志》《刑法志》时，指出南北史学的不同之处：北方史学较为关注与国计民生相关的问题，南方则否。他认为南北两地社会风尚不同，史家价值观念呈现差别，不同于南方史家主要把修史当成个人成名的事业，北方史家往往对现实社会的种种实际问题表示关注。① 其实，南方史家对现实问题也有关注，只不过与北方重事风格有所区别。

关于魏收的设志原则，在其"前上十志启"中有明确表述："《河沟》往时之切，《释老》当今之重，《艺文》前志可寻，《官氏》魏代之急，去彼取此，敢率愚心。"② 魏收十分重视现实统治的需要，如他《礼志》序中称"治身不

---

① 胡宝国：《南北史学异同》，载氏著：《汉唐间史学的发展（修订本）》，第174—179页。

② 魏收：《魏书》"前上十志启"，第2331页。

得以造次忘，治国庸可而须臾忽也"①，在《食货志》序首称
"夫为国为家者，莫不以谷货为本"②，可见诸志内容的设
立，均是围绕统治者治理服务。魏收的这种认识应是继承自
北魏国史的撰述者，参与主持北魏国史纂修的史官如崔浩、
高允、崔光等人，无不兼具国之重臣身份，在各自本传中有
他们提出的关于国家治理的各类举措与建议的记载。以高允
为例，他"历事五帝，出入三省，五十余年"③，北魏中期诸
多措施都与高允有关，自文成帝到献文帝在位期间，军国书
檄多是高允所作，他更曾参与改订孝文帝初期太和新政的纲
领性文件《皇诰》。④而作为史官身份的高允，在辅助崔浩修
史时曾指出史书中汉历天象的错误，反对"史官欲神其事，
不复推之于理"⑤的做法，国史案后又受命集天文灾异成书，
因此在独立主导国史纂修时极有可能形成了后来《魏书》本
纪不载天象，《天象志》与《灵征志》分离的范本。因北魏
国史纂修的主要参与人不单是史官一重身份，其撰著成书的
史籍中自然融入了著史者的参政经验与价值取向，著史以资
借鉴的史学功用也就得到了很好的贯彻。

---

① 魏收：《魏书》卷一〇八之一《礼志一》，第2733页。

② 魏收：《魏书》卷一一〇《食货志》，第2849页。

③ 魏收：《魏书》卷四八《高允传》，第1089页。

④ 参见何德章：《说〈皇诰〉》，载氏著：《魏晋南北朝史丛稿》，第
328—337页。

⑤ 魏收：《魏书》卷四八《高允传》，第1068页。

反观南朝著史之人的身份则有所不同，南朝没有监修国史的制度，实际执笔的史官多为专职人员，即著作郎、著作佐郎与撰史学士，且依胡宝国推断著作佐郎成为高门子弟起家之选后可能不再参与史书纂修工作[①]，大致可理解为南朝史官政治身份与地位远不如北方重臣。虽有何承天、徐爰一类传记中提及他们的施政建议，但多数史官眼界势必难以达到一定高度，实际上仍需遵从旧制体例，也就是前文论述断限时所引王俭"宪章前轨、无所改革"之议。当然，著史之人身份高低并不完全决定史著的结构体例，统治者的需求才是服务于政权统治的官方史学的根本目的。从这点来说，南朝史著对现实政治的关注并不弱于北方，前文统绪之异与维护自身利益贬低对方的笔法都可说明。回到胡宝国所提《宋书》无《刑法》《食货志》的论断，沈约《志序》中自言："《刑法》《食货》，前说已该，随流派别，附之纪传。"[②] 胡宝国认为这是沈约对二志不够重视的解释，但"前说已该"一句，表明沈约并非没有考虑到二志的存在，只是已有史著，而且沈约提到《沟洫》"世殊事改，于今可得而略"，立《符瑞志》"以补前史之阙"[③] 等语，都说明他对于

---

① 胡宝国：《南北史学异同》，载氏著：《汉唐间史学的发展（修订本）》，第190页。

② 沈约：《宋书》卷一一《志序》，第204页。

③ 沈约：《宋书》卷一一《志序》，第204页。

志的结构安排有自己独到的见解，而他取舍详略的标准是前人史著中的详略有无，他的《志序》比魏收"十志启"更为详细地梳理了马班以来历代史著中志的情况，再考虑到沈约书成早于魏收之书，且《魏书》之志多为北魏一代之事，沈约对"志"的认知并不次于魏收。

至于《宋书》无《食货志》一项，在《宋书·沈昙庆传》末有"史臣曰"一段，可视为分析江南经济发展状况的必备材料：

> 江南之为国盛矣，虽南包象浦，西括邛山，至于外奉贡赋，内充府实，止于荆、扬二州。自汉氏以来，民户雕耗……自义熙十一年司马休之外奔，至于元嘉末，三十有九载，兵车勿用，民不外劳，役宽务简，氓庶繁息……既扬部分析，境极江南，考之汉域，惟丹阳会稽而已。自晋氏迁流，迄于太元之世，百许年中，无风尘之警，区域之内，晏如也。及孙恩寇乱，歼亡事极，自此以至大明之季，年逾六纪，民户繁育，将曩时一矣。地广野丰，民勤本业，一岁或稔，则数郡忘饥。会土带海傍湖，良畴亦数十万顷，膏腴上地，亩直一金，鄠、杜之间，不能比也。荆城跨南楚之富，扬部有全吴之沃，鱼盐杞梓之利，充仞八方，丝绵布帛之饶，覆衣天下。而田家作苦，役难利薄，亘岁从务，无或一日非农，而经税横赋之资，养生送死之具，莫不咸出于此。

穰岁籴贱，籴贱则稼苦；饥年籴贵，籴贵则商倍。常平之议，行于汉世。元嘉十三年，东土潦浸，民命棘矣。太祖省费减用，开仓廪以振之，病而不凶，盖此力也。大明之末，积旱成灾，虽敛同往困，而救非昔主，所以病未半古，死已倍之，并命比室，口减过半。若常平之计，兴于中年，遂切扶患，或不至是。若笼以平价，则官苦民优，议屈当时，盖由于此。①

这段史论，有时代背景分析，有区域经济差异，也有治国措施成效，足以证明沈约对国计民生的关注。而前引王俭于萧齐国史体例讨论时曾建议"金粟之重，八政所先，食货通则国富民实，宜加编录，以崇务本"②。由此江淹所撰萧齐国史中已有《食货志》，这可能就是沈约"前说已该"所指，如果在国史中已有体现，他受诏所修前朝史自然可以略去不记。

官方史著内容结构的影响因素多种多样，有传统史著的学术传承影响，有著史者个人史学修养的高低，也有统治者意志的特殊需求，而后者的影响力在时代背景下应当更大。出于统治阶层需要，南北官方史著中既有符瑞一类宣扬

---

① 沈约：《宋书》卷五四《孔季恭等传》"史臣曰"，第1540页。
② 萧子显：《南齐书》卷五二《文学·檀超传》，第891页。

天命维护皇权的记载，又有立足现实总结的历史经验教训以资统治阶层借鉴。《宋书》《魏书》中还有一类相似传记同样表现了对现实政治社会的观照，即孝义行为的类传。《宋书·孝义传》序云：“《易》曰：‘立人之道，曰仁与义。’夫仁义者，合君亲之至理，实忠孝之所资，虽义发因心，情非外感，然企及之旨，圣哲诒言。”[①] 然而“晋、宋以来，风衰义缺，刻身厉行，事薄膏腴”[②]，沈约之言表明“孝”的理论需要与当时现实的矛盾。关于魏晋南北朝时期孝的研究，学界多有成果。[③] 对于魏晋“以孝治天下”，鲁迅认为是“因为天位从禅让，即巧取豪夺而来，若主张以忠治天下，他们的立脚点便不稳，办事便棘手，立论也难了，所以一定要以孝治天下”[④]。鲁迅所言有一定道理，南朝禅代政权也符合这一逻辑，不过却无法解释北魏也存在的孝义行为。可以说，鲁迅解释了统治阶层不得不如此表述的原因，而使其主动选择的原因则是南北朝整个社会的组织结构，世家大族的存在决定了儒家学说中的孝礼更适应维系统治阶层

---

① 沈约：《宋书》卷九一《孝义传》，第2241页。

② 沈约：《宋书》卷九一《孝义传》“史臣曰”，第2258—2259页。

③ 参见胡和平：《浅议“魏晋以孝治天下”》，《郑州大学学报（哲学社会科学版）》1996年第4期，第68—72页；张承宗：《魏晋南北朝养老与敬老风俗》，《史林》2001年第4期，第42—48、62页。

④ 鲁迅：《魏晋风度及文章与药及酒之关系》，《鲁迅全集·而已集》，北京：人民文学出版社，1973年，第534页。

顺畅运行的政治需要。通过梳理魏晋南朝忠孝先后论的变化，唐长孺指出："自晋以后，门阀制度的确立，促使孝道的实践在社会上具有更大的经济上与政治上的作用，因此亲先于君，孝先于忠的观念得以形成。"[①] 现实政治也加强并发展了这种观点，东晋南朝大体上孝的实践远重于忠节。萧齐刘瓛回答齐高帝问政时称："政在《孝经》。宋氏所以亡，陛下所以得之是也。"齐高帝以为此论"可宝万世"[②]。统治者以《孝经》为治国之道，就是赋予"孝"政治意义，孝成为掩饰不法不义之行的挡箭牌，又是士人借机打压政敌的工具。无论忠孝何者为先，实际都是为了统治阶层的核心利益。梁满仓在研究魏晋南北朝礼制时就指出，把忠孝对立，过分强调孝，必然会影响忠的执行，因此随着皇权的加强，开始出现忠孝统一的复归趋势。[③] 他所举用的例子就是南北朝史著记载中诵读《孝经》以维护忠孝一体的事例。同时，南北朝君主注释宣讲《孝经》屡见史籍，北朝帝王更有数位谥号中带有"孝"字。尽管存在一些假借"孝义"的虚情矫饰，但正表明仍需要借其外衣。种种现象都说明孝行是当时

---

① 唐长孺：《魏晋南朝的君父先后论》，载氏著：《魏晋南北朝史论拾遗》，第235—250页。

② 李延寿：《南史》卷五〇《刘瓛传》，第1236页。

③ 梁满仓：《魏晋南北朝五礼制度考论》，北京：社会科学文献出版社，2009年，第356页。

社会的普遍风气。《宋书·孝义传》与《魏书·孝感传》就是这种社会风气在史著中的表现。

《宋书》《魏书》孝义类传又有区别。沈约于《宋书》中设《孝义传》，可能针对上层士族"风漓化薄，礼违道丧，忠不树国，孝亦愆家"[1]，《宋书》中也确实记载了许多因不符合伦理道德而遭到舆论批评的行为。如《宋书·范泰传》载，刘宋政治斗争中，范泰、王准之、司马殉之等人就被御史中丞以"居丧无礼"的理由奏弹贬抑。[2] 所谓"若夫孝立闺庭，忠被史策，多发沟畎之中，非出衣簪之下。以此而言声教，不亦卿大夫之耻乎"[3]。这种讽刺反问语调，正表明记载传诵"捐躯舍命，济主安亲"[4] 孝义行为之目的所在。《魏书》中对"孝"与"义"则分别立传，《孝感传》专记孝悌感天之行，似乎比《宋书》所记更为神异，《节义传》专记"其大则光国隆家，其小则损己利物"[5] 的"轻生蹈节，临难如归，杀身成仁，死而无悔"[6] 事迹。《魏书·孝感传》中对孝的赞扬高度也高于《宋书》："《经》云'孝，德之

---

① 沈约：《宋书》卷九一《孝义传》，第2241页。

② 沈约：《宋书》卷六〇《范泰传》，第1616页。

③ 沈约：《宋书》卷九一《孝义传》"史臣曰"，第2259页。

④ 沈约：《宋书》卷九一《孝义传》，第2241页。

⑤ 魏收：《魏书》卷八七《节义传》"史臣曰"，第1896页。

⑥ 魏收：《魏书》卷八七《节义传》，第1889页。

本’，‘孝悌之至，通于神明’。此盖生人之大者。”① “塞天地而横四海者，唯孝而已矣。”②《宋书》《魏书》的这种区别，当与南北社会状况差异有关。南方孝义观念作为儒学思想之一，是魏晋南朝名教观念在新时代的延续，有一个从上层到平民的转移过程；而北方经历过战乱与文化断层，尊老敬老的孝行首先是整个社会层面的需要，而忠义则牵涉北地大族与少数民族政权的关系。从维护统治角度讲，南北政权都有重视孝行的举措，但南方孝义多是观念上的呼吁，北方则为“三老五更”、嘉奖孝悌等具体举措。

官方史学的政治属性决定了史著成果必然要符合统治阶层的需要，而在具体的纂修过程中，又必然会掺入纂修者个人的学术与情感倾向，但总的来看，《宋书》《魏书》均反映了对时代的关注与认知，又呈现了南北不同的政治环境与史学传承特色。

三、华夷有别的佛教叙事

魏晋南北朝时期，社会动荡加剧，诸学并起，佛教传播逐渐遍布社会各阶层，寺院和信众数量增多，大量佛经得

---

① 魏收：《魏书》卷八六《孝感传》，第1881页。

② 魏收：《魏书》卷八六《孝感传》“史臣曰”，第1887页。

到译注。尤其是东晋、十六国以后，佛教势力迅速发展，出现了一批专门记载佛教历史的著述，如《高僧传》《出三藏记集》等。此外，官方史著中也有佛教事迹的记载，如《宋书》于《天竺迦毗黎国传》后附记，《魏书》则有《释老志》专述。[①] 南北正史虽都有相关记载，但又表现出各具特色的一面。[②]《宋书》《魏书》记载佛事，开篇均言佛教传入的历史。两相比较，《魏书》对佛教传入中国的历程记载更为明晰，《宋书》则概述大略，而且是在记录与他国交往之后，因其诸国皆事佛道，才用带叙的形式简要介绍了佛教在本土的情况。因两篇记载文体不同，在佛事记载的裁剪取舍上差别很大。《宋书》专记当朝之事，虽然涉及部分人、事，但前后看不出有何关联，使人仅能模糊感知刘宋佛教的片段，难以形成整体认识。反观《魏书·释老志》，对佛教的记载基本符合"志"的专题要求。《释老志》分释、道两

---

① 通常所称佛教史学实可分狭义、广义两类。狭义者，专指关于佛教历史的，一般指佛教史家的专著，如《高僧传》，或专门论述佛教的有关史著，如《洛阳伽蓝记》。广义者，则包括所有有关佛教历史的记载和议论。参见严耀中：《试论佛教史学》，《史学理论研究》2002年第3期，第134—139页。本文为论述方便，不用"佛教史学"这一特定概念，仅专论佛教事迹载入正史这一具体现象。

② 业有学者对南北朝佛教入史差异作过考察，参见窦艳玲、胡祥琴：《〈宋书〉〈魏书〉佛教入史方式相异原因初探》，《北方民族大学学报（哲学社会科学版）》2014年第3期，第17—22页。另阮忠仁专门就北齐《修史诏》研究了《魏书·释老志》释部的撰著原因，参见阮忠仁：《〈魏书·释老志〉释部撰述原因研究》，台北：台湾兰台出版社，2010年。

家，佛教部分约占整篇四分之三，"采取概述的方式，先叙一般经旨要义，然后简述佛教传入的历史。其间，每于叙述中以事带人，将佛教传播史中的关键人物作出重点交待。而全文的重点则在集中论述北魏一朝的佛教概况"，"以精炼通俗的文字，对佛教的基本经旨教义以及教徒的习俗等，从文化的角度作了简明的介绍"①。《魏书·释老志》对佛教事迹的记载也就显得更系统一些。

佛教在南北朝均有发展，北魏佛教兴盛，史官魏收以其自觉意识专志记载，与前后史家相比更可称其"尤为卓见"②。东晋以降，南朝刘宋、萧齐、萧梁之世佛教蓬勃发展，但如清代钱大昕所言："晋南渡后，释氏始盛。宋文、梁武之世，缁流有蒙宠幸者，然沈约、姚思廉之史，不为此辈立传。"③ 面对客观历史而不加撰述，倘若不是因为狭隘观念的针对，则必有其他难以言明的障碍。更何况沈约出身天师道世家，又是与佛教有密切关系的竟陵八友之一，其佛教信仰早已为人所知。但为何《宋书》中没有给佛教留出起码的位置，值得进一步思考。对此差异，已有前辈学者作出相

---

① 向燕南：《〈魏书·释老志〉的史学价值》，《史学史研究》1993年第2期，第59页。

② 周一良：《魏收之史学》，载氏著：《魏晋南北朝史论集》，第223页。

③ 钱大昕：《十驾斋养新录》卷六"沙门入艺术传始于晋书"条，上海：上海书店，1983年，第136页。

关论述，试辨析如下。或称可能因时间有限不能将《宋书》从头到尾仔细修订，使首撰者何承天的反佛态度保留下来①，或是径称沈约继承何承天的抑佛思想②，都略显草率。沈约于《宋书·自序》中称前人之作"立传之方，取舍乖衷，进由时旨，退傍世情，垂之方来，难以取信"，因此他要"谨更创立，制成新史"③，从这点来讲，即使编集《宋书》时间较短，沿用何承天、徐爰等人旧本，沈约仍有强烈的创新意愿。抛开沈约与何承天对佛教的正反态度，《宋书》的传记中尚可见其他受佛教感应思想影响的记载，如刘义庆因太白星犯右执法惧有灾祸请求外调，但宋文帝诏称："天道辅仁福善，谓不足横生忧惧。兄与后军，各受内外之任，本以维城，表里经之，盛衰此怀，实有由来之事。"④与前引符瑞一处类似，这里掺杂着传统天命观与佛教的因果感应。再如王玄谟因梦中被告知诵观音经千遍能免死，"既觉，诵之得千遍，明日将刑，诵之不辍，忽传呼停刑"⑤，这是典型的观

① 范家伟：《〈宋书·夷蛮传〉与夷夏论》，四川大学中文系《新国学》编辑委员会编：《新国学（第2卷）》，成都：巴蜀书社，2000年，第395—400页。

② 窦艳玲、胡祥琴：《〈宋书〉〈魏书〉佛教入史方式相异原因初探》，《北方民族大学学报（哲学社会科学版）》2014年第3期，第20—21页。

③ 沈约：《宋书》卷一〇〇《自序》，第2467页。

④ 沈约：《宋书》卷五一《宗室·刘义庆传》，第1476页。

⑤ 沈约：《宋书》卷七六《王玄谟传》，第1974页。

音救难应验。由此说明《宋书》并非简单的抑佛排佛就能概括。也有学者以传统史学中儒家文化本位立场解释《宋书》对于佛教内容的安排，认为"对于传统史学来说，从感情上对佛、道等非儒家的异端意识形态，必在排斥之列；从内容上，亦因其无补于治……而'不取焉'"①。就当时文士的观点来看，后句应该是成立的。如依范泰、谢灵运等言，佛家学说在于解决心灵上的问题，儒家学说则侧重现实政治。袁粲亦言："孔、老、释迦，其人或同，观方设教，其道必异。孔、老治世为本，释氏出世为宗。"②这些当时信仰、研究佛教思想的文士言论，既是为佛教超脱俗世推广，又可说明佛教于传统史书的资政功能无用。但就感情排斥一说，似是忽略了《宋书》《魏书》均有佛教事迹记载这一相同之处，当有史学自身以外更现实的背景原因。

在比较南北朝佛事入正史的差异之前，有必要先解答何以两部史书中均有佛教事迹记载。北魏承继的统治者多为少数民族的十六国政权，与被称为"胡神"的佛教有天然亲和力，而且拓跋鲜卑平定迁徙的各政权旧属包括大量佛教僧徒，"太延中，凉州平，徙其国人于京邑，沙门佛事皆俱

---

① 向燕南：《〈魏书·释老志〉的史学价值》，《史学史研究》1993年第2期，第61页。

② 萧子显：《南齐书》卷五四《高逸·顾欢传》，第933页。

东，象教弥增矣"①。北魏统治者对佛教的态度继承其他少数民族政权，即将佛教作为稳定统治的手段，对那些信仰佛教的被征服地区实行安抚政策。如明元帝拓跋嗣时，"遵太祖之业"，"仍令沙门敷导民俗"②。不过北魏对佛教的态度又取决于维护统治稳定的需要，前后兴佛，因其能安抚治民。至于灭佛，则因"政教不行，礼义大坏，鬼道炽盛，视王者之法蔑如也"③。针对统治区域内佛教信徒众多的现实，北魏统治者在巩固权威方面有诸多举措，如设置道人统、沙门统等僧官制度，将僧众与统治阶层绑在一起，僧徒受宗教戒律与世俗政权双重管辖；大兴佛事，"诏有司为石像，令如帝身"④，将宗教信仰与政治权威融为一体。北朝佛教风气渐浓，北朝文士对佛学有所涉及，文士的知识构成必然会受佛经所体现的思想影响。不过北方佛教义理尚未显达，这种影响又不十分显著，并且中原士人中不时有抑佛之论，如崔浩视佛教为"胡神"⑤，李瑒认为沙门绝户有违孝礼⑥，李崇奏

---

① 魏收：《魏书》卷一一四《释老志》，第3032页。

② 魏收：《魏书》卷一一四《释老志》，第3030页。

③ 魏收：《魏书》卷一一四《释老志》，第3034页。

④ 魏收：《魏书》卷一一四《释老志》，第3036页。

⑤ "浩既不信佛、道，槐深所归向，每虽粪土之中，礼拜形像。浩大笑之，云：'持此头颅不净处跪是胡神也。'"见魏收：《魏书》卷三五《崔浩传》，第827页。

⑥ 参见魏收：《魏书》卷五三《李孝伯传附李瑒传》，第1177页。

请复兴国子学时认为经国治要应先于兴佛之事①。这些言论均有针对，虽是个别，却与更广泛的兴佛言论形成对比，说明北朝文士尤其是部分中原文士，对佛教持有谨慎态度。北魏社会存在重史风气，关注佛教在北地传播扩散这类影响重大的社会事件，正是北朝佛事入史的社会背景。不过相对南方，佛教与史学的互动联系在北方主要停留在表层，即北朝史家撰述时关照社会问题，将佛事纳入史籍之中。② 与李彪齐名的阳尼"少好学，博通群籍"③，任秘书著作郎时"奏佛道宜在史录"④。阳尼虽未有相关文字传世，其原意不可确知，但以史官身份上奏此论，应是史家撰史自觉选材的体现，将宗教与政权统治下的著史活动联系，留存史事之心可见。由此推之，魏收撰《魏书》时列《释老志》详记佛教传入之后的历史，应与阳尼一脉相承。而其典型，则是杨衒之作《洛阳伽蓝记》。杨衒之感慨所撰，不仅是记"伽蓝"，更是记国之盛衰，从佛事兴衰角度总结北魏衰亡的经验教训。

南朝佛教传播与北朝不同，区别在于玄谈义理的程度，

---

① 参见魏收：《魏书》卷六六《李崇传》，第1472页。

② 关于佛教与史学的关系可参见吴怀祺主编、庞天佑著：《中国史学思想通史（魏晋南北朝卷）》，第四章《佛教与魏晋南北朝时期的史学思想》，合肥：黄山书社，2003年，第85—104页。庞书所举所论多用南朝事例，于北朝少有论述，恰是说明南北不同。

③ 魏收：《魏书》卷七二《阳尼传》，第1601页。

④ 魏收：《魏书》卷七二《阳尼传》，第1601页。

又与当时北方战乱，文士僧徒南迁有关，"南北佛学，风气益形殊异。南方专精义理，北方偏重行业，此其原因，亦在乎叠次玄风之南趋也"[①]。两晋玄谈之风大兴，佛学与玄学在超越现实、经验层面存在一定的契合，正如汤用彤所论："《般若》大行于世，而僧人立身行事又在在与清谈者契合。夫《般若》理趣，同符《老》《庄》，而名僧风格，酷肖清流，宜佛教玄风，大振于华夏也。"[②] 对中原文士而言，佛教学说乃"清心释累之训，空有兼遣之宗，道书之流也。且好仁恶杀，蠲敝崇善，所以贤达君子多爱其法焉"[③]。儒、释、道三教相通，是晋室南迁之后佛教被中上层文士接受的主要原因，有别于北朝的"胡"族统治因素。而在接受之后，佛教思想悄然内化到文士的知识结构之中，进而影响行事风格，则更甚于北方。南朝史家多受佛教思想影响，或是认可，或是笃信。如刘宋文帝曾说："范泰、谢灵运每云：'六经典文，本在济俗为治耳。必求性灵真奥，岂得不以佛经为指南耶？'"[④] 梁裴子野，"末年深信释氏，持其教

---

①　汤用彤：《汉魏两晋南北朝佛教史》，上海：上海书店，1991年，第340页。

②　汤用彤：《汉魏两晋南北朝佛教史》，第153页。

③　范晔撰，李贤等注：《后汉书》卷八八《西域传》"论曰"，第2932页。

④　何尚之：《答宋文皇帝赞扬佛教事》，释僧祐撰，李小荣校笺：《弘明集校笺》卷一一，上海：上海古籍出版社，2013年，第576页。

戒，终身饭麦食蔬"①。《宋书》著者沈约更有多篇维护佛教文论。南朝玄谈渐稀，而佛教已获得较稳定的发展，晋宋之际，道生立顿悟义，谢灵运撰《辨宗论》为其与佛教旧势力辩论②，僧徒与文士合作为佛教扎根华夏努力，既是佛教中国化的表现，又反映了社会对佛教的认可程度。南朝包括世族在内的统治阶层，对佛教的崇敬比北朝更甚，学界已多有论述。③ 而佛教与政治互动典型者，如《宋书·符瑞志》载法义嵩山寻瑞，借佛教徒之口应验刘宋代晋的天命，刘裕承佛教相助之情，对佛教倍加崇重。④ 梁武帝从信道到信佛，是东晋南朝由天师道世家改宗佛教的代表，而其作为统治者，"对各种宗教一视同仁，采取宽容态度，兼容并包，更易争取民心，往往比专崇一种信仰而打击其他宗教更有利于封建统治的安定巩固"⑤。在利用宗教维护统治层面，南北是一致的。

南朝同样设有僧官制度，与北朝相比南朝僧官更替有较

---

① 姚思廉：《梁书》卷三〇《裴子野传》，第444页。

② 谢灵运：《与诸道人辨宗论》，载释道宣撰：《广弘明集》卷一八《法义篇》，上海：上海古籍出版社，1991年，第231—235页。

③ 如汤用彤：《汉魏两晋南北朝佛教史》第十三章《佛教之南统》，第415—486页；严耀中：《中国东南佛教史》第五章第一节"一浪高过一浪的帝王崇佛"，上海：上海人民出版社，2005年，第82—88页。

④ 参见杨耀坤：《刘宋初期的皇权政治与佛教》，《四川大学学报（哲学社会科学版）》1997年第1期，第75—77页。

⑤ 周一良：《论梁武帝及其时代》，载氏著：《魏晋南北朝史论集》，第321页。

明显的法系传承倾向制度，如成实学、三论宗、天台宗等学宗派别的传承，使地方教团发挥了更大作用，这与北朝统一控制下的佛教发展面貌不同，反映了南朝佛教发展过程中适应政治区域性发展的特征。南朝还有刘宋设置的尼僧僧官以及梁武帝时设想的白衣僧正两类有时代地域特色的僧官制度[①]。相对应地，南朝的佛教史籍中有一类独特的佛事记载文本——僧史传记。汤用彤称中国僧传为两晋南北朝最发达之史书，详列了一人之传记、一类僧人之传记、一时一地僧人之传记、尼传、感应传、通撰僧传者等门类的书目。[②] 从陈垣对《高僧传》《出三藏记集》等书史学价值的评价，亦可知这类书籍于六朝史学的特殊地位。[③] 然而这类书多是佛教僧徒所著，出于宣扬佛教的现实需要，或是记录世系传承，或是树立高僧楷模，不可避免带有一定的夸张成分，又因其立场所限，很难从其中辨别出斥佛非佛的内容。有学者将这类史著归入狭义的佛教史学，称其特殊性在于"具备了历史学与佛学的双重性"[④]，表明僧史传记与正史佛事记载有所区别。而在南朝《宋书》

---

① 参见谢重光：《中古佛教僧官制度和社会生活》上篇"僧官制度"，北京：商务印书馆，2009年。

② 参见汤用彤：《汉魏两晋南北朝佛教史》第十五章《南北朝释教撰述》"史地编著"篇，第574—587页。

③ 参见陈垣：《中国佛教史籍概论》，北京：中华书局，1962年。

④ 严耀中：《试论佛教史学》，《史学理论研究》2002年第3期，第139页。

《南齐书》两部正史中，除了传主信仰佛教的相关记载外，仅有《宋书·天竺迦毗黎国传》中附记的零散佛教事迹与人物，与《魏书·释老志》单列专志记载反差明显。

佛教事迹入史著的南北差异，源于南北区域佛教发展的背景差异。这种差异呈现为史著体例中侧重不同，北方偏重事迹记载，南方则有佛教自身史籍。魏收所言"《释老》当今之重"不难理解，但沈约《宋书》中对佛教记载的处理方式，仅从南北佛教发展状况角度尚不能完全解释，还须从史官所处境地角度进一步考察。

崇佛与反佛往往成对出现，面对一种宗教信仰，甚至是可能危及社会统治稳定的信仰，总会出现不同声音。佛教宣扬的因果报应、转世轮回之说与中国传统有神论相适应，范缜则针锋相对地提出神灭论。《魏书》中佛家感应、报应之说的明确事例不少，同时也有李瑒因佛教有违孝礼而反对的记载。南北朝时期的崇佛反佛之争，多与礼仪规制、社会利害甚至统治根基有关。在南朝，事关礼仪争辩典型者有踞食之争①，在面对伴随佛教传入带来的印度式风俗时，范泰不

---

① 参见［日］吉川忠夫著：《六朝精神史研究》第四章《关于踞食论争》，王启发译，南京：江苏人民出版社，2011年，第115—127页。不过也有学者持不同看法，陈志远认为范泰所争为派别之争，不涉及华夷之争，参见陈志远：《祇洹寺踞食之诤再考》，《中国中古史研究》编委会编：《中国中古史研究》第五卷，上海：中西书局，2015年，第38页。

再是捐资修建祇洹寺的信众，相反以中国礼教的捍卫者身份与之论争，这就从佛教经义虚的层面跨越到行止这一实的层面。即便是被认为通晓佛教教义的范泰，在涉及华夏固有的礼仪、历史时，与佛教的疏离也初见端倪。

北朝对兴佛持反对意见的人，多是从危及社会发展立论。北魏大兴佛事加剧了社会负担，宣武帝时宗室元鸾"爱乐佛道，修持五戒，不饮酒食肉，积岁长斋。缮起佛寺，劝率百姓，共为土木之劳，公私费扰，颇为民患"[①]。孝明帝崇信佛法，张普惠上表称："殖不思之冥业，损巨费于生民。……愚谓从朝夕之因，求祇劫之果，未若先万国之忻心，以事其亲，使天下和平，灾害不生者也。"[②]兴佛之害于北魏末年已现端倪，《洛阳伽蓝记》与《魏书·释老志》的记载都是因此而发，"流弊不归，一至于此，识者所以叹息也"[③]。南朝亦有因佛教影响社会稳定而排斥的立论，即便是兴佛最盛的梁武帝时也不例外，郭祖深认为"都下佛寺五百余所，穷极宏丽。僧尼十余万，资产丰沃。……道人又有白徒，尼则皆畜养女，皆不贯人籍，天下户口几亡其半。而僧

---

① 魏收：《魏书》卷一九下《景穆十二王列传·城阳王长寿传附元鸾传》，第510页。

② 魏收：《魏书》卷七八《张普惠传》，第1737页。

③ 魏收：《魏书》卷一一四《释老志》，第3048页。

尼多非法，养女皆服罗纨，其蠹俗伤法，抑由于此"①。虽然南朝在学理上对佛教的认可程度较北朝高，但当佛教触及世俗统治的底线时，必然要承担风险，裁汰沙门、强制还俗之类举措在南北诸朝均不少见。

北朝从辨明夷夏的角度排斥佛教，可能仅为崔浩一人所论，崔浩因国史案被诛后，北方史家对此类问题处理较为敏感，未见再有。而在南朝，因为面临北方外族政权的对峙局面，对佛教的认知极有可能与现实层面的夷夏之辨产生联想，由此产生的抑佛立场就更为强烈。前引谢灵运著《辨宗论》，其实已经涉及佛教传播时的华夷之别，虽然谢论主要是为了说明顿了与渐悟的区别，为顿悟说造势，但是潜意识中对华夷做了区分。对北朝而言，胡（教）与胡（政权）通不是问题，"作为'夷教'的佛教则受到少数民族统治者的特别崇重，有意识地使之成为辅助教化、统治民众的手段。这就使得北方佛教显示出更突出地与国家专制政权相结合的性质"②。对南朝而言，佛教作为外来宗教，出身渊源使得有关佛教问题的争论都与夷夏之别扯上关系，"胡汉分别不在种族而在文化"，"拜不拜王者，现象上是僧俗的区别，实

① 李延寿：《南史》卷七〇《循吏·郭祖深传》，第1721—1722页。

② 孙昌武：《南朝士族的佛教信仰与佛教文化》，《佛学研究》2008年总第17期，第105页。

质上是夷夏的区别"。[①]

就佛教自身来说，为了更好地在华夏发展，必然要适应甚至用传统文化资源改造完善自己的理论，这是佛教一方的应对方式。作为佛教以外的世俗世界，统治者利用甚至崇信佛教以维护统治，在其影响稳定时又加以控制的决策不必多言。此外文士之中又有信佛与排佛两类，反对佛教最著名者，莫过于顾欢著《夷夏论》。[②]顾欢崇道抑佛，称"以中夏之性，效西戎之法，既不全同，又不全异""舍华效夷，义将安取？"认为佛教只适合外国而不适合中夏，"虽舟车均于致远，而有川陆之节，佛道齐乎达化，而有夷夏之别，若谓其致既均，其法可换者，而车可涉川，舟可行陆乎？"[③]针对顾欢的言论，佛教徒有过多次反驳，甚至援引佛教发源地天竺才是天地之中的理论。[④]梁时僧祐归纳对佛教的质疑，有"教在戎方，化非华夏"一项，在其后的应答中提及一句："伊、洛本夏，而鞠为戎墟；吴、楚本夷，而翻成华

---

① 参见万绳楠整理：《陈寅恪魏晋南北朝史讲演录》"佛教之于中国（夷夏之辨）"，第291—296页。

② 顾欢《夷夏论》研究参见李养正：《顾欢〈夷夏论〉与"夷夏"之辩述论》，《宗教学研究》1998年第3、4期。

③ 萧子显：《南齐书》卷五四《高逸·顾欢传》，第931—932页。

④ 如《弘明集》卷七收录释僧愍《戎华论折顾道士夷夏论》："如经曰'佛据天地之中，而清导十方'，故知天竺之土是中国也。"见释僧祐撰，李小荣校笺：《弘明集校笺》，第396页。

邑。……天竺居中。今以区分中土称华，以距正法，虽欲距塞，而神化常通。"① 可以说，华戎夷夏的区别，在佛教神通普化之下是不存在的。这种文化层面上的论争给佛教创造了较大的发展空间，使得南朝不曾发生剧烈的灭佛动荡，但也潜伏着佛教中国化的暗涌。

有意思的是，北朝主持灭佛的北周武帝称："佛生西域，寄传东夏。原其风教，殊乖中国。汉魏晋世，似有若无。五胡乱治，风化方盛。朕非五胡，心无敬事。既非正教，所以废之。"而僧任道林回答："佛教东传，时过七代，刘渊篡晋，元非中夏，以非正朔，称为五胡。其汉魏晋世，佛化已弘，宋赵符燕，久习崇盛。陛下耻同五胡盛修佛法，请如汉魏不绝其宗。"② 前者以非胡族故不信胡教，与后赵石虎处境虽同，但以华夏自居，态度截然相反。而后者回答既非胡族，则请求沿袭汉晋给予佛教一定的生存空间。这场发生在北周覆灭北齐之后的谈话，实际上是以辨明夷夏之名，行收拢新占区域财力之实。但对比当时南朝对佛教的崇信程度，北朝后期统治者反而提出非胡身份不宜信仰胡教的理由，极为微妙。

---

① 释僧祐：《弘明论后序》，释僧祐撰，李小荣校笺：《弘明集校笺》卷一四，第800—801页。

② 道林：《周祖巡邺请开佛法事》，载释道宣：《广弘明集》卷一〇《辩惑篇》，第160页。

佛教徒用来解决佛教并非不能普及华夏的辩证说辞，可能正是南朝官方史著对佛教态度纠结的根源。夷夏之辨，辨在政权正统与文化正统。官方编撰史籍，根本在于宣扬天命赞颂当朝，但南朝偏据江南难控中原的现实使著史者无法避开名实难副的尴尬。南北对峙、夷夏之别在南朝是不可忽略的政治现实，也是正史书写面临的首要问题。将佛教入正史这一问题置于夷夏之辨的视野下考察，会发现南朝史官处理佛事确有难度。北朝记载佛事，基本不存在身份认同的困难，当然随着对华夏文化认可度的增高，会出现反复，但在魏收编撰《魏书》时只需考虑用何种文体记载当时较为重大的社会问题，并没有其他阻碍。而南朝记载佛事，则需多重考量。首先，佛教通传中外南北的现状不会抹杀区域政权的差异，相反，因其传播的范围已超越南朝政权统辖范围，又因佛教本外来宗教，顾欢所论："佛非东华之道，道非西戎之法，鱼鸟异渊，永不相关。"[1]佛教传播也就难以被单纯地当作社会现象记录。其次，儒释道三家主次排序问题，道家作为本土宗教暂且不论，反佛言论多是从华夷有别角度阐发，实是由佛教理念冲击传统仪礼而起。佛教宣扬出世思想，僧属常又不受俗世制约，危及政权统治，偏偏统治者大多崇信佛教，甚至有梁武帝舍身之举，这对怎样用传统观念

---

[1] 萧子显：《南齐书》卷五四《高逸·顾欢传》，第934页。

评判佛教造成困扰。最后，佛教传入已历数代，随着对其认知增加，从感应、报应、轮回之类佛教概念到抽象、思辨的思维方式都已与传统天命观、谣谶说结合，甚至一些佛教应验故事模板也成为史家笔下套用的材料，即使是排佛者也难以一一甄别。以上都会是《宋书》记录、裁剪、处理佛事记载过程中避不开的因素。

晋世官方史著中有无佛事记载已难考辨，《宋书》编撰早于《魏书》，似乎之前并无可以参照的处理方式，带叙法成为可行的尝试。[①] 清代赵翼言"盖人各一传则不胜传，而不为立传则其人又有事可传，有此带叙法，则既省多立传，又不没其人，此诚作史良法。但他史于附传者，多在本传后方缀附传者之履历，此则正在叙事中，而忽以附传者履历入之，此例乃《宋书》所独创耳"[②]。若将有关佛教事迹视为一个整体，则《宋书·天竺迦毗黎国传》符合带叙法的界定。依政权统治下的正史撰述活动而论，不同于北朝《魏书》单纯只需考虑如何写，由于南北对峙局面下华夷有别、正统之争的现实困扰，南朝官方史学需要完成能否写、如何论以及度的把握三重推敲。就史官自身自觉意识而言，对不得不写

①　阮忠仁曾整理过魏晋南北朝时期史著中记载的佛教史事相关材料，参见阮忠仁：《〈魏书·释老志〉释部撰述原因研究》，第318—326页。

②　赵翼：《廿二史劄记》卷九"宋齐书带叙法"条，王树民校证：《廿二史劄记校证》，第194页。

的佛教事迹如此处理不失为一种取巧的做法。《宋书》《魏书》佛事记载差异，作为南北朝史学差异的一端，亦可见对峙局面下史学与政治的纠葛关系。

小 结

　　无论是具体的官方史学活动侧重，还是以前朝史文本呈现的官方史学异同，南北政权在对峙局面下的政治活动，在官方史学中不断得到贯彻体现。史实与文本背后，有一套逐渐完善的思想体现，即以争夺正统为主要取向的统治意志。南北政权统治者通过史学活动逐渐明确了正统观念的价值所在，政治认同的内核也逐步凝聚为对中国正统地位的追求行动。正如前章所述，南北官方史学的各种差异表明南北政权在同样指导思想之下，选择了不同的阐释方式。而当南北政治态势与社会面貌等化为凝固的文本记载时，在一定程度上又附加了著史时代的痕迹，同时也放大了历史中的特殊之处。以《宋书》《魏书》体例内容比较来看，宽泛意义上的南北官方史学著述文本也各有侧重。《宋书》《魏书》反映的南北官方史学，既揭露了社会构成的差异倾向，又刻画了南北对峙下的政治共性。

第四章

正统诉求驱动下的史官制度

影响南北官方史著内容与风格的直接因素主要有两个：统治阶层的意志与著史之人的个性。而这两者又都取决于更宏大的时代政治文化背景，即前文中不断强调的当时南北对峙、争夺正统的客观现实。北方政权为胡族建立，就华夏文化继承角度的文化正统方面来说稍显不足，而南方政权作为所谓华夏文化正朔延续所在，但在地域统治上却偏安一隅，尤其是没有取得作为文化地标的汉魏故都的控制权，可以说双方在正统争夺中各有优劣。当这种地缘与文化上的差异集中反映在史著纂修活动中时，所属政权的文化属性就成为影响官方史学的因素中较为重要的方面。这种影响，也深刻地体现在南北不同面貌的史官制度中。

　　依牛润珍的界定，史官是由帝王任命的，为存史、鉴戒，服务现实政治而专门从事载言记事，撰著史书的官吏，大致分为记注官与著作官两类。① 这个定义中有几处关键因素，分别点明了官方史学活动的主导者与活动的主要目的及内容，处于官方史学活动中能动主体位置的，就是史官个体。而史官制度，就是对以史官为主体的修史活动加以规范，形成一定的规程或准则，这种规则可以是先导性的规

---

　　①　牛润珍：《汉至唐初史官制度的演变》，第2—3页。

划，也可能因人因事具体设置或针对旧制作出修正。将制度理解为较为凝固的状态时，需要明确其中理想化的预设成分，如《宋书·百官志》言："晋制，著作佐郎始到职，必撰名臣传一人。宋氏初，国朝始建，未有合撰者，此制遂替矣。"[①] 宋承晋制，但施行之后发现难以达到预期效果，自然会做相应变革。而且，新的王朝建立之时，虽因天命统绪理论需要，大致沿袭旧制，但也不排除个别统治者更为重视新王朝的需要而改弦更张。统观南北官方史学活动，可以说史官制度只是一种高度概括的共性归纳表达。真正相对固定的是参与史学活动的职官设置及其结构，而当进行国史或前朝史纂修等具体活动时，往往因历次逐代史官不同呈现差异。除了服务政治这一共同要求，史官个人的社会、学理背景与性情取向等构成了官方史学活动中结构以外的多样性。因此，凝固的理想化的制度结构，与鲜活生动的史家主体形象，同为探讨史官制度这一外在约束时需要考察的对象。

---

① 沈约：《宋书》卷四○《百官志下》，第1246页。

第一节 | **史官制度的时代突破**

牛润珍认为北魏史官制度中置著作郎乃参照后燕而设，属于魏晋型著作官制史官制度。魏晋型史官制度主要为占据中原河北及关中的政权实行，是十六国时期的主要史官制度，"前燕—后燕—北魏"是其中一条沿袭线。[①] 北魏史官制度可视为魏晋以来著作制度的延续，与同样继承魏晋著作制度的东晋南朝相比，南北史官制度可以说具有相似性。史官制度中从史官称谓、品秩，到选任、隶属关系，以及国史纂修制度等方面，南朝北朝大同小异。牛润珍同时也指出，北魏史官制度与南朝相比，仍有不同之处：北朝著作郎多加将军号，且为实职；北朝修史机构较南朝完善，且有国史监修

① 参见牛润珍：《汉至唐初史官制度的演变》，第166、130—133页。

制度；北魏著作、起居渐分二途，国史纂修较南朝严密；北朝在吸收魏晋以来胡汉积极因素的基础上变化较大，且对后世影响超过南朝。[①] 既然南北既存在相似又具有差异，那么在南北史官制度比较中，就需要回答这样一个问题，同样为魏晋著作制度的继承者，北朝何以能够实现史官制度的突破创新且影响后世？这就需要对北魏史官制度再加梳理。除了典志类史料中的记载，史著特别是正史中并没有直接相关材料表明北魏官方史学活动中的制度规范，对北魏史官制度的研究实际是后来学者的概括归纳。而在这种简明提炼过程中，极有可能将北魏政权的特殊性湮没于史官制度最终呈现的较为凝固的汉化后的面貌。以下将以北魏史官制度的源流与特征为切入点展开论述，以揭示北魏史官制度与南朝史官制度的不同。

一、北魏史官制度创建

北魏制度的创设，大致参照三个源头，拓跋部族自身的旧制，汉魏以来中原文化的旧制及十六国时期北方少数民族政权的制度。同其他非拓跋部族属性的制度建设一样，北

第四章　正统诉求驱动下的史官制度

---

① 牛润珍：《汉至唐初史官制度的演变》，第147页。

魏史官制度是立国之后利用北地文士构建完善的，如登国十年（395）大败慕容宝，"于俘虏之中擢其才识者贾彝、贾闺、晁崇等与参谋议，宪章故实"[1]。再如北魏早期制度建设的重要参与者崔玄伯，"与张衮对总机要，草创制度"，其后更"迁吏部尚书。命有司制官爵，撰朝仪，协音乐，定律令，申科禁，玄伯总而裁之，以为永式"。[2] 以崔玄伯应答道武帝拓跋珪所问"古今旧事，王者制度，治世之则"时，提及"陈古人制作之体，及明君贤臣，往代废兴之由"，君臣当同是举用中原地域的历史故事。[3] 历数北魏早期汉地文士，除燕凤、许谦等人早自归附外，多数则为燕魏之争中所获后燕朝士，如贾彝、晁崇、崔玄伯、邓渊、崔逞等人，再者北魏自后燕俘"其所署公卿、尚书、将吏、士卒降者二万余人"，获"其所传皇帝玺绶、图书、府库、珍宝，簿列数万"。[4] 拓跋政权在接受后燕慕容政权官吏、文书的基础上构建了自己的政治体制，由此推断北魏政权建置中后燕因素为其直接影响源头当属合理。而后燕因素虽有胡汉融合特点，但这些参与北魏制度建设的后燕文士根源上以传统儒学起家，则北魏史官制度本质核心仍沿用华夏传统文化是可以确

---

① 魏收：《魏书》卷二《太祖纪》，第27页。

② 魏收：《魏书》卷二四《崔玄伯传》，第620、621页。

③ 魏收：《魏书》卷二四《崔玄伯传》，第621页。

④ 魏收：《魏书》卷二《太祖纪》，第31页。

认的。需要说明的是，由于北魏政权早期统治者仍对中原文化有所戒备，北魏早期并未形成完善的华夏化的史官制度。

那么，北魏史官制度中是否有拓跋部族自身的旧制成分？《魏书·序纪》载拓跋先世"统幽都之北，广漠之野，畜牧迁徙，射猎为业，淳朴为俗，简易为化，不为文字，刻木纪契而已，世事远近，人相传授，如史官之纪录焉"[①]。这说明早期拓跋部族文化落后，并无文字记载，类似于华夏文化中传说时代结绳记事的状态。田余庆认为"人相传授"的内容应当是有言有歌的拓跋口述历史，且拓跋部族一直有以诗歌传诵历史记忆的传统。他进而指出，拓跋部族直到道武帝时代出于军事势力扩张的需要，才系统整理"真人代歌"作为拓跋史诗，且燕魏之际辑成的《代歌》也是道武帝帝业的舆论工具，经由邓渊之手转为史著《代记》，之后成为《魏书·序纪》的蓝本。[②]依田余庆的判断，则北魏官方史学仅利用了拓跋部族口口相传的历史素材，北魏国史撰述自邓渊起，其史官纂修制度较之拓跋部族"刻木纪契"的记录方法已先进很多，很难认为北魏史官制度中有拓跋部族自身文化因素。牛润珍曾以代政权拓跋什翼犍时以许谦为郎中令

---

① 魏收：《魏书》卷一《序纪》，第1页。

② 田余庆：《〈代歌〉、〈代记〉和北魏国史》，载氏著：《拓跋史探（修订本）》，第204—221页。

"兼掌文记"① 为例，认为拓跋部族从原始记事方式过渡到册簿书记②。许谦所掌恐怕并非史官之职，而应当是咨议文书一类，充其量可视为行使左右史记录言行职能的个案。拓跋什翼犍时官员设置虽言"余官杂号，多同于晋朝"③，但明确载于史著的仅有右长史燕凤与郎中令许谦二职，从拓跋氏对中原传统文化的接受程度来看，对代政权及北魏立国前后拓跋政权的文化水平、史学自觉及华夏王朝型官职设置程度都不宜过高估计。

据《魏书》所载，北魏早期参与国史纂修之人，或为著作郎之职，或称参著作、参著作事，可以明确北魏早期确有专职著史之人。④ 但刘知幾《史通·史官建置》载："元魏初称制，即有史臣，杂取他官，不恒厥职。故如崔浩、高闾之徒，唯知著述，而未列名号。其后始于秘书置著作局，正郎二人，佐郎四人。其佐三史者，不过一二而已。"⑤《魏书》的说法在刘知幾笔下有所不同，推敲原因，或是《魏书》所载官职为后来补订，当时是有其职而无其官；或是确有著作郎官名，但在刘的认知中与《魏书·官氏志》所载孝文帝以

① 魏收：《魏书》卷二四《许谦传》，第610页。

② 牛润珍：《汉至唐初史官制度的演变》，第165页。

③ 魏收：《魏书》卷一一三《官氏志》，第2971页。

④ 关于北魏史官制度可参见牛润珍：《北魏史官制度与国史纂修》，《史学史研究》2009年第2期，第16—29页。

⑤ 刘知幾：《史通》卷一一《史官建置》，第224页。

后"著作郎"及南朝"著作郎"有所不同。总之，北魏早期史官制度确如刘知幾所言，是依国史纂修活动需要才因事定员。前述北魏孝文帝之前几次国史纂修，参与者及其史官任职大致如下：邓渊，"太祖定中原，擢为著作郎"[①]。崔浩，道武帝"天兴中，给事秘书，转著作郎"，神䴥四年（431）"迁浩司徒"，太延五年（439），"综理史务"，"监秘书事"。[②] 高允，"诏允与司徒崔浩述成《国记》，以本官领著作郎"，孝文帝即位前后"迁中书监，加散骑常侍。虽久典史事，然而不能专勤属述"。[③] 游雅，"世祖时，与勃海高允等俱知名，征拜中书博士、东宫内侍长，迁著作郎"，"征为秘书监，委以国史之任"。[④] 需要注意的是，历次主持国史纂修的崔浩、高允、游雅三人，当时主要官职已高于著作郎，确实表现为重臣监修国史制度的连续性。史籍中记载的著作郎还有：宗钦，"世祖平凉州，入国，赐爵卧树男，加鹰扬将军，拜著作郎"。[⑤] 段承根，"司徒崔浩见而奇之，以为才堪注述，言之世祖，请为著作郎，引与同事"[⑥]。阴

---

① 魏收：《魏书》卷二四《邓渊传》，第635页。

② 魏收：《魏书》卷三五《崔浩传》，第807、821、824页；卷四上《世祖纪上》，第79页。

③ 魏收：《魏书》卷四八《高允传》，第1068、1086页。

④ 魏收：《魏书》卷五四《游雅传》，第1195页。

⑤ 魏收：《魏书》卷五二《宗钦传》，第1155页。

⑥ 魏收：《魏书》卷五二《段承根传》，第1158页。

仲达，"世祖平凉州，内徙代都。司徒崔浩启仲达与段承根云，二人俱凉土才华，同修国史。除秘书著作郎"①。在这些著作郎以外，崔浩两次纂修国史时均有"参著作"的记载，分别是神䴥二年（429）"浩及弟览、高谠、邓颖、晁继、范亨、黄辅等共参著作"②，和太延五年（439）"以中书侍郎高允、散骑侍郎张伟参著作，续成前纪"③。就史官人员选任与官职名称来看，从早期集诸文人共参著作或"参著作事"到"著作郎""秘书著作郎"等不同名称，北魏早期史官制度应视为逐步完善的过程而非明确的状态，而且在制度确立过程中带有明显的职事色彩，与南朝自然继承的晋制著作官制度状态区别明显。北魏史官制度中最重要的史官职名确认，大致应以孝文帝时诏集群臣议定百官为准。与文化接受融合过程一致，北魏早期史官设置是一个学习接纳中原传统旧制的发展过程，甚至因崔浩"国史案"出现过十年停滞时期，在讨论北魏史官制度时，北魏早期的过程性特征不可忽视。

---

① 魏收：《魏书》卷五二《阴仲达传》，第1163页。

② 魏收：《魏书》卷三五《崔浩传》，第815页。在卷二四《崔玄伯传附崔简传》与《邓渊传附邓颖传》中，称崔简（览）与邓颖二人为"参著作事"。

③ 魏收：《魏书》卷三五《崔浩传》，第824页。

二、著作官制辨析

史籍记载中的北魏著作官大致有"秘书著作郎""秘书著作佐郎""著作郎""著作佐郎""著作令史"等数种。如果将《魏书》记载视为对北魏历史的追述，那么前引史官名称中数种都需谨慎对待。"秘书著作郎"与"著作郎"分别见于《魏书·官氏志》所载孝文帝时前后两次颁布的《职令》。北魏立国至孝文帝时，"内外百官屡有减置，或事出当时，不为常目"①，且"旧令亡失，无所依据"②，加上"比百秩虽陈，事典未叙"③，故孝文帝太和十七年（493）时首次下诏群僚议定百官，当时北魏忙于南征迁都之事，实为权宜之制，孝文帝自言"事迫戎期，未善周悉。……须待军回，更论所阙，权可付外施行。其有当局所疑而令文不载者，随事以闻，当更附之"④。因此北魏太和二十三年（499）又作后职令，宣武帝继位之后正式施行。前职令中有"秘书著作郎"⑤，属第五品上，"秘书著作佐郎"⑥，属从第五品上；后

① 魏收：《魏书》卷一一三《官氏志》，第2976页。
② 魏收：《魏书》卷一一三《官氏志》，第2976页。
③ 魏收：《魏书》卷七下《高祖纪下》，第172页。
④ 魏收：《魏书》卷七下《高祖纪下》，第172页。
⑤ 魏收：《魏书》卷一一三《官氏志》，第2984页。
⑥ 魏收：《魏书》卷一一三《官氏志》，第2985页。

职令中有"著作郎"①，属从第五品上阶，"著作佐郎"②，属第七品下阶。两份职令中均未见"著作令史"官名，史著中也仅有崔浩国史案时闵湛、郗标二人为著作令史一例记载，只能暂置不论。以下专就北魏著作官名中"秘书著作郎"与"著作郎"是否一致推敲一番。

检《魏书》《北史》，北魏时期官职记为"秘书著作郎"的，除前引阴仲达外，仅阳尼一人③。阳尼与李彪、高闾等人同为孝文帝时人，而阴仲达在太武帝时协助崔浩纂修国史，相差几乎两代人，如果史籍记载无误，说明"秘书著作郎"与"著作郎"可能同时存在过。否则，阴仲达与阳尼本传所记"秘书"二字当为孝文帝后职令颁行后史籍中未修改的衍字。而以阴仲达与段承根同为崔浩所荐"凉土才华"论，两人官职理应相同。或可推测北魏曾经使用过一段时期"秘书著作郎"官名，直到后职令将"秘书"二字删减，史官名称才确认为"著作郎"，北齐时魏收撰《魏书》，系统整理北魏时国史旧籍，因疏忽而造成两处遗漏。为了验证这种推测，有必要对魏晋南北朝时期"著作郎"一职的演变作一梳理。《宋书·百官志》、唐修《晋书·职官志》、唐刘知幾所撰《史通》、唐徐坚所撰《初学记》、唐官修《唐六

---

① 魏收：《魏书》卷一一三《官氏志》，第2998页。

② 魏收：《魏书》卷一一三《官氏志》，第3000页。

③ 魏收：《魏书》卷七二《阳尼传》，第1601页。

典》、唐杜佑所撰《通典》中均有相关记载，所记"著作
郎"演变过程大致相同，以《通典》所记来看：

> 著作郎：汉东京图书悉在东观，故使名儒硕学入直东
> 观，撰述国史，谓之著作东观，皆以他官领焉，盖有著作之
> 任，而未为官员也。兰台令史班固、傅毅，睢阳令陈宗，长陵令尹
> 敏，司隶从事孟异及杨彪等，并著作东观。魏明帝太和中，始置
> 著作郎官，隶中书省，专掌国史。卫觊字伯儒，以侍中尚书典著
> 作。晋元康二年，诏曰："著作旧属中书，而秘书既典文籍，
> 宜改中书著作为秘书著作。"于是改隶秘书，后别自置省，
> 谓之著作省。而犹隶秘书。著作郎一人，谓之大著作，专掌史
> 任。……宋、齐与晋同。[①]

可见，"著作郎"官名由曹魏设置，隶属中书，西晋惠帝时
改隶秘书，后又于秘书下专置著作。因秘书与中书有过两次
分合，曹操为魏王时置秘书令行中书长官事，曹魏文帝黄初
改为中书令，又以秘书左丞任中书监，此为中书下于秘书；

---

① 杜佑：《通典》卷二六《职官八》"秘书监"条，王文锦等点校，北
京：中华书局，1988年，第736—737页。另可参见沈约：《宋书》卷四〇《百
官志下》，第1246页。徐坚等著：《初学记》卷一二《职官部》"著作郎"
条，北京：中华书局，2004年，第198页。李林甫等撰：《唐六典》卷一〇《秘
书省》"著作局"条，陈仲夫点校，北京：中华书局，1992年，第301页。

西晋武帝将秘书并入中书，此为秘书低于中书。① 这种政治变动诱发的行政建制变化在某种程度上增加了著作郎官隶属的复杂性，不过自"著作东观"以来其著史职能是一贯的，作为史官的专有官名并无变化。南朝宋齐延续魏晋著作制度无疑，北魏"著作郎"之设也是同样的职能，就受命修史而言，南北史官无论官名如何，设置初衷是一致的。

前引著作郎官演变中"秘书著作（郎）"的记载似乎表明西晋惠帝元康二年（292）以后存在过，且《宋书·百官志》篇末所载晋江右公侯九品官属中也有"秘书著作丞，郎"② 说法，但唐修《晋书》中却找不到有确定官职的人员记载③。没有记载能够证明北魏从晋继承了"秘书著作郎"的官名，那么似乎可以这样理解，孝文帝时期制定的前职令是对之前既有官职名称的统计整理，而后职令才是有意识的系统规划。或者说，孝文帝以前的北魏拓跋政权早期统治者对中原传统文化的认知有限，对官职系统的认知可能存在一定的理解障碍，因史籍或历史记忆中有著作郎隶属秘书之事，北魏早期得其皮毛而未得其核，便将表示隶属关系界定的前

---

① 参见沈约：《宋书》卷四〇《百官志》"中书令""秘书监"条，第1245—1246页。

② 沈约：《宋书》卷四〇《百官志》，第1263页。

③ 《通典》卷三七《职官十九》中也有同样记载。不过按照阎步克对官品的解释，《宋官品》的这段记载应解读为"秘书丞、郎，著作郎"，参见阎步克：《品位与职位：秦汉魏晋南北朝官阶制度研究》，第301—312页。

缀"秘书"加于"著作郎"之前，从而形成国史记载中"秘书著作郎"的官名记录，之后又为《魏书》沿用。类似的例子还可举前职令中有"秘书监""秘书令""秘书丞"三个不同品阶的官名，分别为从第二品中、从第三品上、第四品下，[1] 后职令中则只保留了"秘书监"与"秘书丞"两个官名，分别为第三品与第五品上。[2] 监、令、丞均曾为秘书省长官之称，但在汉魏晋不同时期建置有别，选用不一。以孝文帝时史官李彪为例，他曾历任秘书丞与秘书令。[3]《魏书》记载，太和十一年（487）孝文帝诏改修国史为纪传体时，高祐为秘书令，是秘书省长官，李彪则为秘书丞，乃秘书省下著作长官，主要担任史职。其后李彪因见宠于孝文帝，当于太和十五年（491）后被任命为秘书令，不过本传又专门记载他重新担任史职一事，"迁御史中尉，领著作郎"[4]，似可推测秘书令并不专职史事。

这种看似混乱的官名记载，可能早自北魏立国前后就有体现，北魏早期官名带有鲜明的拓跋部族特色："帝欲法

---

① 魏收：《魏书》卷一一三《官氏志》，第2979、2981、2982页。

② 魏收：《魏书》卷一一三《官氏志》，第2995、2997页。

③ 如《魏书》卷六二《李彪传》载李彪太和十一年"迁秘书丞，参著作事"，见第1381页；卷六〇《韩麒麟传附韩显宗传》"秘书令李彪曰"，见第1343页；卷八四《儒林·孙惠蔚传》"秘书令李彪自以才辩，立难于其间"，见第1852页；卷一〇八之一《礼志一》"秘书令李彪曰"，见第2752页。

④ 魏收：《魏书》卷六二《李彪传》，第1390页。

古纯质，每于制定官号，多不依周汉旧名，或取诸身，或取诸物，或以民事，皆拟远古云鸟之义。诸曹走使谓之凫鸭，取飞之迅疾；以伺察者为候官，谓之白鹭，取其延颈远望。自余之官，义皆类此，咸有比况。"[①] 拓跋政权统治者以自身喜好与文化理解制定官名，若无清晰记载，势必会增加北魏乃至后来学者的解读困难[②]，这点在有文化隔阂的南朝史著中也有所体现，《南齐书·魏虏传》记载："国中呼内左右为'直真'，外左右为'乌矮真'，曹局文书吏为'比德真'……三公贵人，通谓之'羊真'。……又有俟勤地何，比尚书；莫堤，比刺史；郁若，比二千石……"[③] 鲜卑语叫法与华夏传统官名的比对方式，印证了北魏政权早期官名曾经历的变化。这种类比可能存在两种情况，或是同时存在鲜卑化与华夏型两种官职，或是实际当时并没有对应名称的华夏型官名，现在的史著面貌只是后来者的追述，[④] 应该说后一种可能性更大。

大致可以推断，在孝文帝后职令确定"著作郎"官名

---

① 魏收：《魏书》卷一一三《官氏志》，第2973—2974页。

② 对北魏官制研究的成果梳理可参见胡鸿：《北魏初期的爵本位社会及其历史书写——以〈魏书·官氏志〉为中心》一文的篇首综述，《历史研究》2012年第4期，第36—37页。

③ 萧子显：《南齐书》卷五七《魏虏传》，第985页。

④ 参见郑钦仁：《北魏官僚机构研究》，台北：稻禾出版社，1995年，第162页；胡鸿：《北魏初期的爵本位社会及其历史书写——以〈魏书·官氏志〉为中心》，《历史研究》2012年第4期，第50页。

以前，"秘书著作郎"是正式官名，甚至在规整之前的较早时期，两者并无区别，"著作郎"前"秘书"二字可有可无，并且更可能在实际运用中使用的是鲜卑语官名。关于"秘书"二字，还需补充一点，北魏有所谓内行官、内侍官制度[①]，有学者认为其中就有内秘书省[②]，如有"内秘书中散""内秘书令"等官名，北魏墓志中也有"秘书内小"的记载[③]。其他内行官暂且不论，但秘书分内、外的理解可能有偏差，秘书本就置于禁中，"内"字当与前论"著作郎"前"秘书"二字相类，是北魏拓跋部族在模仿中原旧制设置官名时，渗入了他们对华夏型官名的理解而产生的衍字。有学者以许宗之"初入为中散，领内秘书"[④]推断在拓跋焘太

①　参见严耀中：《北魏内行官试探》，中国魏晋南北朝史学会编：《魏晋南北朝史研究》，成都：四川省社会科学院出版社，1986年，第338—351页；俞鹿年：《北魏早期的内侍官》，曾宪义主编：《法律文化研究（第一辑）》，北京：中国人民大学出版社，2005年，第43—54页；张金龙：《北魏前期的内侍、内行诸职》，北京大学历史学系编：《北大史学（第7辑）》，北京：北京大学出版社，2000年，第156—164页。

②　参见曹刚华：《北魏内外秘书考略》，《民族研究》2003年第2期，第98—100页；李文才：《北朝国家编撰出版机构略论》，《求索》2006年第7期，第206—209页。

③　《李宪墓志》，赵超：《汉魏南北朝墓志汇编》，第329页。李慈铭《越缦堂读书记》称"其曰秘书内小者，即秘书中散，盖当时之俗称"，北京：中华书局，2006年，第1079页。

④　魏收：《魏书》卷四六《许彦传附许宗之传》，第1036页。

平真君十一年（450）秋南伐之前有内秘书之置①，案其父许彦"世祖初，被征，以卜筮频验，遂在左右，参与谋议"，卒于太平真君二年（441）②。又崔浩国史案发被诛于太平真君十一年六月，则许宗之极有可能因其家学，接续崔浩为拓跋统治者行卜筮推算之事。如此再来理解北魏道武帝天赐三年（406）令"占授著作郎王宜弟造《兵法孤虚立成图》三百六十时"之事③，孤虚之法即为推算之法，秘书为近侍之臣，崔浩、许彦、许宗之以卜筮参与军机政事，秘书以下著作郎史官之任，崔浩领衔国史著述，国史案后"其秘书郎吏已下尽死"④，这些因素联系起来，北魏早期拓跋部族传统与政治需要结合，因事设职、官名不尽完善，都可以得到较为合理的解释。北魏早期内侍中的"诸部大人及豪族良家子弟仪貌端严，机辩才干者"⑤几乎不会有汉人子弟，仅有的北地文士也只是出谋划策的幕僚一类，而到道武帝时期以后的内侍中汉族士人子弟才多了起来，而此时所谓的内秘书省，实际上是秘书代行了中书的功能。学者认识中的秘书内外之

---

① 陈仲安、王素：《汉唐职官制度研究》，北京：中华书局，1993年，第76页。

② 魏收：《魏书》卷四六《许彦传》，第1036页。

③ 魏收：《魏书》卷二《太祖纪》，第42页。

④ 魏收：《魏书》卷三五《崔浩传》，第826页。

⑤ 魏收：《魏书》卷一一三《官氏志》，第2971页。

分，即"内参机密，出入诏命"的秘书中散①与纂修史著、保存秘籍的秘书著作郎的职责区别，而这种职能明晰分化，可能始于崔浩之死，甚至其中身居高位的崔浩个人因素最为关键，北魏史官设置停摆十年，正是北魏统治者在拓跋文化与华夏文化挣扎中对史学活动的反思，也是北魏早期官制逐步完善的阵痛。单就官方史学活动而言，秘书分内外本不是问题，因秘书内著作郎参与国史纂修是专业职事，原本就只是秘书省全部职能的一部分。

此外，"兼著作"或"领著作"在南北史籍中都有记载，而"参著作"或"参著作事"却是北魏时期著作制史官中独有的一类记载，似乎也可视为北魏早期史官制度建置不够完善的表现。北魏早期"参著作"诸人参与纂修国史，均为太武帝时事，其中官职史迹可考者有邓颖、崔览、高允、张伟四人，除张伟为散骑侍郎外，其余三人参与官方史学活动时均为中书侍郎②，李文才认为以"中书侍郎"参著作，带有模仿曹魏、西晋曾经存在的"中书著作郎"的痕迹。③ 如果

① 魏收：《魏书》卷三六《李顺传附李敷传》，第833页。

② 魏收：《魏书》卷二四《崔玄伯传附崔简传》，"历位中书侍郎、征虏将军"，"参著作事"，第623页；同书同卷《邓渊传附邓颖传》，"稍迁中书侍郎"，"颖（颍）与浩弟览等俱参著作事"，第635页；同书卷三五《崔浩传》，"以中书侍郎高允、散骑侍郎张伟参著作"，第824页。

③ 李文才：《北朝国家编撰出版机构略论》，《求索》2006年第7期，第206页。

按照前文推断，综合神䴥二年（429）与太延五年（439）两次修史记载，正是因为北魏有国史纂修需要，但统治者又对华夏型史官制度及史学活动认识不足，所以北魏统治者看中的实为这些参与者的文才，或者说是其华夏文化代表者的身份，而这无论是从族群角度还是专业需求，都是拓跋部族自身无法提供的。太延五年崔浩主导的修史活动中，已有凉州地区的宗钦、段承根、阴仲达以著作郎身份作为专门人才，还有身为河北地区神䴥征士的高允、张伟参与，表明北魏当时对史学需要与对人才需要的一致性，自然，这种收拢人才服务政治的象征意义更大于实际的撰述成果。至于孝文帝时李彪本传中也提及的"迁秘书丞，参著作事"[1]，应当理解为"兼""领""参与"一类，与北魏早期的"参著作"情况已不相同。北魏兼领著作的现象，可以理解为参与著史人才的能力全面，或者理解为北魏各项专门人才的缺乏，但若认为以他官兼领著作官的现象在某种意义上表明拓跋统治者对汉人文士专职著作官员的不信任以及带有笼络意图，似乎是过度诠释。[2] 北魏统治者对北地文士确实存在一定的防范心态，但在利用文士服务政治的核心意识上，拓跋政权并不会产生动摇，崔浩国史案的阴影应视为北魏统治者的铁腕展

---

[1] 魏收：《魏书》卷六二《李彪传》，第1381页。

[2] 参见李文才：《北朝国家编撰出版机构略论》，《求索》2006年第7期，第207页。

示，统治阶层无须顾忌史官感受，反而是后来史官只能更加小心谨慎。

可以说《魏书》记载中留下的著作官名的变化痕迹，正是北魏作为拓跋鲜卑建立的政权逐步接受华夏传统文化，并向中原王朝转变的历史印记。北魏史官制度中的著作官，始自北魏早期官方史学活动的现实需要，明确于孝文帝汉化改革之际的官名确认。作为不断发展的史官制度完善过程，这些变化贯穿着拓跋部族统治者追求中原华夏文化正统的需求，是掩盖在南北相同著作郎官名背后的史官制度动态与静态的差异。简而言之，南北同样以著作郎修史，但只有北魏统治者才更需要理解这一制度并尝试加以改造运用，也才会有北魏制度上的错综变化与史著中的记载不一。

三、异化与发展

自东汉"著作东观"以来至南北朝时期，作为行使史官职能的基本人员，著作官的设置及其制度延续较为稳定。而到南北朝中后期，由于统治者对史学功用的重视，著史之人地位相对提高，另外随着文、史不同学科认识的分化，统治者对作为文笔之臣的著作郎官有了新的文学要求，多种因素促成了著作郎官员的贵族化，担任史官的著作郎渐成清要之职，被一些士族子弟视为起家之选。带修史之职而不行修史之事，著作郎官传统著史功能不断弱化，但政权记注史事、纂修国史的基本需要没有变化，因此以著作官为主体的史官制度自然要作调整应对，南北朝史官制度也就呈现出一些新的特征。

著作官史撰职能退化或者说著作郎官职能异化在南北政权中均有体现。北魏孝文帝在考核校史官韩显宗、程灵虬等人时提及："著作之任，国书是司。卿等之文，朕自委悉，中省之品，卿等所闻。若欲取况古人，班马之徒，固自辽阔。若求之当世，文学之能，卿等应推崔孝伯。""卿为著作，仅名奉职，未是良史也。"而韩显宗对曰："臣学微才短，诚不敢仰希古人，然遭圣明之世，睹惟新之礼，染翰勒素，实录时事，亦未惭于后人。""臣仰遭明时，直笔而无惧，又不受金，安眠美食，此臣优于迁固也。"孝文帝对此回答只能一哂了之。[①] 孝文帝时期，北魏政权出于对文化正统的汲汲追求而重视文教、优待史官，远超之前的拓跋统治者，此外北方文士经历过崔浩国史案，史官谨慎从事甚至虚与委蛇也可理解，韩显宗对孝文帝所提旧作大胜比来之文的提问也只以吹捧盛世回应，更可见统治者对史官的宽纵。史

---

① 以上并见魏收：《魏书》卷六〇《韩麒麟传附韩显宗传》，第1342—1343页。

官地位提高却无心著史，则修史制度再过完善也只是空谈，因此才有史家评价韩显宗"实录之功，所未闻也"①。宣武帝时李彪请求白衣修史，在总结之前北魏国史纂修成效时称："今大魏之史，职则身贵，禄则亲荣，优哉游哉，式谷尔休矣；而典谟弗恢者，其有以也。而故著作渔阳傅毗、北平阳尼、河间邢产、广平宋弁、昌黎韩显宗等，并以文才见举，注述是同，皆登年不永，弗终茂绩。前著作程灵虬同时应举，共掌此务，今从他职，官非所司。唯崔光一人，虽不移任，然侍官两兼，故载述致阙。"②李彪所举大致说明北魏史官名不副实，这些史官并非没有才能，只是身居其职却未能完成应当的职事。实际上这还不是南北朝中后期著作官制度最严重的问题，真正的要害问题在于著作郎官因其职位清要而被视为起家之选，从根本上动摇了著作郎官修史职能的设置初衷，作为转迁的晋升之途，著作官制的发展已经发生异化。

正如《颜氏家训·勉学篇》所载："梁朝全盛之时，贵游子弟，多无学术，至于谚云：'上车不落则著作，体中何如则秘书。'无不熏衣剃面，傅粉施朱，驾长檐车，跟高齿屐，坐棋子方褥，凭斑丝隐囊，列器玩于左右，从容出

---

① 魏收：《魏书》卷六〇《韩麒麟传附韩显宗传》"史臣曰"，第1351页。

② 魏收：《魏书》卷六二《李彪传》，第1397页。

入，望若神仙，明经求第，则顾人答策，三九公宴，则假手赋诗。"① 同书《涉务篇》亦称："梁世士大夫，皆尚褒衣博带，大冠高履，出则车舆，入则扶侍，郊郭之内，无乘马者。……及侯景之乱，肤脆骨柔，不堪行步，体羸气弱，不耐寒暑，坐死仓猝者，往往而然。"② 牛润珍认为"上车不落则著作"的谚语讽刺了当时南朝的浮夸风气，指的是著作官选任泛滥，一些不学无术的官僚子弟起家入仕进入著作，而非后人由《隋书·经籍志》所载推测的南朝萧梁贵游子弟竞趋史官，以图虚饰，史官成为贵游子弟争相出任的热门，史官选任唯视门第，不问才学③。究竟是因为官职优渥吸引了新人，还是因为担任此官职的都是贵家子弟才让职位变得热门，其实这种看似矛盾的先后问题不难理解，自晋以来著作与秘书就成为重臣令仆子弟的起家之选，到萧梁时谚提及时只是更为腐化而已。《颜氏家训》所要表达的问题是南朝令仆子弟不学无术、不通实务，这是颜之推亲历南北社会不同的感悟心得，是对后辈的训诫。抛除著作官撰史的要素，贵游子弟的选择与著作官职位的提升实际是不同时期历史互动

---

① 颜之推：《颜氏家训·勉学》，王利器：《颜氏家训集解（增补本）》卷三，第178页。

② 颜之推：《颜氏家训·涉务》，王利器：《颜氏家训集解（增补本）》卷四，第390页。

③ 牛润珍：《释"上车不落则著作"》，《史学史研究》2001年第3期，第68—72页。

的进程表现。

可能这种以著作佐郎为起家之选的情况并非南朝独有，北魏太和十五年（491），薛聪释褐著作佐郎，"士大夫解巾，优者不过奉朝请，聪起家便佐著作，时论美之"[1]。薛聪在当时被人羡慕，正从侧面说明了著作佐郎一职比之奉朝请身份的优渥。而作为起家之选又表明官职地位的提高，当然这种提高既有统治者对史学的重视成分，又有前官升迁路径的榜样力量。然而史学史研究中考察史官制度时引用此谚的根本目的在于，说明起家之选的动机与著作官史撰的意图是错位的，那些以著作佐郎、著作郎为起家之任的贵游子弟，多数并非奔着纂修史著的目标，在某种程度上也说明著作之职，必然会有著史之外的其他职事。如果细究文献所记南北朝时任职著作郎的人员履历，只能说南北朝著史之人多有著作郎官之职，却不能再说著作郎官专为史撰所设，考诸"解褐""释褐"，比如刘宋末年萧道成三子萧映解褐著作佐郎，迁抚军行参军；[2] 刘绘解褐著作郎，太尉行参军。[3] 二人并未有著史活动记载，著作郎官与其他作为起家之选的官职并无本质区别，只是仕官途径中最初的定位，与著史之任关

---

① 李延寿：《北史》卷三六《薛辩传附薛聪传》，北京：中华书局，1974年，第1332—1333页。

② 萧子显：《南齐书》卷三五《临川献王映传》，第621页。

③ 萧子显：《南齐书》卷四八《刘绘传》，第841页。

系不大，以此与魏晋初设著作官制比对，只能表明著作官制在南北朝时期职能另有扩充，或是官员晋升途径别有巧妙①。著史之任与起家之选的错位难以辨明谁先谁后，但著作官不再是单纯的史撰之官则可明确。

其实无论是释褐本身还是著作选任官员，都有一定的标准，绝非谚语所记那么夸张随意，这恰好表明著作官本身的矛盾性。宋、齐规定"甲族以二十登仕，后门以三十试史"②，梁武帝天监四年（505）诏称："今九流常选，年未三十，不通一经，不得解褐。若有才同甘、颜，勿限年次。"③即便是依靠荫赏关系得以步入仕途，恐怕也需要一定的才能，再与颜之推所记对比，颜语更重讽训意义。而作为著作官对文史才能的要求恐怕更高，如陈时杜之伟所议："皇历惟新，驱驭轩、昊，记言记事，未易其人，著作之材，更宜选众。御史中丞沈炯、尚书左丞徐陵、梁前兼大著作虞荔、梁前黄门侍郎孔奂，或清文赡笔，或强识稽古，迁、董之任，允属群才，臣无容遽变市朝，再妨贤路。"④真

---

① 如阎步克认为职能性官职与起家官意义的官职不同，起家官主要被用以确认官僚"门品"，令"官序不失等伦"，职能性官职则是帝国行政不可或缺的角色。参见阎步克：《品位与职位：秦汉魏晋南北朝官阶制度研究》，第328—330页。

② 杜佑：《通典》卷一四《选举二》，第335页。

③ 姚思廉：《梁书》卷二《武帝纪中》，第41页。

④ 姚思廉：《陈书》卷三四《文学·杜之伟传》，第455页。

正从事国史纂修等史学活动的文士，多非起家之选为著作郎官的那批人，反而另有明确的因事加职记载，毕竟起家仅为仕官的第一阶段，秘书郎"待次入补，其居职，例数十百日便迁任"[①]，起家为著作郎当也类似，自非那些半途加职为著作郎官参与官方史学活动之人所能比拟。同样，虽然真正从事史著纂修的史官地位可能不高，但其史撰才能又不可或缺，不是家世身份所能替代的，因此著作官为主的官员群体中，必然有相当一部分专业人士从事专职的史学活动。可以说，起家之选的记载与史学活动关系不大，却是作为史官制度一部分的著作官制变化中不可忽视的异变。

著作官制的异化对统治王朝的官方史学活动成效造成了一定的影响，然而无论史官制度如何变化、参与官方史学活动的人员如何流动，统治阶层的修史需要一直存在，特别是在南北朝政权对峙争夺正统时期，史著纂修的政治迫切性必然需要对应的专职人员。虽然著史职能与家世身份并无必然联系，但南北朝身居要职又参与史著纂修活动的世家一流也并非个例，如刘宋谢灵运、宋齐之际的褚渊、王俭等，作为著作的直属上级秘书省长官，可以说这些兼具史识的重臣客观上保证了政权官方史学活动的持续与稳定，这一点与北朝政权类似，只是北朝皇权的集中强势较之南方的王朝鼎革，

---

① 姚思廉：《梁书》卷三四《张缅传附张缵传》，第493页。

北方的官方史学受政治重视与控制的特征表现得更为明显。南北官方史学的连续性还在于史官任职的稳定，检索南北史籍，"著作如故"一语清晰表明南北从事专职史著纂修人员的长期性，一旦成为专职史官，往往是终身制任期，南北朝时期官方史学中有较明显的史官代系特点，这些著史之人并不随帝王更继发生变化，多数卒于史职，较好地保证了王朝史学编纂的延续，北魏个别史官更有从佐官到主官进而主管的任职经历，更为难得。这种史官任职终身、代系延续的情况既表明传统史学中史著纂修之费时费力，也意味着可能国史纂修一类的官方史学活动是阶段性的，而非时刻进行。

南朝史官制度中还有一类史官设置不可忽视，应属针对南朝著作佐郎不能专心史职的替补设置，如陈时设有"撰史学士""撰史著士"。如张正见"历宜都王限外记室、撰史著士"①，顾野王"敕补撰史学士，寻加招远将军"②，此外还有阮卓、许善心、傅绰等人。"撰史学（著）士"官品未见明确记载，不过"撰史"一词似乎有迹可循，依《梁书·周兴嗣传》载：周兴嗣善文辞，为员外散骑侍郎，进直文德、寿光省。天监九年（510），"除新安郡丞，秩满，复为员外散骑侍郎，佐撰国史。十二年，迁给事中，撰史如故"③。

---

① 姚思廉：《陈书》卷三四《文学·张正见传》，第470页。

② 姚思廉：《陈书》卷三〇《顾野王传》，第399页。

③ 姚思廉：《梁书》卷四九《文学·周兴嗣传》，第698页。

由此可知"撰史"为撰梁当朝国史的专职。而《陈书·姚察传》载：姚察由梁入陈，梁末经杜之伟推荐为佐著作，仍撰史，入陈以后"知撰梁史事，固辞不免。后主纂业、敕兼东宫通事舍人，将军、知撰史如故"[1]。按姚察经历则"撰史"又是纂修前朝史的简称。当然，仅凭这二人记载不能过分推断，但史著中并无其他明确记载，而从这种前后变化中虽然无法明确"撰史"的内容，但可以肯定的是"撰史"确为史职一类，而且梁陈以后著作佐郎可能逐渐为"撰史"替代，后者成为主要的官方史学活动者。然而"撰史学士"毕竟是权宜之制，陈为兴起于北方的隋所灭，南朝的这种史官设置也随之消失，仅有《隋书·百官志》保留着"又有撰史学士，亦知史书"[2]的记载，再到刘知幾的笔下，则变为"齐、梁二代又置修史学士，陈氏因循，无所变革"[3]的记忆。

相比南朝后期撰史学士的设置，南北朝时期著作官制度更大的变化，当属北魏设置专门的起居令史分担著作郎的史撰职能。《通典·职官》"门下省·起居"条载："《周官》有左、右史，记其言、事，盖今起居之本。""自魏至晋，起居注则著作掌之。其后起居，皆近侍之臣录记也，录

---

① 姚思廉：《陈书》卷二七《姚察传》，第348、349页。
② 魏徵等撰：《隋书》卷二六《百官志上》，第723页。
③ 刘知幾：《史通》卷一一《史官建置》，第221页。

其言行与其勋伐，历代有其职而无其官。"①《通典》对魏晋以后南朝的概括似乎不太严谨，查《宋书》《南齐书》的相关记载，提及起居注的著述者时，多为著作郎。如沈约《自序》中记："永明二年，又忝兼著作郎，撰次起居注。"② 萧梁时裴子野由徐勉推荐为著作郎，掌国史及起居注。③ 而萧齐崔祖思上陈政事时提到的："今者著作之官，起居而已。"④可见撰著起居注原本就是著作郎的职责，崔祖思语调之外更可推测著作官在非常规的国史或前朝史专门纂修需要之外，其基本职能正是撰述起居注。实际上《通典》接着表述了之所以称"有其职而无其官"的原因："后魏始置其起居令史，每行幸宴会，则在御左右，记录帝言及宴宾客训答。后又别置修起居注二人，以他官领之。"⑤ 南北朝时期，正是北魏创设了专门的有别于著作官的起居官记注制度。孝文帝太和十四年（490）二月"初诏定起居注制"⑥，太和十五年（491）正月"初分置左右史官"⑦。而在此之前，北魏的记注起居职能应也是以著作官为主，如崔浩国史案发后，高允

① 杜佑：《通典》卷二一《职官三》，第555页。

② 沈约：《宋书》卷一〇〇《自序》，第2466页。

③ 姚思廉：《梁书》卷三〇《裴子野传》，第443页。

④ 萧子显：《南齐书》卷二八《崔祖思传》，第520页。

⑤ 杜佑：《通典》卷二一《职官三》，第555—556页。

⑥ 魏收：《魏书》卷七下《高祖纪下》，第165页。

⑦ 魏收：《魏书》卷七下《高祖纪下》，第167页。

答太武帝时称："至于书朝廷起居之迹，言国家得失之事，此亦为史之大体，未为多违。"① 高允所言虽是针对北魏国史的内容，但也能明确官方史学活动必然是包括记录朝廷起居事迹的。同时，起居注由于具有档案性质，往往成为后来史著纂修的基本材料，沈约在《宋书·志序》中提到地理志部分的撰写就参考了班固、马彪二志与晋、宋起居②，《宋书·州郡志》中保存着大量实例，在《礼志》中也有提及："起居注，晋武有二丧，两期之中，并不自祠。亦近代前事也。"③ 起居注与国史或前朝史纂修关系紧密，同为著作郎职能所在也就可以理解。

北魏为何要设立单独的记注制度，史无明文。结合太和十一年（487）北魏国史改为纪传体，太和十四年（490）、太和十五年（491）明确起居注制与记注官，太和十七年（493）颁布前职令，有"起居注令史"④ 一职，太和十八年（494）迁都洛阳等一系列措施，可将北魏记注官的设置视为孝文帝文化改革的组成部分。这是北魏从文化进取角度对军国大事与历史档案重视的强化，多数与当时著作官史撰职能的弱化也有关系。据《唐六典·门下省》"起居郎"条记：

---

① 魏收：《魏书》卷四八《高允传》，第1071页。

② 沈约：《宋书》卷一一《志序》，第205页。

③ 沈约：《宋书》卷一七《礼志四》，第469页。

④ 魏收：《魏书》卷一一三《官氏志》，第2991页。属从第七品上。

"后魏及北齐集书省领起居注，令史之职从第七品上。"[①] 记注官既属集书省，集书省长官就需对起居注多加用心，否则就会引起统治者的不满。迁都以后孝文帝北巡，在平城考核留守官员，点评守尚书尉羽："卿在集书，殊无忧存左史之事，今降为长兼常侍，亦削禄一周。"[②] 又谓守尚书卢渊："卿始为守尚书，未合考绩。然卿在集书，虽非高功，为一省文学之士，尝不以左史在意。如此之咎，罪无所归。今降卿长兼王师，守常侍、尚书如故，夺常侍禄一周。"[③] 还有散骑常侍元景也被追究："卿等自任集书，合省通堕，致使王言遗滞，起居不修。如此之咎，责在于卿。今降为中大夫、守常侍，夺禄一周。"[④] 因起居不修而将官员削官夺禄，面数其过，可见北魏当时相当重视记注官的史学活动，而这些重罚正体现了孝文帝"修百官，兴礼乐，其志固欲移风易俗"[⑤] 的迫切心态与北魏政治上层消极应对的矛盾。政治目标驱动下的官方史学活动需要，促进了北魏记注官制度的设立与史官制度的完善。可惜孝文帝改革的迅猛发展也加速了这个拓跋鲜卑建立的少数民族政权在融入华夏文化过程中的社会矛

① 李林甫等撰：《唐六典》卷八《门下省》"起居郎"条，第248页。

② 魏收：《魏书》卷二一上《献文六王·广陵王元羽传》，第549页。

③ 魏收：《魏书》卷二一上《献文六王·广陵王元羽传》，第549页。

④ 魏收：《魏书》卷二一上《献文六王·广陵王元羽传》，第549页。

⑤ 司马光编著：《资治通鉴》卷一三九"齐明帝建武元年"条，第4360页。

盾爆发，北魏盛极而衰，制度虽然渐趋合理完善，却未能完成更好的史学成果。北魏之后虽然分裂，著作与记注并行的史官制度仍为北齐、北周继承，"北齐有起居省。后周有外史，掌书王言及动作之事，以为国志，即起居之职。又有著作二人，掌缀国录，则起居注、著作之任，自此而分也"①。

北魏记注官独立之前，以国史纂修为中心的著作官制度已有所集中，孝文帝即位前后，高允一直主持国史纂修，"与校书郎刘模有所缉缀，大较续崔浩故事，准《春秋》之体，而时有刊正"②，"常令模持管钥，每日同入史阁，接膝对筵，属述时事。"③牛润珍以为高允与刘模纂修《国记》所在的"史阁"即北魏著作局，还不是北齐史馆以后那种独立修史机构意义上的"史阁"。④不过"史阁"一词，暂未见早于《魏书》的记载，如果不是曾"专在史阁"⑤的魏收用语上的疏忽，联系中央藏书于禁内秘书省而有"秘府""秘阁"的称呼，则"史阁"可能是从北魏以来对史官所在著作省的

---

① 杜佑：《通典》卷二一《职官三》，第556页。

② 魏收：《魏书》卷四八《高允传》，第1086页。

③ 魏收：《魏书》卷四八《高允传附刘模传》，第1093页。

④ 参见牛润珍：《汉至唐初史官制度的演变》，第167—168页；《东魏北齐史官制度与官修史书——再论史馆修史始于北齐》，《史学史研究》2011年第2期，第19—30页。

⑤ 李百药：《北齐书》卷三七《魏收传》，第487页。

口语习称，当然，作为日常行止的办公场所，"阁"本身又代表着实在的建筑。《唐六典》载："历宋、齐、梁、陈、后魏并置著作，隶秘书省，北齐因之，代亦谓之史阁，亦谓之史馆。史阁、史馆之名，自此有也。故北齐邢子才作诗酬魏收'冬夜直史馆'是也。……隋氏曰著作曹，掌国史，隶秘书省。皇朝曰著作局。贞观初，别置史馆于禁中，专掌国史，以他官兼领；或卑品有才，亦以直馆焉。"① 对于这段记载似乎可以折中理解，从北魏到东魏、北齐再到唐，随着统治者史学认识的提高与史官修史职能的明确，"史阁"从一个"秘阁"衍生出的习语、概念具化演变为正式的实体场所与机构，最终独立于著作系统之外，成为专门的官方修史机构，著作官修史制度也就彻底走向终结。当然这种推测有待进一步的材料证实。

总之，南北朝时期南北政权史官制度均基本延续了魏晋以来的著作官制，又因时因地出现了南北不同的发展动向。南北朝时期社会阶层呈现大族世家分布特征，南北政权又有利用史学争夺正统维护统治的需要，著作官的异化是南北朝官方史学发展过程中必然要经历的调整转型。就史官制度的延续性而言，东晋南朝可谓一脉相承，虽然有撰史学士这

---

① 李林甫等撰：《唐六典》卷九《中书省》"史馆史官"条，第281页。

类看似创新的变革之举，不过总体上南朝呈现趋于保守的状态，甚至以"撰名臣传一人"制度的废除而言，南朝似乎在做减法，文化上的自信与自满一步之隔，相比北朝诸多文化因素的融合进取，南朝政权的平稳发展更像是固步自封。北朝对华夏文化的接受过程表明其根基不足，但从改革或是革命角度而言，背负沉重的文化负担，反而不如相对薄弱的文化基础更易转型。拓跋鲜卑建立的北魏政权入主中原并逐步融入华夏，意味着华夏文化在既有的前进路径上多了一次可能的修正机会，南北政权的对峙竞争态势更刺激了拓跋部族在维护统治稳定的道路上需要付出更多努力，以少数胡族统治多数华夏，其制度建设的不完善迫使北魏政权常做加法，诸多制度自然呈现创新与活力，北魏史官制度的发展过程正是如此为后世提供了更多出路。而从总的趋势来看，作为概括表述的史官制度，无论是因循守旧，还是变化创新，制度这一规范形态对史官的约束是相同的。

第二节 ｜ 南北史官出身与共性

　　如果将史官制度视为相对凝固的状态，最基本的研究对象自然是完整的系统或体系中各个有机组成部分，如史官设置时间、史官类型、史官职事等，进而就会倾向于关注相对稳定的状态如何形成及不同状态之间的演变与发展关系，这是对研究对象变与不变的辩证认识。同样的道理，南北具体史官的研究也需辩证对待，不过与模式化的史官制度不同，南北朝时期一个个史官作为鲜活的个体存在，本身就呈现为丰富的多样性，其研究视角就要有别于史官制度中对"变"的侧重考察。对这一时期的史官当然要做逐个细致的考辨梳理，但这只是基本工作，更重要的研究取向应是在多样性与复杂性中考察史官群体的共性，即考察其"不变"的部分。史官制度看似是稳定的形态或状态，实际上不仅蕴含着体系本身变化发展的含义，还包括作为个体的史官人员流动的具体史实，从这个角度讲，对史官个体及其共性的考察隐含着归纳、提炼、构建史官制度体系的意义。而对共性或恒定的考察，也更易发现外部环境强大力量。

一、史官的选任标准

探讨南北朝时期史官的选任，应当区分作为史官的著作官与作为起家之选的著作郎官职，虽然同为著作官，但实际上他们可能是两类人，区别在于是否参与官方史学活动，这种差异在以往的史学史研究中并没有引起足够的重视。史籍中那些并无明确撰史经历的著作郎官，其转迁履历中一笔带过的职官记载，并不能成为史官研究的确定史料，在讨论史官选任时，应当侧重以真正从事史学活动的著作郎官为准，对于那些起家为著作郎或著作佐郎的，或许要更慎重地对待。而通过前文对著作官的辨析可以发现，在以著作官为主体的史官群体中，选任的基本要求应当是史才、文才如何。

文士以史才见长得以征用为著作官的例子在南北朝史籍中不乏记载，且南北政权中都有例证。早在著作官尚未发生异化的晋宋之际，就有王韶之以文史之才为统治阶层关注。晋末琅邪临沂人王韶之"私撰《晋安帝阳秋》。既成，时人谓宜居史职，即除著作佐郎，使续后事，讫义熙九年"[1]。梁时认为王韶之所撰为记"晋末之乱离"的《隆安纪》[2]，两处记载书名虽有不同，但基本可确定王韶之私撰本朝史的事实。王韶之编撰史著的资料来源于父亲王伟之："伟之少有志尚，当世诏命表奏，辄自书写，太元、隆安时事，小大悉撰录之，韶之因此私撰《晋安帝阳秋》。"[3] 王伟之记录诏命表奏的动机史籍未载，不过据"韶之家贫，父为乌程令，因居县境"[4] 的记载来看，王氏关注时政可能是为了家族在政治舞台上更进一步，这个机会最终为王韶之把握。义熙年间刘裕当权，王韶之入仕实受命于刘裕，他因"博学有文辞"，从著作佐郎转迁之后，一直担任近侍负责诏诰的西省职事，其后更以近臣身份参与了刘裕安排的鸩杀晋安帝的谋逆活动[5]。王韶之本传称其"善叙事，辞论可观，为后代佳史"，在刘宋武帝时解职西省"复掌宋书"[6]。以王韶之的任职经历来看，因史才起于晋末，入宋之后可能延续了史著纂修活动。

南朝兼官著作郎的选任也是以史才为准。据《隋书·百官志》记中书通事舍人时称"梁用人殊重，简以才能，不限

---

① 沈约：《宋书》卷六〇《王韶之传》，第1625页。
② 李延寿：《南史》卷五一《长沙宣武王懿传附萧韶传》，第1270页。
③ 沈约：《宋书》卷六〇《王韶之传》，第1625页。
④ 沈约：《宋书》卷六〇《王韶之传》，第1625页。
⑤ 李延寿：《南史》卷二四《王韶之传》，第662页。
⑥ 沈约：《宋书》卷六〇《王韶之传》，第1625页。

资地，多以他官兼领"①。《唐六典·中书省》记"中书舍人"文同，并举裴子野为例，裴子野"以中书侍郎、鸿胪卿常兼中书通事舍人，别敕知诏诰"②。裴子野以删减沈约《宋书》为《宋略》而知名，为吏部尚书徐勉举荐为著作郎，其后职官变动，而著作、舍人兼官如故，正是因其史才、文才皆佳。之所以出现"简以才能，不限资地"，正因为才能与资第可能一时不符，裴子野早为范缜举荐代为国子博士时就因"资历非次"没能通过③，而史著纂修与诏诰文书又属政治必需，这就需要以兼官形式完成实际职能需要。兼官形式强调职事权责，自然以才能为根本取向，两者实为相辅相成。④作为史官的著作郎兼官当属同理。

北魏早期协助崔浩纂修国史的著作郎宗钦、段承根等人也以才学得以任用。宗钦，"少而好学，有儒者之风，博综群言，声著河右"⑤。段承根，"司徒崔浩见而奇之，以为才堪注述，言之世祖，请为著作郎，引与同事"⑥。北魏平

---

① 魏徵等撰：《隋书》卷二六《百官志上》，第723页。

② 李林甫等撰：《唐六典》卷九《中书省》"中书舍人"条，第276页。

③ 姚思廉：《梁书》卷三〇《裴子野传》，第442—443页。

④ 参见周文俊：《南朝兼官制度新探》，《学术研究》2015年第9期，第123—126页。

⑤ 魏收：《魏书》卷五二《宗钦传》，第1154页。

⑥ 魏收：《魏书》卷五二《段承根传》，第1158页。

凉之后纂修国史选用史官，主要的标准就是史才。再以高允监修国史时的著作佐郎程骏为例。程骏，祖籍广平曲安，因祖辈获罪数代人寓居凉州。《魏书》本传称其"少孤贫，居丧以孝称。师事刘昞，性机敏好学，昼夜无倦"。刘昞评价他"卿年尚稚，言若老成，美哉！"因此声誉益播，至平凉入魏以后，迁入平城为司徒崔浩所知。"高宗践阼，拜著作佐郎，未几，迁著作郎。"其后要外放为高密太守时，尚书李敷上奏称："夫君之使臣，必须终效。骏实史才，方申直笔，千里之任，十室可有。请留之数载，以成前籍，后授方伯，愚以为允。"① 最终得以留任史官，出使高丽平壤归来后更拜秘书令。程骏的经历可谓北魏史官选任重视史才的典型，因才能逐次升迁，甚至作为专业人士因岗位职事需要而暂停转升之途。相比南朝著作官制度的完善性，北魏在史官选择上对史才的重视程度的纯粹性处处可见。与程骏同时协助高允修史的著作官还有河间邢祐、北平阳畞、河东裴定、金城赵元顺等，"虽才学互有短长，然俱为称职，并号长者。允每称博通经籍无过恒也"②。平恒因"博通经籍"最为高允看中，本传称其"耽勤读诵，研综经籍，钩深致远，多所博闻③。而太武帝时"与勃海高允等俱知名"一起被征的

① 魏收：《魏书》卷六〇《程骏传》，第1345页。

② 魏收：《魏书》卷八四《儒林·平恒传》，第1845页，

③ 魏收：《魏书》卷八四《儒林·平恒传》，第1845页。

广平任人游雅，"少好学，有高才"。① 这些记载无不表明才学特别是史才在北魏史官选任中的重要性。

在南北朝后期著作官职能发生异化之后，文才也成为入选著作郎的标准。梁时吴郡人陆云公，"先制《太伯庙碑》，吴兴太守张缵罢郡经途，读其文叹曰：'今之蔡伯喈也。'"② 张缵在中央负责选拔官员，将陆云公举荐于梁武帝，随后陆云公就为尚书仪曹郎，入直寿光省，以本官知著作郎事，"俄除著作郎，累迁中书黄门郎，并掌著作"③。再有文士虞荔，"梁武帝于城西置士林馆，荔乃制碑，奏上，帝命勒之于馆，仍用荔为士林学士"，后迁通直散骑侍郎兼中书舍人，虞荔"淡然靖退，居于西省，但以文史见知，当时号为清白，寻领大著作"④。陆云公、虞荔为代表的南北朝后期著作官，虽然兼有部分史著职能，但已更强调其文才，由史向文的转向，既是统治阶层学术兴趣点转移的体现，又是史官制度的演变证据。

需要补充的是，虽然史才是史官选任的主要标准，但这些文士尤其是未入仕者的史才很难被统治者直接发现，得以知名任职的重要渠道多需靠在任官员的举荐提携，如前引北

---

① 魏收：《魏书》卷五四《游雅传》，第1195页。
② 姚思廉：《梁书》卷五〇《文学·陆云公传》，第724页。
③ 姚思廉：《梁书》卷五〇《文学·陆云公传》，第724页。
④ 姚思廉：《陈书》卷一九《虞荔传》，第256页。

第四章 正统诉求驱动下的史官制度

263

魏崔浩将平凉文士"引与同事",协助他纂修国史。东晋末年颍川颍阴人荀伯子"少好学,博览经传","解褐为驸马都尉,奉朝请,员外散骑侍郎"。著作郎徐广重其才学,举荐荀伯子与王韶之并为佐郎,"助撰晋史及著桓玄等传"[①]。陈时中书侍郎领著作杜之伟与姚察"深相眷遇,表用察佐著作,仍撰史"[②]。可以说官职虽是朝廷授予,但知遇之恩应归于在任史官,只有切身参与纂修史著的这些史臣才了解著史难度及对史才专业能力的迫切需求。同时,这又表明南北朝时期史官参与官方史学活动的高度责任心,举荐贤才甚至不惜让位。这点在南北均有实例,杜之伟就谦称"尧朝皆让,诚不可追,陈力就列,庶几知免","无容遽变市朝,再妨贤路",他向陈武帝举荐了有司马迁、董狐一般史才担当的沈炯、徐陵、虞荔等人[③]。北魏时著作佐郎宋弁、袁翻皆为李彪所引荐,李彪因事削官,史官之任为崔光接续,崔光虽领史职,不过他认为李彪"志力贞强,考述无倦,督劝群僚,注缀略举。……老而弥厉,史才日新,若克复旧职,专功不殆,必能昭明春秋,阐成皇籍"[④],更适合主领史职,但宣武帝不许。其实杜之伟、崔光既然能被选为著作长官,必有一

---

① 沈约:《宋书》卷六〇《荀伯子传》,第1627页。
② 姚思廉:《陈书》卷二七《姚察传》,第348页。
③ 姚思廉:《陈书》卷三四《文学·杜之伟传》,第455页。
④ 魏收:《魏书》卷六二《李彪传》,第1398页。

定史才，由此更体现出南北朝时期史官之任的良性传递。除了南北朝时期统治者重视史学的根本原因外，当时史官的才能与品质也是这一时期史学发展的重要保障。

二、史官任用的家族性

以前引史官事迹可见，这些入选之人的才学往往有少年时的积累，且偏好史传经籍，应是源于家学、私学传承与影响。这可视为南北朝时期史官在当时社会群体呈现家族化基本特征下的对应表现。

如刘宋国史初创者何承天，本传称其五岁失父，"母徐氏，广之姊也，聪明博学，故承天幼渐训义，儒史百家，莫不该览"[1]。何承天的才学得授于母亲徐氏，本传指出何承天与徐广的甥舅关系，也就为后来何承天从事史学教学与纂修国史埋下伏笔。毕竟何承天"为性刚愎，不能屈意朝右，颇以所长侮同列"，"在西与士人多不协，在郡又不公清，为州司所纠，被收系狱，值赦免"[2]。以其秉性与社交能力，若非具有一定的史才及与徐广的关系，恐怕不会在刘宋国史事业中留下一笔。再如梁著作郎陆云公子陆琼，侯景之乱后

---

① 沈约：《宋书》卷六四《何承天传》，第1701页。
② 沈约：《宋书》卷六四《何承天传》，第1704页。

"携母避地于县之西乡，勤苦读书，昼夜无怠，遂博学，善属文"①，入陈后为"迁新安王文学，掌东宫管记"，吏部尚书徐陵举荐他称："新安王文学陆琼，见识优敏，文史足用，进居郎署，岁月过淹，左西掾缺，允膺兹选，阶次小逾，其屈滞已积。"之后陆琼历职给事黄门侍郎、太子中庶子，又领大著作，负责撰述陈国史。②而到陆琼之子陆从典时，已能直接解褐著作佐郎，不过他仍保留了良好的家学，本传称其"笃好学业，博涉群书，于班史尤所属意"。入隋以后为给事郎，兼东宫学士，又除著作佐郎，曾为杨素举荐续司马迁《史记》。③陆氏三代历三朝皆参与官方史学活动，突出体现了南北朝时期史官沿承的家族式特征。

这种家族父子接连受命参与官方史著纂修的情况非南朝独有，北魏前中期史官中也可举出数例，如邓渊、邓颖父子，崔玄伯与崔浩、崔览父子，高谠、高祐父子，崔光、崔鸿伯侄等例，他们基本构成了北魏前几次国史纂修活动的主要代系变化。北魏国史纂修历数朝多次，记载较为详细的就职史官基本都有家学、私学传承，这从客观上促进了北魏官方史学连贯性传统的形成与发展。当然，这也从侧面反映了北魏统治者在任用人才认识上的局限性，或者说效命于拓

① 姚思廉：《陈书》卷三〇《陆琼传》，第396页。

② 姚思廉：《陈书》卷三〇《陆琼传》，第397页。

③ 姚思廉：《陈书》卷三〇《陆琼传附陆从典传》，第398页。

跋部族的北方文士群体中，统治者已经将较为显著的具有史学修养的家族划定了范围。北魏史官群体大致有三次较大变动，一是崔浩国史案发以后，受其牵连，与崔浩有姻亲关系的"尽夷其族"，参与修史的秘书郎吏"已下尽死"[1]；二是北魏孝文帝改革重视文化，"钦明稽古，笃好坟典"[2]，大规模起用平齐民等各方北地文士；三是北魏末期綦俊、山伟等谄说元天穆及尔朱世隆，"以为国书正应代人修缉，不宜委之余人"[3]。可以说三次变动都涉及拓跋鲜卑统治阶层与北地汉族文士的关系问题，国史纂修作为官方政治活动的一项，北魏主要史官又多为汉人，史官群体的变动恰是北魏上层政治变动的影写。

如果说先秦至两汉时期的史官，尚有太史令这类独揽史学技能的家族式传承，而自史巫分离、天官职能独立，魏晋南北朝以来的著作官制度实际上已经排除了史官家族传承的狭隘性。但南北朝时期史官人员仍呈现一定的家族性，与历史原因形成的家族群体聚居的社会状况应有一定关联。魏晋时期社会动荡，地方政权割据混战，地域家族抱团式自救成为多数世家的选择。这种人群的分布聚集自然影响到学术的交流传承，家学、私学成为维系学术发展的重要渠道。相应

---

① 魏收：《魏书》卷三五《崔浩传》，第826页。

② 魏收：《魏书》卷八四《儒林传》，第1842页。

③ 魏收：《魏书》卷八一《山伟传》，第1794页。

地，延续传承的学术又发挥出维系家族群体的作用，反映在史学方面则是谱牒与家传等史著的纂修。北魏陇西李氏政治得势，后人李神儁"风韵秀举，博学多闻，朝廷旧章及人伦氏族，多所谙记"[①]。渤海高氏因高允、高祐相继居北魏高层而家族渐望，高祐孙高谅则"造《亲表谱录》四十许卷，自五世已下，内外曲尽。览者服其博记"[②]。以往的学术研究在论述门阀政治对历史撰述的影响时多侧重史家于史著中所记内容方面，从平恒撰《略注》，"自周以降，暨于魏世，帝王传代之由，贵臣升降之绪，皆撰录品第，商略是非"[③]，到魏收撰《魏书》博访百家谱牒，清人赵翼总结："若一人立传，而其子孙、兄弟、宗族，不论有官无官，有事无事，一概附入，竟似代人作家谱，则自魏收始。"[④] 而据魏收自言"往因中原丧乱，人士谱牒遗逸略尽，是以具书其枝派"[⑤]，实际上家族、学术本是一体，史家群体不过是世家群体中有特殊职能的一批人而已，史官呈现家族性同样可归为宽泛意义上世家大族政治形态的联动效应。

著作郎程骏之侄程灵虬，"颇有文才，而久沦末役"，

---

① 魏收：《魏书》卷三九《李宝传附李神儁传》，第896页。

② 魏收：《魏书》卷五七《高祐传附高谅传》，第1263页。

③ 魏收：《魏书》卷八四《儒林·平恒传》，第1845页。

④ 赵翼：《廿二史劄记》卷一〇"南北史子孙附传之例"条，王树民校证：《廿二史劄记校证》，第214页。

⑤ 李延寿：《北史》卷五六《魏收传》，第2032页。

"会骏临终启请，得擢为著作佐郎"，程灵虬后因酗酒失官，以饥寒乞效旧任，"仆射高肇领选，还申为著作郎，以崔光领任，敕令外叙"①。以程骏临终请以弟子补选著作佐郎而言，即便有文才也会因无人赏识而被埋没，仍需一定的渠道才得以选任。而程灵虬的第一步正是靠族亲的临终请愿。这种家族荫补进仕的途径最显著的其实是那些与皇室联姻的起家为著作郎的世家子弟，如江湛初为著作佐郎，长子恁，"尚太祖第九女淮阳长公主，为著作佐郎"②。恁子敩，"尚孝武女临汝公主，拜驸马都尉。除著作郎，太子舍人，丹阳丞"③。再如徐孝嗣尚宋孝武帝康乐公主，"拜驸马都尉，除著作郎，母丧去官"④。其祖父徐湛之，母为刘裕之女，"元嘉二年，除著作佐郎，员外散骑侍郎，并不就"⑤。徐孝嗣本传记其父徐聿之亦为著作郎，其父与祖父同为刘劭所杀，故叔父恒之嗣侯，亦尚公主，早卒无子才由徐孝嗣绍封。类似情况的还有褚湛之与褚渊父子等人。这种尚公主，拜驸马都尉，除著作郎的模式在南朝似已形成定制，不过这些著作郎的人选并不能简单处理为史官，恐怕著作郎只是这些皇室外

---

① 魏收：《魏书》卷六〇《程骏传附程灵虬传》，第1350页。

② 沈约：《宋书》卷七一《江湛传附江恁传》，第1850页。

③ 萧子显：《南齐书》卷四三《江敩传》，第757页。

④ 萧子显：《南齐书》卷四四《徐孝嗣传》，第771页。

⑤ 沈约：《宋书》卷七一《徐湛之传》，第1844页。

亲的起家之选，何承天任著作佐郎时年已老，"而诸佐郎并名家年少，颖川荀伯子嘲之，常呼为奶母。承天曰：'卿当云凤凰将九子，奶母何言邪！'"①记载中所指的那些"名家年少"可能正是这批外亲子弟，与何承天这类年老才因史才真正从事官方史学活动的史官可能大不相同。

当然，也不排除起家为著作郎官的世家子弟中确有才能之辈，如刘孝绰作《归沐诗》赠任昉，任昉答诗："彼美洛阳子，投我怀秋作。讵慰矗嗟人，徒深老夫托。直史兼褒贬，辖司专疾恶。九折多美疢，匪报庶良药。子其崇锋颖，春耕励秋获。"②再者，如刘孝绰子刘谅"少好学，有文才，尤博悉晋代故事，时人号曰'皮里晋书'。历官著作佐郎，太子舍人，王府主簿，功曹史，宣城王记室参军"③。其任职前两步记载相同的，在南朝史籍中还有褚渊、顾愿、江敩、萧特、到荶、江溢等数人，似为一条固定的转迁之途，《梁书·徐悱传》载：徐悱"幼聪敏，能属文。起家著作佐郎，转太子舍人，掌书记之任。累迁洗马、中舍人，犹管书记"④。应该指明了这些起家著作佐郎的世家子弟仕官初期从事文笔工作锻炼的基本史实。较之北朝，这些南朝文士的

---

① 沈约：《宋书》卷六四《何承天传》，第1704页。

② 姚思廉：《梁书》卷三三《刘孝绰传》，第480页。

③ 姚思廉：《梁书》卷三三《刘孝绰传附刘谅传》，第484页。

④ 姚思廉：《梁书》卷二五《徐勉传附徐悱传》，第388页。

仕官履历似乎更能说明，著作郎官与著史职责并无多少直接关系。不过正如前文著作郎的异化中所讨论的，无论是否真正从事史学活动，这些入选之人的学识素养必是大略才当其职，其家学家族特征均十分显著。

三、任职惯性与差异

南北史官人选呈现的家学家族特征，表明传统史学中史官作为专业型人才的任职惯性，这种惯性大致体现在个人与代系两个层面，甚至在政权鼎革时能跨越政治变动。史官选任中家族群体代系之鲜明前节已述，另外史官个人大多从事过文书一类职务，文字措辞与记录能力得到锻炼，因此在政权有撰史需要时才能胜任。而从每个史官个人的出仕经历来看，一旦成为史官，往往长期任职，即便迁转时也多保留史官兼任，甚至有的史官参与官方史学活动直至卒官。

史籍所见南朝史官仕途早期大多出任过文笔一类职务。何承天随叔父居于益阳，隆安四年（400），南蛮校尉桓伟命为参军。避祸解职后历任陶延寿、刘毅、刘裕等军府参军，宋台建，召为尚书祠部郎。领兵开府者皆有参军之置，多为参谋一类僚属。再如王逡之，起家江夏王国常侍，大司马行参军，后除山阳王骠骑参军，兼治书御史，"升明末，右仆射王俭重儒术，逡之以著作郎兼尚书左丞，参定齐国仪礼"①。萧齐史官江淹起家南徐州从事，转奉朝请。宋时刘景素举为南徐州秀才，转巴陵王国左常侍，京口镇军参军事。萧道成闻其才，召为尚书驾部郎、骠骑参军事。"是时军书表记，皆使淹具草。相国建，补记室参军事。建元初，又为骠骑豫章王记室，带东武令，参掌诏册，并典国史。寻迁中书侍郎。永明初，迁骁骑将军，掌国史。"②梁时史官裴子野，"起家齐武陵王国左常侍，右军江夏王参军"③。周舍"起家齐太学博士，迁后军行参军"，梁台建，"时天下草创，礼仪损益，多自舍出。寻为后军记室参军"。④陆云公举秀才，"累迁宣惠武陵王、平西湘东王行参军"⑤。记室"专掌文翰"⑥，亦是开府之下的僚属。参军、记室的任职经历，体现了传统社会一般文士的晋升路径，客观上为这些史官以后从事史著纂修活动奠定了基础。

沈约身历三朝，文笔之职的履历也较为明确。沈约之父沈璞元嘉末被诛，沈约从勋门子弟变为潜窜逃犯。宋孝武帝孝建二年（455）九月大赦天下："犯衅之门，尚有存者，子

① 萧子显：《南齐书》卷五二《文学·王逡之传》，第902页。
② 姚思廉：《梁书》卷一四《江淹传》，第250页。
③ 姚思廉：《梁书》卷三〇《裴子野传》，第441页。
④ 姚思廉：《梁书》卷二五《周舍传》，第375页。
⑤ 姚思廉：《梁书》卷五〇《文学·陆云公传》，第724页。
⑥ 姚思廉：《梁书》卷四九《文学·钟嵘传》，第694页。

弟可随才署吏。"① 沈约当在此例才得赦免，其后起家奉朝请。蔡兴宗"闻其才而善之"，泰始三年（467）为郢州刺史时"引为安西外兵参军，兼记室"，沈约的仕途自此正式开始，后随蔡兴宗入荆州为征西记室参军。兴宗卒，为安西晋安王法曹参军，转外兵，并兼记室。宋末升明三年（479），萧道成受禅建齐之际，萧赜之子萧长懋镇襄阳，沈约作为府僚职为征虏记室，带襄阳令。后文惠太子萧长懋入居东宫，沈约为步兵校尉，管书记，直永寿省，校四部图书。"时东宫多士，约特被亲遇"，迁太子家令。后以本官兼著作郎。②沈约《自序》记："建元四年未终，被敕撰国史。""（永明）五年春，又被敕撰《宋书》。"③

何承天、江淹、沈约等人的仕官经历似乎可以归纳出南朝鼎革之际史官任用的一大特点，即多用建国之前霸府或其子弟僚属为开国史官。南朝因皇权禅代，统治王室由霸府更易，官职任用多沿用霸府旧僚，在史官选用上也不例外。甚至参军、记室一类从事文字工作的参谋僚佐，"属知秘记，秉笔文闱"，早有机会了解或参与到政治大事之中，对于史著纂修更别有便利。记室之职"实惟华要"，记室择人时已强调"自非文行秀敏，莫或居之"，"须通才敏思，加性情

---

① 沈约：《宋书》卷六《孝武帝纪》，第117页。

② 姚思廉：《梁书》卷一三《沈约传》，第233页。

③ 沈约：《宋书》卷一〇〇《自序》，第2466页。

勤密者"担任。① 较为典型者如任昉，在齐曾任东宫书记，沈约、任昉与萧衍在竟陵王府即早有交游："始高祖与昉遇竟陵王西邸，从容谓昉曰：'我登三府，当以卿为记室。'"萧衍霸府初开，即以任昉为骠骑记室参军，"禅让文诰，多昉所具"，登基之后，又拜任昉"黄门侍郎，迁吏部郎中，寻以本官掌著作"②。此外，因南朝政权个别帝王年祚较短，有的文士甚至转而在新的王朝继续担任史职，当然，这种在新旧之际得以保全的，仍属在建国以前就与新的霸府之主关系密切，在前朝担任史官或为霸主授意，如前论晋宋之际徐广、王韶之，再如宋齐之际王逡之，梁陈之际杜之伟等。

北魏史官的前期任职经历与南朝史官有所不同，北方汉地文士投效鲜卑政权，多因其文化才能，往往居以谋臣或教习职务，如崔浩"弱冠为直郎。天兴中，给事秘书，转著作郎。太祖以其工书，常置左右"③。明元帝初拜博士祭酒，常授帝王经书，之后更是其主要汉人谋臣。高允仕官较晚，四十余岁才任征南大将军阳平王杜超之从事中郎，后将军府解，还家教授私学，神䴥四年（431）被征，拜中书博士，迁侍郎，"与太原张伟并以本官领卫大将军、乐安王范从事

---

① 沈约：《宋书》卷八四《孔觊传》，第2153—2154页。

② 姚思廉：《梁书》卷一四《任昉传》，第253页。

③ 魏收：《魏书》卷三五《崔浩传》，第807页。

中郎"①。李彪因才名被"举孝廉，至京师馆而受业"，孝
文帝初为中书教学博士。② 崔光作为平齐民后裔，太和六年
（482），"拜中书博士，转著作郎，与秘书丞李彪参撰国
书。迁中书侍郎、给事黄门侍郎，甚为高祖所知待"③，甚至
这些重要史臣从事官方史学活动之余，更多时间是以关键
谋臣身份居于庙堂议事。相比而言，北魏高层史官的专一
职业性较弱，或者说，具体官方史学活动中，南北都重视专
业史学才能人员的任用，但在对官方史学的重视程度上，
北朝以重臣兼领史职，较南朝专门的大著作、著作郎领衔
要高。

以北魏时期参与官方修史活动最久的高允为例。太延五
年（439）崔浩主持修史，高允与张伟参著作事。崔浩因"国
史案"被诛，高允为景穆太子保全，主要领衔修史的重任转
归高允。因有谋于文成帝继位，为文成帝礼敬，称其"把笔
匡我国家"，"拜允中书令，著作如故"。④ 再到献文、孝文
换代之际，高允因参决朝政，"虽久典史事，然而不能专勤
属述，时与校书郎刘模有所缉缀，大较续崔浩故事，准《春

---

① 魏收：《魏书》卷四八《高允传》，第1067—1068页。

② 魏收：《魏书》卷六二《李彪传》，第1381页。

③ 魏收：《魏书》卷六七《崔光传》，第1487页。

④ 魏收：《魏书》卷四八《高允传》，第1076页。

秋》之体，而时有刊正"①。太和三年（479），孝文帝诏高允议定律令，高允"虽年渐期颐，而志识无损，犹心存旧职，披考史书"②，卒官于太和十一年（487）。可以说高允自太延五年（439）协助崔浩著史起，除游雅曾被短暂委以国史之任外，高允历侍五帝而史职不离身。在个人任职史官层面，北魏史官任职的长期性较南朝政治变动造成的史官调整更为稳定。而换个角度理解，重臣负责、长期在任两项又似乎可视为北魏政权相比南朝人才数量短缺的表现。

以高允、沈约二人为代表的南北史官，反映出不同政权下史官任用惯性的差异。南朝史官任用多取自霸府旧僚，呈现为前后政权的模仿性。而北朝自北魏统一北方，不存在皇族改换，其独特之处在于汉地文士投效胡族政权。前文对此问题已有涉及，如文化之辨中提及拓跋政权任用文士但又不予以要职，仅用其文才为文秘之职。这里从史官个人角度略加补充，即北魏史官的父祖早有效命五胡的经历，从官方史学政治属性来看，北魏内部选任与被选的族属矛盾没有想象中那么严重。北方胡族政权有不得不任用汉族文士来维护统治的需要，北地文士家族同样有为维系生存而不得不加入胡族政权的无奈。南北差异不在下层史官个人，而在上层统治

---

① 魏收：《魏书》卷四八《高允传》，第1086页。

② 魏收：《魏书》卷四八《高允传》，第1088页。

阶层部族属性。而当这种部族差异被纳入同样的华夏传统史学框架下时，官方史学发展的共性自然多于差异。

崔浩之父崔玄伯最初被胁迫投效北魏，"太祖征慕容宝，次于常山。玄伯弃郡，东走海滨。太祖素闻其名，遣骑追求，执送于军门"。但实际上清河崔氏早已投效胡族，崔玄伯"祖悦，仕石虎，官至司徒左长史、关内侯。父潜，仕慕容暐，为黄门侍郎，并有才学之称"[①]。崔玄伯本人也为慕容垂吏部郎、尚书左丞，因此他的逃亡只能视为逃避敌人，而非逃避异族统治。再如高允先辈，曾祖高庆，慕容垂司空；祖父高泰，吏部尚书；父高韬为慕容垂太尉从事中郎，早卒；叔父高湖为慕容宝征虏将军、燕郡太守，在慕容宝显露败迹之时转投北魏。[②]北魏立国距晋室南迁已过几十年，留居北方的家族也基本繁衍三代人，历史记忆在现实政治的碾轧下，到文士投效北魏时，虽然要再次经历新入胡族政权的阵痛，但排斥心理绝对轻于西晋初亡之际。高允晚年做《征士颂》回顾神䴥四年（431）被征，辞称"魏自神䴥已后，宇内平定，诛赫连积世之僭，扫穷发不羁之寇，南摧江楚，西荡凉域，殊方之外，慕义而至。于是偃兵息甲，修立文学，

---

① 以上并见魏收：《魏书》卷二四《崔玄伯传》，第620页。

② 参见魏收：《魏书》卷四八《高允传》，第1067页；卷三二《高湖传》，第751页。

登延俊造，酬諮政事"①，已带有褒美拓跋政权的回忆成分。

从这个角度再看高允身没之后新任史官李彪主动请修国史之

举，应当可以理解从生存妥协到文化认同这一变动过程在民

族融合、文化统一中潜移默化的巨大作用。

---

① 魏收：《魏书》卷四八《高允传》，第1081页。

第三节 史学取向与史官追求

史官制度强调对史官共性的归纳，而官方史学活动的发展离不开切实操作的史官个体。制度作为一种结构性的存在，只能部分容纳个体的复杂性。因此在史官个体身上呈现着两种不同的约束力量：一种来源于统治意志具化的制度规范；另一种来源于史官个体修养的道德自觉。前者是官方史学的政治属性，后者是传统史学的自我发展。史官有别于一般史家，就在于更直接地受制于统治意志的监控。探讨官方史学发展程度，肯定南北政权对史学重视的同时，应当注意到统治王朝种种规模化的官方史学活动，包括完善史官制度、诏令纂修史著等，都蕴含着对传统史学控制的事实。在这个框架中，史学发展趋向与史官的个人追求，实际上都统摄于帝王意志之下。统治意志在官方史学中的核心地位，是对史官个体多样性研究中不能忽略的重要限定因素。这种制约，贯彻于全部史官的著述体验与人生经历。

对于官方史学的政治制约，可以借由民国学者柳诒徵归纳出的"史权"概念加以阐释。柳诒徵在总结中国传统史学时称："吾国史家，艳称南、董。秉笔直书，史之权威莫尚焉。""夫自天子失度，史可据法以相绳，则冢宰以降，孰敢纵恣。史权之高于一切，关键在此。"① "史权"，可以理解为史学功用带来的超然性与史学发展的独立性。向燕南梳理传统史学学术传统，指明从巫到祝再到史官的演化途径，进而探讨了传统史权与君权关系由不冲突到紧张的变动，从史官制度发展角度对史学与政治的关系作了概括："史官从兼职到专领，史馆从后汉的东观到北魏、北齐的著作局，再到唐代史馆的正式建立和监修制度的实施，以及此后国家修史制度不断被完善的过程，实质上也是君主专制权力不断强化，以及史官逐渐被纳入君主专制体制之中而权利不断被削弱的历史过程。"② 同时，他还指出孔子作《春秋》不仅因其个人独特地位，展现了史制衡政治权力之政治批判价值的典范意义，也使史学在官修体制之外，开辟了一条私人修史的

---

① 柳诒徵：《国史要义》"史权第二"，上海：华东师范大学出版社，2000年，第27—51页。

② 向燕南：《道与势：传统史权与君权的紧张》，载氏著：《从历史到史学》，北京：北京师范大学出版社，2010年，第279页。

途径。这正是传统史学发展过程中由一体走向官私分途的历史渊源。

史之权威，最初为统治者赋予，但汉魏以后的史官与上古史官所处政治地位已截然不同，或者说，史与巫的分离意味着天的意志解释权被统治者从史家手中部分收回，史学发展的内在要义与统治者发生矛盾冲突时，必然会生长出贯彻统治意志的官方史学。史官，或者用"史臣"的称谓，侧重强调的已是"官"或"臣"，而"从又持中""中正"的"史"之本意，更多保留于史官的内心世界。南北朝时期的政治环境，将统治意志对"史权"的倾轧体现得淋漓尽致，为传统史学的发展历程增添了独特一笔。

一、崔浩案的史学史意义

统治意志与史官个人旨趣发生冲突时，往往以史官的悲剧告终。尚且不提史学的"彰善瘅恶"功用，仅以史学发展过程中自我形成的"秉笔直书"品质而言，一旦与统治意志相逆，则意味着作为主体的史官将遭遇统治者的冲击，这种残酷性正是官方史学与私修史学最本质的区别，在北魏爆发的崔浩"国史案"中表现得最为典型。崔浩出身清河崔氏，历仕北魏道武帝、明元帝、太武帝三朝，为北魏早期重要的

谋臣。他曾力排众议，辅佐太武帝统一北方地区。太延五年
（439），崔浩受命综理史务编修国史，不料书成之后却遭杀
身之祸，于太平真君十一年（450）被诛杀。

前贤对崔浩之死已多有讨论，大致将原因归结为民族矛
盾、宗教冲突、崔浩个人问题及政治斗争结果四类，虽各家
观点不一，但多认为国史并非致死主因。[①] 近来仇鹿鸣另辟蹊
径，从分析高允与崔浩之间的私人关系疑点入手，将前贤观
点融汇其中，通过揭示北魏渤海高氏与清河崔氏两个家族不
同的政治选择，提出高允乃是崔浩之死关键人物的假说，目
的在于提醒学者"稍稍偏离胡汉对立的传统叙事，注意到汉
族士人、鲜卑贵戚内部复杂的分合关系，或可为观察北魏前
期政治史提供一些新的维度"[②]。当前中古史研究涌现出一批
相当有批判意识的中青年学者，为魏晋南北朝史研究提出了
新问题与新视角，笔者将史学史研究纳入社会政治大背景下
的思路亦受益于此。不过受制于材料有限，成说易破，新论
难立，包括仇氏提出的新观点，以及一些史料批判与历史书
写在内的最新研究，"对某些陈说形成有力的冲击，但也要

① 参见刘国石：《近20年来崔浩之死研究概观》，《中国史研究动态》
1998年第9期，第12—16页；陈识仁：《北魏崔浩案的研究与讨论》，《史原》
1999年第21期，第111—145页；张金龙：《学界有关崔浩死因的观点》，载氏
著：《北魏政治史》，兰州：甘肃教育出版社，2008年，第4册，第345—367页。
② 仇鹿鸣：《高允与崔浩之死臆测——兼及对北魏前期政治史研究方法
的一些反思》，《社会科学战线》2013年第3期，第103—110页。

避免在研究中结论先行、过度解释的问题"①。相比这些研究成果的一些结论，笔者更倾向于认同其方法路径，在相关研究中虽也多有大胆猜测，但常存惴惴之心。陈识仁曾指出，崔浩国史案作为北魏前期重大政治事件，除了案件本身以外，还应关注导火线即修国史的相关问题及崔浩案对后世的影响。②崔浩之死引发的原因探讨与对崔浩国史案导火线的关注是两种不同的研究取向，前者侧重政治史，后者则是本文由史学与政治关系范畴论起的史学史视野选择。

崔浩国史案中有几个关键节点，罗列分析如下。

首先，国史刊刻前后不同观点。太武帝太延五年（439）诏浩"综理史务，述成此书，务从实录"③。崔浩国史书成，著作令史闵湛、郗标"劝浩刊所撰国史于石，用垂不朽，欲

① 范兆飞：《2015年魏晋南北朝史研究述评》，《中国史研究动态》2016年第4期，第11页。相关研究成果及反思参见孙正军：《魏晋南北朝研究中的史料批判研究》，《文史哲》2016年第1期，第21—37页；孙正军：《通往史料批判研究之途》，《中国史研究动态》2016年第4期，第34—39页；徐冲：《历史书写与中古王权》，《中国史研究动态》2016年第4期，第43—46页。宽泛意义上的史料批判或历史书写研究，不同学者之间理解有所差异，前列两文中孙正军与徐冲对此各有表述。笔者有幸面询佐川英治关于《魏书》书写研究的契机，得知是他在研读《魏书》史料时有感于记载的歧误偏颇而作，也就是说，史料批判是其历史研究的路径而非目的，可以视为研究过程中的副产品。

② 陈识仁：《北魏崔浩案的研究与讨论》，《史原》1999年第21期，第111—145页。

③ 魏收：《魏书》卷三五《崔浩传》，第824页。

以彰浩直笔之迹"①。可见"直笔""实录"既是统治者的要求，又是崔浩自得之处。对于刻石之举，高允却不看好，他对著作郎宗钦说："阂湛所营，分寸之间，恐为崔门万世之祸。吾徒无类矣。"② 高允此言，可以推断他必知崔浩所作国史内容有易刺激统治者之处。而赏知高允的景穆太子拓跋晃同意铭石刊载《国书》及崔浩所注《五经》，则或为高允避而未谈，拓跋晃确实不知，或是拓跋晃有意为之，二者必有其一。

其次，国史内容问题。崔浩之书"尽述国事，备而不典，而石铭显在衢路，往来行者咸以为言，事遂闻发"③。《资治通鉴》评价曰："浩书魏之先世，事皆详实，列于衢路，往来见者，咸以为言。北人无不忿恚，相与谮浩于帝，以为暴扬国恶。"④《魏书》所记仅提"不典""闻发"，《资治通鉴》补充了"魏之先世""暴扬国恶"两句要害。周一良曾对"备而不典"的内容作过推测，认为与崔鸿私撰《十六国春秋》内容类似，"其书有与国初相涉，言多失

---

① 魏收：《魏书》卷四八《高允传》，第1070页。
② 魏收：《魏书》卷四八《高允传》，第1070页。
③ 魏收：《魏书》卷三五《崔浩传》，第826页。
④ 司马迁编著：《资治通鉴》卷一二五"宋文帝元嘉二十七年"条，第3942页。

体"①，中原华夏文化视鲜卑之旧风俗为鄙俗。② 田余庆对内容亦有推测，进一步论述了统治者的敏感与史臣需要把握的分寸。③ 若国史暴恶是死因导火线的观点成立，正反映了拓跋鲜卑历史认识的转变。即便早期统治者自身文化认知或许不足，但官修、刊布的传播力必使臣下议论上有所闻，进而拓跋鲜卑统治者不免敏感甚至行忿杀之举。

再次，国史真正作者。高允答太武帝："《太祖记》，前著作郎邓渊所撰。《先帝记》及《今记》，臣与浩同作。然浩综务处多，总裁而已。至于注疏，臣多于浩。"④ 答景穆太子："书朝廷起居之迹，言国家得失之事，此亦为史之大体，未为多违。然臣与浩实同其事，死生荣辱，义无独殊。"⑤ 以崔浩、高允的参与程度而言，似乎高允更应承担罪责。高允无事，自有景穆太子之担保；崔浩之死，高允有论："浩世受殊遇，荣曜当时，孤负圣恩，自贻灰灭。""浩以蓬蒿之才，荷栋梁之重，在朝无謇谔之节，退私无委蛇之称，私欲没其公廉，爱憎蔽其直理，此浩之责

① 魏收：《魏书》卷六七《崔光传附崔鸿传》，第1503页。
② 周一良：《魏晋南北朝史札记》"崔浩国史之狱"条，第342—350页。
③ 田余庆《〈代歌〉、〈代记〉和北魏国史》，载氏著：《拓跋史探（修订本）》，第238—243页。
④ 魏收：《魏书》卷四八《高允传》，第1070页。
⑤ 魏收：《魏书》卷四八《高允传》，第1071页。

也。"① 因此"直笔""实录"并不是崔浩的直接死因，而只是政治斗争的借口。

最后，国史案结局。太平真君十一年（450）六月，"诛浩，清河崔氏无远近、范阳卢氏、太原郭氏、河东柳氏，皆浩之姻亲，尽夷其族。……取秘书郎吏及长历生数百人意状。浩伏受赇，其秘书郎吏已下尽死"②。这种大规模的诛杀，呈现的直接联系是向天下昭示国史纂修不当后果的残酷。无论崔浩之死根本原因如何，诛杀史官对北魏官方史学的发展影响重大。其中感触最深的当属北魏的继任史官，国史旧闻依稀可见，前车之鉴触目惊心，国史案引发史官群体丧命，后来史官著述时必会小心谨慎，也就从客观上打击了史官秉笔直书的积极性。政治对官方史学的控制越严，对史学发展造成的损害越大。

由上述四点可以明确，崔浩国史案作为北魏官方史学活动中的一次重大挫折，并不是秉笔直书的史学发展取向出现问题，而是统治者对史学功用的诉求为政治斗争利用，史学求真品质无意中违逆了统治阶层的意志，最终使史学成为政治的牺牲品，也由此损害了北魏官方史学的正常发展状态。那么，由崔浩国史案引申开来，在南北朝史学史研究中

---

① 魏收：《魏书》卷四八《高允传》，第1071页。
② 魏收：《魏书》卷三五《崔浩传》，第826页。

还需要回答两个问题：一是史学与政治的关系问题。传统史学自身要求与政权统治意志的关系如何？是否能和谐并存？二是官方的族属认识问题。南北政权的官方史学发展中史官如何看待华夷之辨，民族矛盾问题是否存在？南北政权有无差异？

二、直笔实录与政治侵害

在对官方史学"义"的把握上，基于追求正统的政治诉求，探讨史学与政治的关系，可转化为探讨史家个体与统治意志的关系问题。从史官角度来看，两者关系的根本问题是在政权统治之下，史官个人能保留多大程度的自主思想与意识。

南北朝时期史官多承家学、私学教育，博综经史，自然对史学秉笔直书要求烂熟于心，求真品质基本是所有史官的共同追求。史籍中可以举出一些史官自述旨趣的言论，如宗钦与高允曾就史家著述有诗对答。宗钦诗曰："南、董邈矣，史功不申。固倾佞窦，雄秽美新。迁以陵腐，邕由卓泯。时无逸勒，路盈摧轮。"[1] 宗钦言南、董之垂范似已久

---

① 魏收：《魏书》卷五二《宗钦传》，第1156页。

远，举班固、扬雄与司马迁、蔡邕的对比，表达了史家秉笔直书的不易。宗钦自称与高允早已神交，因此在共同参修国史期间，以前贤修史之举比兴高允贡献，对高允纂修史著期望颇高："尹佚谟周，孔、明述鲁。抑扬群致，宪章三五。昂昂高生，纂我遐武。勿谓古今，建规易矩。"① 而高允对曰："史、班称达，杨、蔡致深。负荷典策，载蹈于心。四辙同轨，覆车相寻。敬承嘉诲，永佩明箴。""远思古贤，内寻诸己。仰谢丘明，长揖南史。遐武虽存，高踪难拟。夙兴夕惕，岂获恬止。"② 在高允看来，史、班、扬、蔡四人成就并无区别，史家品质关键在于不随波逐流，恪守本心，高允表达了效仿古人的决心，愿以高标准要求自身。李彪亦言："史官之达者，大则与日月齐明，小则与四时并茂。其大者孔子、左丘是也，小者史迁、班固是也。故能声流于无穷，义昭于来裔。"③ 又称谈、迁、彪、固四人著史为后世之模范，并以得赐名为彪、居大魏史官为傲，乞效余生成修史之志。

南朝史官亦有此类言论。沈约于《自序》称前史著述"事属当时，多非实录"，"垂之方来，难以取信"，故"谨更创立，制成新史"，沈约自言"远愧南、董，近谢

① 魏收：《魏书》卷五二《宗钦传》，第1156页。
② 魏收：《魏书》卷五二《宗钦传》，第1157页。
③ 魏收：《魏书》卷六二《李彪传》，第1396页。

迁、固"。① 可见继承古代史官直书撰述等精神是南北史官的共同选择，甚至朝廷奏议中也会提及史学撰述的品质要求，如萧齐时崔祖思上陈政事时提道："古者左史记言，右史记事，故君举必书，尽直笔而不污；上无妄动，知如丝之成纶。今者著作之官，起居而已；述事之徒，褒谀为体。世无董狐，书法必隐；时阙南史，直笔未闻。"② 史官个人期望虽高，但身处政权统治漩涡，秉笔直书理念的贯彻不仅仅取决于史官自身。南北政权统治者既多有要求史官直书实录的诏书，亦有或明或暗的干预之举。而由统治者提出的直书之论，更让史官不得不反复推敲，因其既表明了以往史官直书可能有所推脱，又有隐晦暗示当下慎行的嫌疑。前引沈约自谦之语就暗含玄机，他受命撰成《宋书》时，齐武帝萧赜因曾在宋为官而授意沈约"思讳恶之义"③ 进行删减。再如吴均私撰《齐春秋》奏之梁武帝，"书称帝为齐明帝佐命，帝恶其实录，以其书不实"，"敕付省焚之，坐免职"。④ 实与不实，关键在帝王的需要与认可。吴均向梁武帝求借齐《起居注》及群臣行状，虽然未成，其意图正可说明他所撰史著旨在实录。虽然成书被毁，后来梁武帝谋划撰述《通史》时，

---

① 沈约：《宋书》卷一〇〇《自序》，第2467—2468页。

② 萧子显：《南齐书》卷二八《崔祖思传》，第520页。

③ 萧子显：《南齐书》卷五二《文学·王智深传》，第897页。

④ 李延寿：《南史》卷七二《文学·吴均传》，第1781页。

仍召吴均为撰述，则可认为梁武帝认可吴均的史学才能。这种史著成书的波折，正是统治者对史学发展及史官个人追求独立性的侵害体现。

而且，南北朝时期除了政权统治者的意志外，世家豪族的意志有时也会干预史官秉笔直书的选择。魏收《魏书》"秽史"之名正是因其未能满足不同家族仕宦子弟的美饰要求，无须多言。刘宋时王韶之"为晋史，序王珣货殖，王廞作乱。珣子弘，廞子华，并贵显，韶之惧为所陷，深结徐羡之、傅亮等"①。徐羡之被诛后，王弘为相，王韶之虽与之有所往来，但仍担心被打击报复，因而在郡为太守时夙夜勤厉，政绩甚美。王韶之所记有损王氏家门，因其后人显贵而只能托庇于其他权臣，甚至在地方兢兢业业不露把柄，可谓深谙政治斗争技巧。可以想知，传统社会中史官的身份决定了他们不能像一般史家那样无所顾忌，身处政治统治结构之中，往往不能自由地伸张个人喜好。

各方压力迫使史官谨慎从事，也就出现了许多史家私撰著述丰富而为官纂史蹉跎的差异，北魏韩显宗、崔鸿二人可谓典型。孝文帝考校韩显宗称："见卿所撰《燕志》及在齐诗咏，大胜比来之文。然著述之功，我所不见。"②韩显

---

① 沈约：《宋书》卷六〇《王韶之传》，第1626页。

② 魏收：《魏书》卷六〇《韩麒麟传附韩显宗传》，第1342页。

宗言："今臣之所撰，虽未足光述帝载，稗晖日月，然万祀之后，仰观祖宗巍巍之功，上睹陛下明明之德，亦何谢钦明于唐典，慎徽于虞书。"[1] 韩显宗所撰不外吹捧歌颂，孝文帝仍不满意，可知其在京畿比在地方史功懈怠。宣武帝景明三年（502）时崔鸿就受敕撰《起居注》，孝明帝正光五年（524）又受诏纂修国史，不过他志不在此，"在史甫尔，未有所就，寻卒"[2]。相反崔鸿私撰《十六国春秋》用功颇深，"弱冠便有著述之志"[3]，有志于撰成一部整体的十六国史，他前后耗时二十余年，甚至因访书不得而担心著述简略不成，反差态度如此之大。崔鸿私撰，基本是在史职期间完成，撰成之后原本"恐识者责之，未敢出行于外"[4]，"自后以其伯光贵重当朝，知时人未能发明其事，乃颇相传读。亦以光故，执事者遂不论之"[5]。崔鸿的谨慎鲜明地映照出崔浩国史案的阴影对北魏史学发展的长久影响。

南朝私撰之风较北朝更为盛行，但是否同样存在过类似崔浩案的影响，史无明证。以范晔作《后汉书》为例，元嘉九年（432）范晔因于刘义康母彭城太妃丧葬期间酣饮听乐，

① 魏收：《魏书》卷六〇《韩麒麟传附韩显宗传》，第1342—1343页。

② 魏收：《魏书》卷六七《崔光传附崔鸿传》，第1502页。

③ 魏收：《魏书》卷六七《崔光传附崔鸿传》，第1502页。

④ 魏收：《魏书》卷六七《崔光传附崔鸿传》，第1502页。

⑤ 魏收：《魏书》卷六七《崔光传附崔鸿传》，第1505页。

左迁宣城太守，"不得志，乃删众家《后汉书》为一家之作"。① 因此，《后汉书》可视为政治失势愤懑之作，即其自谓"情志所托，故当以意为主，以文传意"②。范晔一生并未出任著作郎一类史职，与史官关系最紧密的任职经历可能是短暂的秘书丞任期，不足以构成探讨史官取向的范本。参考田余庆考索崔浩国史案与邓渊之狱之关系③，笔者注意到刘宋史官苏宝生之死的蛛丝马迹，略记于此，有待实证。苏宝生是刘宋国史继何承天、山谦之之后的第三位纂修者，他被诛之后，才由徐爰接任史职。据沈约所记，山谦之于宋孝武帝孝建初领史职，不久就病亡，南台侍御史苏宝生"续造诸传，元嘉名臣，皆其所撰"④。赖沈约带叙附记之法，苏宝生事迹在《宋书·王僧达传》中有记载："苏宝者，名宝生，本寒门，有文义之美。元嘉中立国子学，为《毛诗》助教，为太祖所知，官至南台侍御史，江宁令。坐知高阇反不即启闻，与阇共伏诛。"⑤ 之所以在王僧达本传中涉及苏宝生，是因为二人均因高阇谋逆作乱事件而死。有趣的是，《宋书》于王僧达之死记为："僧达屡经狂逆，上以其终无悛心，

① 沈约：《宋书》卷六九《范晔传》，第1820页。

② 沈约：《宋书》卷六九《范晔传》，第1830页。

③ 田余庆：《〈代歌〉、〈代记〉和北魏国史》，载氏著：《拓跋史探（修订本）》，第221—224页。

④ 沈约：《宋书》卷一〇〇《自序》，第2467页。

⑤ 沈约：《宋书》卷七五《王僧达传附苏宝生传》，第1958页。

因高阁事陷之。"高阁谋逆之事确凿，其主要合谋者《宋书·王僧达传》罗列数人，但王僧达应属政治斗争中被迫害的一方。而在申述王僧达罪行的诏书中称其"倚结群恶，诬乱视听"，"唇齿高阁，契规苏宝"，[①] 由此不得不让人怀疑苏宝生同属被构陷之列。南朝政局内部争斗不断，龃龉龌龊之处更甚北魏，史官纂修国史时度的掌控难度也不小。宋孝武帝即位以后，苏宝生是主要的国史纂修人，高阁谋反事发与苏宝生被诛当在宋孝武帝大明二年（458）八月之前，而直到大明六年（462），才令徐爰再修国史。苏宝生之死，或可视为孝武帝清洗异己控制史著纂修的关键一步，而任用"委寄尤重"的心腹徐爰领衔著作，大致也可推论南朝统治意志对史著纂修的重视与控制加强。至于能否就此论断南朝亦有国史之狱及影响，恐还需更有力的证据。

可以说，南北朝官方史学制度、运行等方面的完善意味着皇权的加强与巩固，从史官个人的角度理解，就是统治阶层对史官不符合政治需要的个性、品质及追求的压抑。即便是所谓明主，亦不免对传统史学的君举必书记录方式与彰善瘅恶惩戒功用有所顾虑。史官的纂修撰述成果最终要进呈帝王，侥幸未被追究者或有存在，但史著总体的价值取向与评判仍以不同帝王的统治意志为主。虽然传统社会不乏坚守品

---

① 沈约：《宋书》卷七五《王僧达传》，第1958页。

质的史家史官，但得以留存的官方史著大多具有贯彻统治意志的共同主题，以此结果而论，只能说官方史学隶属政治统治，史官撰述服从帝王意志，不存在超脱或凌驾于统治者控制的官方史学。南北官方史学与史官任职也就呈现为相同的从属政治变动而变化的特征。

三、夷夏的概念选择

崔浩国史案引发的另一个问题是南北史官的认识中华夷之辨是否存在，史著中的民族问题是否包括北魏与南朝政权的对立。前文论述《宋书》《魏书》所载佛教事迹体例、侧重之不同及由中反映的沈约与魏收史学差异时，对此问题已略涉及，北魏时期从辨明夷夏角度排斥佛教，可能仅有崔浩"胡神"说法，南方则多有分辨佛、儒以及夷、夏的争论。华夷之辨在南北政权官方史学中采用了不同的表述标准：北魏力主继承华夏，自然不会主动提出胡汉差异，反而以地缘优势斥南方为"岛夷"；而南朝无法以地域为理，只能更侧重强调北魏胡的民族属性。不过原本含义的夷夏区别，仍体现在南北各自中央与边地四夷之间，南北朝时期的夷夏之辨，实质上是政治对立、文化竞争的需要。

首先，有必要对崔浩国史案中涉及的夷夏文化问题加以厘清。崔浩之死，宜理解为北魏政权内部政治斗争的结果，与南朝的华夷观点应当区别对待。其"胡神"之论涉及的夷夏分别，也不在汉族与鲜卑之间，更可能是统治者授意的反对偶像崇拜的灭佛理由。《魏书·释老志》载有北魏太武帝太平真君七年（446）三月灭佛诏书："昔后汉荒君，信惑邪伪，妄假睡梦，事胡妖鬼，以乱天常，自古九州之中无此也。……由是政教不行，礼义大坏，鬼道炽盛，视王者之法，蔑如也。自此以来，代经乱祸，天罚亟行，生民死尽，五服之内，鞠为丘墟，千里萧条，不见人迹，皆由于此。朕承天绪，属当穷运之弊，欲除伪定真，复羲农之治。其一切荡除胡神，灭其踪迹，庶无谢于风氏矣。自今以后，敢有事胡神及造形像泥人、铜人者，门诛。……有司宣告征镇诸军、刺史，诸有佛图形像及胡经，尽皆击破焚烧，沙门无少长悉坑之。"[1] 诏书还分析了"胡神"非"胡人"所有，乃汉人刘元真、吕伯强等所伪附，唯有非常之人太武帝才能行非常之事，"去此历代之伪物"[2]。以诏书措辞来看，当是崔浩执笔。诏书中"胡人"所指绝非北魏国民，汉人与拓跋鲜卑均不在此列。因此北魏虽有因盖吴之乱灭佛之举，但与佛道

---

① 魏收：《魏书》卷一一四《释老志》，第3034—3035页。

② 魏收：《魏书》卷一一四《释老志》，第3035页。

之争无关①，与鲜卑与汉的族属之别也无关。或言崔浩有整齐人伦的政治抱负，换个角度思考，未尝不是尽心为拓跋鲜卑统治谋划的表现，联系孝文帝时期北魏推行的改革，崔浩可能更多是生不逢时。自北魏诛戮史官，整体氛围已经敏感，未见再有臣属肆意讨论胡汉问题，因此在北魏内部，可能有夷夏之辨的暗流，但不会出现在统治者处理南北问题的政治参考内，更不可能成为当时史官著述的对象。

《宋书》《魏书》保留着敌对政权的相关历史记载，也有诸边四夷的列传。正史中列有四夷传，创自《史记·匈奴列传》，真正以四夷概念记载史事，则始自班固《汉书》，《汉书》有《匈奴传》《西南夷两粤朝鲜传》《西域传》，囊括汉王朝四周边裔民族。班固继承"《书》戒'蛮夷猾夏'，《诗》称'戎狄是膺'，《春秋》'有道守在四夷'"的传统，概述传统史著关注四夷由来，回顾和亲、征伐二途缘起，陈说内外华夷之别、圣王制御蛮夷之道。② 而自西晋末年五胡内迁，中原大地、华夏中心一变为胡族占领，无论是北方胡族政权，还是南方汉家承绪，都已无法直接套用自古以来的夷夏之别历史经验。南北对峙的政治现实对史家提出了新的撰述需求。

---

① 参见向燕南：《北魏太武灭佛原因考辨》，载氏著：《从历史到史学》，第1—19页。原载于《北京师范大学学报》1984年第2期，第50—59页。

② 班固：《汉书》卷九四下《匈奴传下》"赞"，第3830页。

北魏拓跋鲜卑自认为黄帝后裔，在与南朝交锋时极少提及族属问题，而在与周边羁縻势力交往时常自居华夷之辨中的华夏一方。孝文帝时确定北魏德运承绪西晋金德，也就排斥了东晋、南朝的传递谱系，因此《魏书》录司马叡为"僭晋"，桓玄、宋、齐、梁皆为"岛夷"。而在《魏书》对其他周边民族的记载中，尤其是"史臣曰"的部分，北魏完全以华夏中国自居，所谓"夷狄之于中国，羁縻而已"[①]，"周之猃狁，汉之匈奴，其作害中国固亦久矣"，"蠕蠕者，匈奴之裔"，北魏为求安宁，"是故魏氏祖宗扬威曜武，驱其畜产，收其部落，蹙之穷发之野，逐之无人之乡"。[②] 可以明确，北魏史官采纳了夷夏对立中的地域概念部分。南朝自刘宋以来，对北魏政权属性的认识有所变动，但趋向上呈现因失地失国不得不正视历史的无奈。比如，在《南齐书》中为南北边界地段的山野部族立《氐胡传》，正与设置侨州郡县一样反映了南朝政权不甘丧失中原之心。何承天所上《安边论》中，称北魏为"虏""夷""寇"，"虏"是蔑称，"胡""夷"源自历史称谓，"寇"则强调其军事斗争与地域冲突。《宋书·索虏传》篇末"史臣曰"叙北魏由"席卷赵、魏"到"覆我牢、滑，蹙我伊、瀍"，北魏"与上国争

---

① 魏收：《魏书》卷一〇〇《高句丽等传》"史臣曰"，第2224页。
② 魏收：《魏书》卷一〇三《蠕蠕等传》"史臣曰"，第2313、2314页。

衡"之势已不可阻挡，"虽冒顿之鸷勇，檀石之骁强，不能及也"。① 以《宋书》《南齐书》分列诸方而言，虽以胡虏号之北魏，但仍将其与其他夷蛮区分，实是将南北政权视为地位相当的对手。而在两国使臣交聘的记载中，更是随处可见双方试图决出高下的举动，这恰恰说明了族属问题不再是南北对立的根本冲突，只是双方分别利用地域分治与族属不同的事实构筑了和战对话平台中的话语材料。

在对四方羁縻民族政权的记录方面，南北官方史学同样继承了传统史学的体例。而在对夷夏之辨理论的延续方面，北魏侧重地域因素，南朝侧重文化、族属因素。若推敲《宋书·索虏传》将拓跋族属记为"先汉将李陵后也"②，又从侧面反映了南朝在族属、文化自信上也底气不足，实因这二者建立在军事实力与文化影响力基础之上，南朝政权渐趋居于弱势，南朝史官撰述也只能取巧折中。

---

① 沈约：《宋书》卷九五《索虏传》"史臣曰"，第2358页。

② 沈约：《宋书》卷九五《索虏传》，第2321页。

小　结

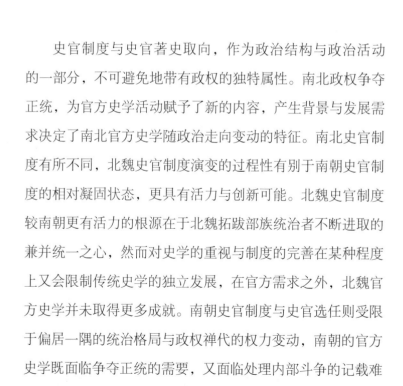

　　史官制度与史官著史取向，作为政治结构与政治活动
的一部分，不可避免地带有政权的独特属性。南北政权争夺
正统，为官方史学活动赋予了新的内容，产生背景与发展需
求决定了南北官方史学随政治走向变动的特征。南北史官制
度有所不同，北魏史官制度演变的过程性有别于南朝史官制
度的相对凝固状态，更具有活力与创新可能。北魏史官制度
较南朝更有活力的根源在于北魏拓跋部族统治者不断进取的
兼并统一之心，然而对史学的重视与制度的完善在某种程度
上又会限制传统史学的独立发展，在官方需求之外，北魏官
方史学并未取得更多成就。南朝史官制度与史官选任则受限
于偏居一隅的统治格局与政权禅代的权力变动，南朝的官方
史学既面临争夺正统的需要，又面临处理内部斗争的记载难

题，双重史学任务促成南朝官方史学呈现历朝初期发展较好的态势。

史官制度的确定与发展，进一步从制度上强化了华夏传统文化的核心地位，制度所具有的规范性与稳定性，将中华认同的客观表现固化下来，从而在南北朝这一分裂的特殊时期延续了相对恒久的文化生命力。

结语

南北朝时期的基本政治形势是南北对峙，处于相互对立情形下的南北官方史学发展，虽然各自有相对独立的史学活动，但双方基本采取共同的意识取向，即服务于争夺正统的政治需求。官方史学作为政治活动的组成部分，这一时期传统史学中的政治属性最为突出，从宣扬自身天命到贬斥他国僭伪，南北双方在谁为华夏正统延续的历史认识上存在分歧，在具体史著纂修的选择上也有倾向差异。正是由于南北政权面临不同的政治问题，南北官方史学的发展呈现多样性，虽手段不一，但目的相同，南北分裂局势在争夺正统的历史进程中不断孕育着大一统的意识。内在的思想文化与现实的政治对立互相影响，由分裂而对立，对立分歧中的同一，又演化为进一步统一的动力。南北官方史学的发展进程与异同比较，从史学角度展示了南北朝隋唐时期中国从分裂走向统一的可能性。

一、维护正统的南北官方史学

传统史学具有的鉴戒、资政、明道功用在历朝历代均有体现，特别是在以儒家思想为指导核心一以贯之的整个古代社会，以纪传、编年为主体的史学著述得以不断纂修，传统史学持续发展，保存了中华文明的历史记忆。重视历史知识，总结历史经验教训，从历史中获得新知启示，是历代统治者历史意识的自觉体现。传统史学中的官方史学部分，主要以记注为主，在渐趋完备的史官制度运作下，形成了具有鲜明特色的正史系列。官方史学最重要的议题是政治与史学的互动关系表达，官方史学的特征自然与政治密切相关。

牛润珍研究汉至唐初史官制度，提出这一时期史官制度两大变，两汉时期天官、史官分离，隋唐以后以史馆修史制度代替著作官修史制度，而居于这两个变化中间的正是魏晋南北朝时期著作官修史制度出现并发展的时期。制度的变化反映时代的变化，不同史官制度的选择正体现了各个时期政治对史学的不同需求，汉初需要总结秦亡历史，三国时期正统观念渗入史学，西晋以记颂功德为主，东晋偏安则要维护正统。南朝一方面粉饰王朝禅代，另一方面要与北朝争夺正统；十六国胡族政权尤其是北魏则需要借助史学确立统治中原的合法地位。北魏分裂，东西又有帝统之争。隋统一后，维护中央集权成为新的要求。唐初又需要对短命的亡隋教训作出反省总结。而且，每一王朝的鼎盛衰落不同时期对史学的要求也有差异，王朝初建，以总结历史为主；王朝鼎盛，旨在记颂宣扬；王朝衰落，则重褒贬劝诫。[①] 本书借由事、文、义三分视角，试图揭示分裂时期史学与政治互动的脉络及影响。在分裂时期，官方史学最主要的特征是各个政权积极借助并利用史学，以辨明统绪树立政权合法，以宣扬功业彰显天命所归，以斥伪他国宣示正统所在，南北官方史学的政治属性由此突出体现。

南北朝时期，南北政权对峙，既有族属分歧，又有统一之争。南北官方史学作为一项政治活动，首要的动机与目的在于服务政权统治，突出主题是辨析正统，申述政权合法性，维护统治稳定。"宋、魏以降，南北分治，各有国史，互相排黜，南谓北为索虏，北谓南为岛夷。"[②] 南北互相贬斥，是后世正史记载中的南北对立表现，更是当时南北各自官方史学活动之运作结果。北方北魏与南朝宋、齐、梁的对

---

① 参见牛润珍：《汉至唐初史官制度的演变》结语，第226、231、234页。
② 司马光编著：《资治通鉴》卷六九"魏文帝黄初二年"之"臣光曰"，第2186页。

峙态势是客观事实，而各自的官方史学活动则是将这种现实通过史学手段历史化。辨明统绪、宣扬功业与斥伪他国是政治附加于史学活动的三个侧面，在史学实践中既各有侧重，又统一构成了各自官方史学的有机整体。南北政权重视史学，首先是把历史作为前人统治手段的经验知识对待，历史的经验教训是王朝统治者最直接的借鉴范本。由此，统治者对历史有了进一步的认识，意识到史著同样可以记载本朝的显赫功业，本朝国史的撰述自然提上日程。国史纂修既是对自身历史的总结，又带有惩戒后世的目的。政权作为实体存在，需要解决的现实问题与人的存在类似，对当下政治的决策同样需要解答从何处来及走向何方的问题。而当统一政权分裂为对立政权时，对立政权各方还需要处理相互之间的关系。南北官方史学需要完成的正是这种对立政治形势赋予的解释使命。总结自身，无法绕过王朝前的历史；政权对立，则需要界定自身及他者的历史地位。

天命正统的合法性认识是传统史学发展过程中针对现实政治需要，逐渐提炼总结出的历史著述指导思想。传统史学的基本表现形式是以叙事为主，辅以评论阐释，记录的基本要求是直笔，即注重历史的真实性问题。但传统史学中的史著承载的并不仅是记录的问题，孔子成《春秋》而乱臣贼子惧，自《春秋》以来的"义"才是传统史学的核心意识，就传统史学中的官方史学而言，"义"自然是王朝统治者的意志贯彻。从官方史学的发展历程来看，对统治意志的强调是一个从无到有并逐渐强化的过程，这与史学的发展历程是相符的。史之初义，在于记言记事，秦统六合，焚书之举表明统治者已开始模糊认识到统一思想与历史认识的重要性，史学与政治关系初见端倪。汉对秦亡的反思，形成深远思想影响，司马迁"成一家之言"的《太史公书》，从思想与体例上为历史总结提供了长久的范本。但司马之言并非官方之义，对统治意志的史著阐释，真正发生并张扬始于班固《汉书》。班固批评司马迁"是非颇缪于圣人，论大道则先黄老而后六经，序游侠则退处士而进奸雄"①，他所撰《汉书》为统治者认可，成为后来正史的标杆。藏书秘阁，著作东观，续补《汉书》的官修国史活动成为后世官方史学基本活动的萌芽。汉魏禅代，三国鼎立，政治版图的分裂对官方史学提出了更明确的新要求，谋求天命正统的意识不仅限于政权之间军事争斗，而且通过政权内设置著作官纂修国史的史官制度进一步强化。魏晋禅代而一统，延续并利用了这一体制，但官方史学尚未蓬勃展开，新的社会危机与政治走向出现，五胡内迁，晋室南渡，华夷因素掺入并丰富了天命正统的史学思想。北方十六国政权纷争不断，真正形成对峙的南北朝时期由此成为政治借由官方史学活动争夺正统的历史舞台。

---

① 班固：《汉书》卷六二《司马迁传》赞，第2737—2738页。

由个人意识逐渐变为统治阶层政治需要的天命正统观念，雏形展露于三国魏晋，典型则为南北对峙时期。

二、史学分歧昭示政治一统可能

南北政权通过官方史学活动的表现形式争夺正统，宣告自身正统地位，互相斥责对方为僭伪，表明双方认可相同的天命正统的指导思想，这种对立的观点背后是相同的思想文化取向与逻辑。不过南北政权在借助史学维护正统的策略与具体措施上各有侧重，大致与南北政治形势相符。

南北官方史学就主动性而言，北方是汲汲于争夺正统，南方则是尽力维系正统，这是双方的最大区别。自五胡政权入主中原始，少数部族首领出于各种原因不断比附为华夏后裔。消除族属隔阂，维护政权稳定，统治阶层强调的名正言顺首先需要解决出身问题。拓跋鲜卑以黄帝后裔自居，立国号魏以承神州上国名望，在向华夏传统王朝转变的过程中，自觉否定了其他胡族政权在中原的合法地位。此外，北魏统治者在利用历史经验知识治国的同时，认识到总结历史、宣扬事功对巩固新拓展统治地域的作用，几次郑重的国史纂修活动无不选择在获取扩张功业之后的时机。而且，鲜卑统治者起用北方汉地文士从事国史纂修，充分利用地望才学之徒，在向被统治者示好的同时灌输了效命新兴政权正当性的观念，并且提供了效命的机遇。尽管包括官方史学发展在内的华夏化进程遭遇过波折与反复，北魏拓跋鲜卑统治者还是逐渐选择了华夏传统文化的继承者身份。从地域争夺到文化复兴，在与南朝争夺正统的过程中，北魏始终保持了积极进取的心态。

典午南迁，刘宋代晋，皇室的更替从某种程度上愈加削弱江左偏安政权的合法性，因此南方政权在争夺正统中既有不言自明的默认自得心态，又有尽力维系天命转移过程的具体史学活动："自南伪相承，窃有淮北，欲擅中华之称，且以招诱边民，故侨置中州郡县。"[①] 与侨州郡县的行政设置类似，南朝官方史学最主要的目的是构建一条完整的华夏王朝序列，以作为自身正统所在的凭依。南朝虽无族属、文化困扰，但面临的外部军事压力、边地民众认可、内部权力争斗等问题亦不胜其烦。南朝政权以禅代模式鼎革，单独每个政权相比北魏并不长久，这种政治波动的矛盾正是由于政权统治的合法性屡被破坏所致。天命符瑞记载各式各样，前朝史在南朝多有撰述，都表明南朝官方史学中正朔观念的迫切现实需求与理论诉求。南方政权将北方胡族统治视为对华夏王朝的侵犯，但不论是出于对自身地位的自信，还是对胡族

---

① 魏收：《魏书》卷六〇《韩麒麟传附韩显宗传》，第1341页。

政权的蔑视，南朝最初并未重视北方政权对其正统地位的威胁，待到华服萧条，已成无可挽回之局。由宋入齐，《南齐书·魏虏传》所言："齐、虏分，江南为国历三代矣。"① 虽亦呼虏，实已不得不并称对待。

以南北双方前期对待前朝历史的态度而言，因面临的史学任务不同，南北官方史学各有取舍。北魏早期将王朝之前的历史当作统治思想资源来利用，并且这种历史知识的侧重点逐渐前移，认同汉魏多于晋室。同时，由于拓跋鲜卑统一北方地区，对被征服的其他胡族政权的历史并不看重，更没有主动诏令纂修前朝史的举措。一方面，北魏已通过战争俘虏的形式掌握了这些覆灭政权的人才资源，无须再以史籍形式总结历史经验。另一方面，北魏作为新兴政权进而入主中原，需要弱化其他胡族政权及晋室统治的历史影响。北魏出于塑造自身胜利者形象的需要，数次组织本朝国史修纂，涉及被消灭的前朝政权以贬低为主，虽有部分降臣在前朝已修史著，但这些前朝史籍也在贬低之列。当然，由于史官之任的延续性，北魏国史参修人员已有的经历多少会有影响，甚至前朝降臣的后裔也有私修。而随着北魏国力强大，史家主要以资政劝诫为主的私修前朝史著述逐渐公开，崔鸿所言："善恶兴灭之形，用兵乖会之势，亦足以垂之将来，昭明劝

---

① 萧子显：《南齐书》卷五七《魏虏传》"史臣曰"，第999页。

戒。"① 张彝上《历帝图》奉称："伏愿陛下远惟宗庙之忧，近存黎民之念，取其贤君，弃其恶主。"② 无不昭示北魏华夏文化复兴之后的历史自信。

南朝官方史学修前朝史并重于修本朝史。北魏作为征服者不需要借助延续前朝统绪来说明自己，南朝政权的合法性则是建立在肯定前朝的基础上，无论是政治变动上的禅代之举，还是史著篡修中的讳恶之义，目的均是构建完善合理的天命转移体系。南朝史官在篡修史著时既需要考虑对前朝立国的天命记载，又需要处理前朝本朝鼎革之际涉及的人物事件，还必须遵从统治者意志，叙本朝开国君主事迹于前朝末代天命转移之时。南朝禅代的政治事实要求官方史学解决好前朝史与本朝史之间微妙的平衡与联动。实际上南朝政权对官方史学的控制并不亚于北魏，条例定制、人物取舍、历史评价都要得到统治者的授意，这种情况宋、齐、梁皆有。而北魏鲜卑部族统治者由于早期对传统史学只知其形，不晓其实，崔浩秉笔直书的著述引发统治者与史官的冲突，更多是文化上的错位与政治斗争的恶果，并不代表北魏的严苛程度绝对高于南朝。南北由于不同的立国途径，对前朝史与本朝史采取了不同的处理方式，取舍不同，政治控制官方史学的

---

① 魏收：《魏书》卷六七《崔光传附崔鸿传》，第1504页。
② 魏收：《魏书》卷六四《张彝传》，第1430页。

基本性质却是一致的。

　　南北官方史学的发展历程揭示了南北政权在对峙时期各自不同的发展道路，当然不是说史学直接完成了分裂与统一的转变，而是说官方史学作为政治活动的组成部分，南北史学的异同反映了南北政治的变动。或者说，南北对峙的政治大势在官方史学中不仅映照为历史文字记载，也演化为各种具体的史学活动。北魏分裂为东魏、西魏，又演变为北周、北齐，与南朝的对立局面变为三方鼎立。但东西分裂的主要矛盾点在于帝统之争，北魏萧梁以后，南朝陈偏安政权的状态更为明显，已无力抗衡北方的碾压之势。周灭齐，隋代周而后灭陈统一南北。分裂局面结束，对峙争夺正统的状态由此暂时退出历史舞台，天命正统的理论可能性也就由政权外部逐渐转向内部。隋唐以后，总结历史、鉴镜将来成为新王朝官方史学的新要求，令狐德棻以唐承隋继周，请修旧史贻鉴今古，唐高祖遂下诏命萧瑀等修六代史，明言："司典序言，史官记事，考论得失，究尽变通，所以裁成义类，惩恶劝善，多识前古，贻鉴将来。"认为修史目的在于"握图驭宇，长世字人，方立典谟，永垂宪则"[①]。由此，一统局面下官方史学的功能更多地体现在史鉴方面。

　　从南北官方史学活动的表现来看，南北政权的分歧在

_____

　　① 刘昫等撰：《旧唐书》卷七三《令狐德棻传》，第2597页。

于谁居于华夏王权统治的正统地位，这种分歧从地域上的中原中心与偏居一隅，到文化上的粲然复兴与衣冠南渡，无不揭示了在同一片华夏土地上相互对立的双方实际争夺的是谁更强势的主导权。换句话说，南北分歧隐含着一个相同的主题：统一。统一意识根源于南朝之前晋室由天下一统到被迫偏据，统治上层的地域迁徙标志着王朝重器的转移。但留居北方的更广大民众的部族属性不会发生变化，无论北方政权谁为主导，中原华夏文化的传统并未消亡。与南朝王朝禅代和内部斗争不同，北方地区的统治政权面临更复杂的现实问题。居于统治上层的鲜卑皇室贵族与北方世家豪族乃至普通民众之间无可避免地存在族属冲突、文化差异。以后见之明，北方地域的矛盾冲突最终结果是高度融合，而这种融合，必然会走出一条与原生延续不同的再生道路。一旦北方的融合再生与南方的原生延续在某一点上发生共鸣，新的统一便已开始孕育。南北官方史学各自的发展与异同就是这种分歧与统一的例证。

后记

冬去春来，利用在北大访学的间隙，我的博士论文终于改写定稿。即将出版成书之际，感慨颇多。

现在还能记得2017年答辩时老师们的点评，因为我的选题是"南北朝官方史学比较研究"，比较得出的同与异究竟有哪些，当时兴盛的私修史学该如何呈现，史学史的研究为何写成类似政治史的论文，这些无法回避的问题一直停留在自己脑海中。毕业工作以后，因为从事学科专业的变化，虽然时时念想以学位论文为基础申报课题，但也仅在改写发表论文时回答了几个小问题，工作和生活的日常逐渐消磨了我对未知世界的冲动。差不多在来访学之前，因为几乎没有成果积累，再加上身边亲人的变故和自己对35岁年龄的预设，我已有了放弃以学术为志业的打算。

特别感谢学院领导王玉香教授、山东大学方雷教授和北京大学王浦劬教授。这次访学，让我得以在北大校园重新找回坐冷板凳的感觉，踏踏实实地再次翻开史料，再次激活对阅读所得的思考。同时，在王老师的课堂以及旁听的其他老师的课堂上，社会科学理论的思考的力量，带给我一种与历史学时空想象和理解完全不同的体验，也让我不断反思自己究竟想写些什么。

我的论文原本是试图从史学发展角度勾勒一幅政治文化发展的场景，工作以后在政治思想史、国家认同、历史社会学、基层治理等领域左右摇摆，书架上的书增加了一类又一类，脑子里的思路却没有变得更清晰。直到最近，不断的积累终于有了突破的契机，我才逐渐明确其实自己更关注的是历史中每个活生生的人的感受。想通了这点，书稿的修改与定稿才成了可能。

学习史学史之初，我就对事、文、义的表述产生了兴趣，但一直没有思考清楚怎么化用。写作博士论文时算是强行套用，显然结果并不理想。而当我明确对人的关注时，回到史家本身，回到历史现场成为自然的选择。但我们其实无法回到历史现场，只能借助遗留的文本等材料，重新再造现场。真实历史不可还原，历史学只是让学者选择了一束光回照时光长河，并涂抹出一幅整体可观、细节模糊的油画。我所学习的史学史专业，想来其实是离历史中的人最近的专业。

特别感谢我的硕士导师张秋升教授和博士导师牛润珍教授，是他们让我接受基本的学术训练，在中国古代史学史这个专业中扎根立足。我对历史学的感知首先来自本科时的专业教师，以及之后的所有专业课教师，他们让我知道历史学不同于历史，也不同于历史知识。而我对历史的感知，则主要来自两位导师的教育引导和不断鼓励。我把事、文、义三分的框架作为从史学发展理解当时政治变动的路径，整个书稿的想法就是回到历史现场重新理解传统中国。作为历史学者，我在努力接近历史真实，但又不满足于只求历史真实。

人之为人，在我看来，离不开历史的塑造。南北朝时期，历史是一种经验知识、思想资源，并被多方加以利用。当下的历史仍是如此，无论是由专业学者研究所得，还是非专业学者提供的非虚构写作，甚至每一个普通人所经历的生活日常，都将成为新的历史知识、思想资源。本书如果能在读者的历史中引发一点新的思考，我就特别满足了。

此刻能够安静写下这些文字的同时，也感受到了远离家人的孤独。感谢家人一直以来对我的支持，是家中的父母妻儿与远方的亲人，才让我的人生和历史完整。本书的出版，是对我过去所学所思的总结，倘若我将继续做学问的话，我要将新的成果全部献给他们。

最后，感谢出版方和编辑的认可与帮助，本书才得以呈现在读者面前。

2023年4月15日写于北京

后
记